데일 카네기

성공론

How to Stop Worrying and Start Living
by Dale Carnegie
2003 Kugil Publishing(Kugil Media) Co., Ltd.
All rights reserved

날마다 마음속에 성공을 그려라

Dale Carnegie

데일 카네기
성공론

데일 카네기 **지음** • 이현주 **옮김**

국일미디어

데일 카네기

성공론

초판 1쇄 발행   2022년 5월 10일
초판 2쇄 발행   2022년 6월 1일

지 은 이   데일 카네기
옮 긴 이   이현주
펴 낸 이   이종문(李從聞)
펴 낸 곳   (주)국일미디어

등   록   제406 - 2005 - 000025호
주   소   경기도 파주시 광인사길 121 파주출판문화정보산업단지(문발동)
영 업 부   Tel 031)955 - 6050 | Fax 031)955 - 6051
편 집 부   Tel 031)955 - 6070 | Fax 031)955 - 6071

평생전화번호   0502 - 237 - 9101~3

홈페이지   www.ekugil.com
블 로 그   blog.naver.com/kugilmedia
페이스북   www.facebook.com/kugilmedia
E - m a i l   kugil@ekugil.com

ISBN 978-89-7425-864-1 (04320)
      978-89-7425-863-4 (세트)

35년 전, 나는 뉴욕에서 가장 불행한 청년 중의 한 사람이었다. 나는 생계를 유지하기 위해서 트럭을 팔고 있었는데, 어떻게 해서 트럭을 움직이는지 알지 못했고, 또 그것을 알려고도 하지 않았다. 나는 무엇보다 내 직업을 경멸하고 있었던 것이다.

뉴욕 서부 56번가의 허름한 셋방, 그것도 바퀴벌레가 득실거리는 셋방에서의 나의 생활에 진력이 나 있었다. 지금도 마치 어제 일같이 기억하고 있는데, 벽에는 몇 개의 허름한 넥타이가 걸려 있었고, 아침에 일어나 그것을 매려고 하면, 바퀴벌레가 새까맣게 붙어 있었다. 그런데다가 불결하기 이를 데 없는 싸구려 식당에서 식사를 해야 했던 것이 너무도 싫었다.

매일 밤, 나는 두통─그것은 실망이나 걱정 그리고 고통과 반항에서 일어나는 것이었지만─때문에 몹시 괴로워하면서, 텅 빈 나의 방으로 되돌아오곤 했다. 나는 학생 시절에 품었던 무지개 같은 꿈이 산산조각으로 깨져버린, 마치 악마와 같은 것으로 바뀌어버린 나의 운명에 대해 스스로 반항하고 있었다.

이것이 인생이란 말인가? 내가 그렇게도 기대에 부풀었던 인생의 꿈이 그래 고작 이런 것이었던가? 좋아하지도 않는 직업에 매달려야 하고, 바퀴벌레와 같이 살면서 그 진절머리 나는 식사를 해야만 하고, 미래에 대한 아무런 희망도 없이 무엇인가에 질질 끌려가는 것 같은, 이것이 나의 인생의 전부였단 말인가. 나는 이러한 비참한 생활 속에서 옛날 학창 시절의 독서 시간이나 창작 시간을 생각하게 되고 그러한 시간을 그리워하게 되었다.

나는 내가 경멸하는 생활에 종지부를 찍어야만 할 때가 왔다고 느꼈다. 내가 경멸하는 직업을 버림으로써 비로소 학창 시절의 꿈 많던 시대를 다시 맞이할 수 있을 것이고, 그렇게 함으로써만 나의 인생에서 득을 볼망정 절대 손해는 보지 않을 것이라는 사실을 깨닫게 되었다.

나는 일찍부터 돈벌이에는 흥미가 없었지만, 인생을 내

나름대로 체험해보고자 하는 의욕에 불타 있었다. 즉 대부분의 청년들이 인생의 출발점에서 부딪치게 되는 어떤 결단의 시기가 내게도 도달했던 것이다.

그래서 나는 결심했다. 그 결심이 나의 미래를 완전히 바꿔놓은 것이다.

그로 말미암아 나는 그후 35년 동안 줄곧 행복했었고, 나의 꿈은 예기했던 이상으로 성취된 셈이다.

돌이켜보면, 나의 일생을 바꾸어놓은 나의 결단이란 도대체 어떤 것이었나? 뭐 대단한 것도 아니었다. 그것은 내가 싫어하는 직업을 버렸던 일이었다. 그리고 미주리 주립 사범학교에서 4년간 공부한 경험을 살려서, 야간 학교에서 성인을 가르치는 일을 시작했다. 그렇게 하면 수입도 있겠지만, 그보다도 야간에는 책도 읽을 수 있고, 강의 준비나 내가 무척 좋아하던 소설 쓰는 일도 할 수 있을 것 같았다.

다시 말해서 '글을 쓰기 위해 생활하고, 생활하기 위해 글을 쓰는 것'이 된 것이다.

성인들에게 무엇을 가르쳐줄 것인가? 나는 학생 시절에 내가 배운 것을 생각해본 결과, 많은 사람들 앞에서 자신

있게 의사를 발표할 수 있다는 경험은 무슨 직업을 갖든, 처세하기 위해서 무엇보다도 실제적으로 가치가 있다는 것을 깨닫게 되었다. 왜냐하면 그것은 나의 소심함이나 어딘지 모르게 자신 없어 하는 내 버릇을 제거해줄 뿐만 아니라, 남들과 주저없이 대화할 수 있는 용기를 가지게 했던 것이다.

그리고 상대방과의 교제나 교섭에 있어서, 주도권이란 언제나 자발적으로 행동하고 자기의 의견을 기탄없이 설명할 수 있는 사람에게 돌아간다는 사실을 깨달았기 때문이다.

그래서 나는 컬럼비아 대학과 뉴욕 대학 야간 강좌에서 대중 연설의 강사 자리를 신청했지만, 양쪽 다 보기 좋게 거절당하고 말았다.

나는 실망했다. 그러나 그것은 오히려 나에게 행운을 가져다 주었다. 나는 그대신 YMCA의 야간 학교에서 강의할 수 있는 기회를 갖게 되었기 때문이다.

그곳에서는 단시일 내에 강의의 효과를 올릴 수 있어야만 했다. 그곳에 모여드는 사람들은 학위나 사회적 명성을 얻기 위한 사람들이 아니었다. 그들은 현실적인 그들 자신의 문제를 해결하기 위해 모여든 사람들이었다. 그들은 어떤 회합에서나 주저하지 않고 자기의 의견을 당당히 발표할 수 있게 되기를 바랐다. 세일즈맨은 까다로운 고객을 방문하는 데 주저하지 않고, 그런 고객을 상대로 거래를 할 수 있게 되기를 바랐다. 말하자면 매사에 자신과 침착성을 가지고 일을 발전시키고 싶었던 사람들이다. 그래서 가족을 위해 조금이라도 자신의 수입을 올리고 싶어했다.

그들의 수업료는 분납제였으므로 내 강의에서 성과를 보지 못하면 납부하지 않아도 그만이었다. 그래서 자연 나도 월급제가 아니라, 이익의 몇 퍼센트를 받는다는 식의 계약이었으므로, 내가 생활하기 위해서는 나의 강의가 실용적이어야만 했다.

그 당시에는 이러한 방식이 가르치는 사람으로서는 불리한 조건인 것 같기도 했으나, 지금 생각해보면 보수가 필요치 않은 나 자신을 위한 귀중한 훈련이었던 셈이다.

나는 학생들을 부단히 격려해야 했고, 그들이 자신의 문제를 해결하는 것을 도와주어야만 했다. 매일의 강의는 흥미있게 이끌어나가야 하며, 수강자들이 계속 출석하도록 만들어야 했다.

그것은 진정 노력을 기울여야 하는 일이었다. 그런데 나는 이렇듯 집념하는 일을 좋아했다. 내가 열의를 갖고 가르치자 강의를 들은 세일즈맨들이 빠른 기간 내에 자신을 가지게 되어, 승진을 하고 월급이 오르게 됐다.

그래서 강좌도 예상외로 발전해갔다. 나의 급료로 하룻밤 강의에 5달러밖에 주지 못하겠다던 YMCA에서는 하룻밤 강의료를 30달러나 지급해주게 되었다. 처음 나는 대중연설만 가르치고 있었지만, 그러는 동안에 수강자들에게는 친구를 사귀고 자극을 줄 수 있는 사교 능력이 필요하다는 것을 알게 되었다.

그런데 인간 관계에 관한 적당한 책을 구할 도리가 없어서 내가 직접 교재를 써서 강의했다. 어찌 말하면 내가 썼다기보다는 강의를 하는 동안 얻어낸 경험의 소산이라고 말하는 편이 좋을지 모른다.

모든 사람들이 나이를 먹어갈수록 가장 절실한 문제 중의 하나는, '걱정'임을 알게 되었다.

나한테 배우는 대부분의 학생들은 지배인, 외교관, 기사, 공인회계사 등등 너나 할 것 없이 스스로를 괴롭히는 어떤 문제를 가지고 있었다. 학생들 중에는 직업여성이나 가정주부들도 있었는데, 그들도 마찬가지였다. 확실하게 '걱정'을 해결하기 위한 교과서가 필요했기 때문에 나는 그것을 사방으로 수소문했다.

한번은 뉴욕의 대도서관을 찾아간 적이 있었는데, 그곳에는 '걱정'이라는 제목으로 등록된 책이 22권밖에 없었다. 한편, '벌레'라는 제목으로 등록된 책은 189권이나 되었다. '걱정'에 관한 책보다 9배나 많은 벌레에 관한 책! 벌레가 인생에 직접 관련이 있는 '걱정'보다 그렇게 중요하다는 말인가. 실로 놀라운 일이었다.

걱정이란 인간이 직면하고 있는 가장 절실한 문제 중 하나이기 때문에, 전국의 학교나 전문 계통 학교에서 '걱정 해결법'에 관한 강의가 있음직도 한데 아무 데도 그런 강의가 있다는 얘기를 들어본 적이 없었다.

데이빗 시벨 리가 『요령있는 걱정 해결법』이란 책에서 "우리는 발레를 춰달라고 부탁받은 어떤 독서광처럼, 경험이라는 압박에는 거의 아무런 준비도 없이 성인이 되어간다"고 한 것은 지극히 적절한 말이다.

그러면 그 결과는 어떠한가? 미국에 있는 병원 침대의 반 이상이 신경적·정서적 질환의 환자들로 가득 차 있다.

나는 뉴욕 도서관에 있는 걱정에 관한 책 22권을 읽어보았고, 걱정에 관한 책이라면 구할 수 있는 데까지 모조리 사들였다. 그러나 수강생을 위한 교재로 사용할 수 있는 것은 좀처럼 찾아볼 수가 없었다. 그래서 내가 직접 집필하기로 결심했던 것이다.

나는 이 책을 쓰기 위하여 7년 전부터 준비를 했다. 그동안에 모든 시대의 철학자들이 걱정에 대해 쓴 책을 읽었다. 또 공자에서 처칠에 이르기까지 각계각층 인물의 전기도 읽어보았다. 게다가 모든 방면의 훌륭한 인물(잭 템프시, 오머 브래들리 장군, 마크 클라크 장군, 헨리 포드, 엘리노어 루스벨트, 도로시 딕스 등)들과 인터뷰도 가져보았다. 그러나 지금까지는 겨우 초보 지식에 불과했다.

나는 유명 인사들과의 회견이나 독서보다도 더 중요한 일을 해냈다고 생각한다. 즉 성인반이라는 연구소에서 5년간 걱정 해결 방법을 연구한 셈이다. 내가 알기로는, 세계에서 걱정을 해결하는 방법을 연구하는 기관으로서는 최초이자 단 하나뿐인 연구소라고 자부한다.

나는 학생들에게 걱정을 해결하는 방법으로 몇 가지 원칙을 알려주고, 그 원칙을 자기 자신의 생활에 적용시키고 그 결과를 강의실에서 발표하도록 했다. 자기들이 과거에 사용한 기법에 대해서 보고하는 학생들도 있었다.

나는 어떻게 걱정을 극복했는지에 대한 이야기를 누구보다 많이 들을 수가 있었던 것이다. 뿐만 아니라 걱정을 이겨낸 사람들이 보낸 수천 통의 편지도 읽었다. 이것은 모두 미국이나 캐나다 등지의 219개의 도시에서 열린 강좌에서 입상한 경험담이었다. 그렇기 때문에 이 책은 학문의 전당에서 생겨난 것이 아니며 또 걱정은 어떻게 극복되어야 한다는 학구적인 설교도 아니다.

나는 주로 수천 명에 달하는 생활인들이 걱정을 어떻게 해결했는지에 대해서 간결하고 기록적인 보고 형식으로 쓰려고 무척 노력했다. 때문에 이 책은 모두가 실제적이다. 이러한 점은 만인이 읽고 음미해볼 가치가 충분하다.

이 책에 나오는 사람들은 결코 가공의 인물이 아니다. 두서너 가지 예외를 빼고는 모두 현존하는 인물들로서 주소도 사실 그대로라는 점을 단언해둔다.

　그들은 모두 걱정을 해결하고자 하는 열정을 지니고 있었기에, 걱정에서 벗어나 자신이 원하는 대로 인생을 바꿀 수 있었다.

　프랑스의 철학자 발레리는 "과학은 성공할 수 있는 처방의 집대성이다"라고 말했다. 이 책도 역시 그렇다. 생활의 걱정을 해소하는 데 효과가 확실한 처방의 집대성인 것이다. 그러나 여러분에게 한 가지 주의사항을 말해둘 것이 있다. 여러분은 이 책에서 참신한 것은 발견할 수 없을지 모르지만, 일반적으로 응용되고 있지 않은 여러 가지 사항을 발견할 수 있을 것이다.

　다시 말해서 우리는 서로 새삼스럽게 새로운 것만을 골라 이야기할 필요가 없다. 우리는 전부터 완전한 생활을 하기 위해 무엇이 필요한가를 이미 알고 있다. 우리는 예수의 산상수훈(山上垂訓)을 비롯해서, 많은 황금률, 이를테면 남에게 존경을 받으려면 먼저 존경하라는 등의 교훈도

익히 알고 있다.

우리의 걱정은 모르는 데 있는 것이 아니라, 실천하지 못하는 데 있는 것이다.

이 책의 진정한 목적은 고대로부터 내려오는 기본적인 진리를 다시 설명하고, 딱딱하지 않게 해서, 그 진리가 내포하고 있는 분위기를 조절하여, 여러분으로 하여금 분발하여 그것을 직접 행동으로 옮기게 하는 데 있다.

지금 여러분은 이 책이 왜 씌어졌는가를 알기 위해서 이 책을 손에 넣은 것이 아니다. 여러분은 어떻게 행동해야 할 것인가를 탐구하고자 이 책을 구한 것이다. 그렇다면, 이제부터 시작해보자.

그리고 걱정을 해결하고 인생을 즐기는 새로운 힘과 새로운 영감을 얻지 못한 사람이라면, 이 책을 쓰레기통에 넣기 바란다. 그런 사람들에게는 이 책이 아무런 소용도 없기 때문이다.

데일 카네기

차례

책머리에

|1장| 걱정에 대해 알아두어야 할 기본적 사실

확고한 '오늘'이라는 테두리 속에서 살라 | 20

걱정을 해결하는 마술공식 | 42

걱정이 인간에게 미치는 영향 | 56

|2장| 걱정분석의 기본적 비법

걱정의 분석과 그 해결법 | 78

업무상 걱정의 절반을 제거하는 법 | 91

**|3장| 걱정에 사로잡히기 전에
그것을 쫓아내는 방법**

마음속의 걱정을 쫓아내는 방법 | 106

딱정벌레에게 지지 말라 | 123

온갖 걱정을 추방하는 법칙 | 137

불가피에 협력하라 | 149

걱정에 대한 손절매 | 171

톱밥을 켜지 말라 | 183

|4장| 평화와 행복으로 마음을 채우는 방법

생활을 바꾸는 짧은 말 | 194

적게 주고 많이 받는 방법 | 221

은혜를 저버렸다는 가책에서 벗어나는 방법 | 239

일상에서 환희를 느끼는 방법 | 251

어떤 경우에도 자기 자신이 돼라 | 265

레몬으로 레몬수를 만드는 법 | 280

14일 만에 걱정을 해소시키는 법 | 295

나의 부모는 어떻게 걱정을 극복하였는가 | 320

죽은 개를 걷어차는 사람은 없다 | 354

이렇게 하면 비판도 당신을 상처낼 수 없다 | 361

내가 저지른 어리석은 행위 | 368

일어나 움직이는 생활에 하루 한 시간을 부가하는 방법 | 378

피로한 삶을 활기로 채우는 방법 | 387

가정주부가 걱정을 벗어나 항상 젊음을 유지하려면 | 397

1장

걱정에 대해 알아두어야 할
기본적 사실

확고한 '오늘'이라는 테두리
속에서 살라

1871년 봄, 어떤 청년이 책을 읽던 중에 몹시 마음에 끌리는 구절이 있었는데, 그것이 훗날 그의 장래에 큰 영향을 미치게 되었다.

그는 의학도였는데, 졸업 시험을 앞두고서 걱정이 태산 같았다. 졸업 시험에 합격할지, 합격하면 무엇을 할 것인지, 어디로 갈 것인지, 어떻게 개업을 할 것인지, 어떻게 생활을 영위할 것인지 하는 걱정에 사로잡혀 있었다.

그런데 이 젊은 의학도가 1871년에 읽은 책의 한 구절이, 그를 그의 세대에서 가장 유명한 의사로 만들었다. 그는 세계적으로 유명한 존스 홉킨스 의학교를 창설하고, 영국 의사들에게 있어서 가장 높은 명예의 상징인 옥스퍼드 대학의 명예 교수가 되었다. 또 그는 영국 왕실로부터 명예 작위를 받았으며, 세상을 떠났을 때에는 1,500쪽에 달하는 두 권의 전기가 간행되었다.

그의 이름은 윌리엄 오슬러다. 그는 1871년에 칼라일의 책을 읽고 자신을 괴롭히던 걱정에서 벗어날 수 있었던 것이다.

오슬러를 감동시킨 칼라일의 말은 이런 것이었다.

우리의 중요한 임무는 먼 곳에 있는 막연한 것을 찾는 일이 아니라, 똑똑하게 보이는, 가까운 곳에 있는 것을 실행하는 일이다.

그로부터 42년 후, 교정에 아름다운 튤립 꽃이 만발하게 피어 있는 봄날 저녁, 윌리엄 오슬러 경은 예일 대학의 학생들을 향해 연설을 했다. 오늘날 자기를, 네 개 대학의 교수가 되었고, 유명한 책을 저술한 특별한 두뇌의 소유자인 것처럼 생각할지 모르지만 사실은 그의 친구의 말처럼 '가장 평범한 두뇌의 소유자'일 뿐이라고 했다.

그의 성공의 비결은 무엇이었을까? 단적으로 말해서 그것은 '현재에 살았다'는 것 덕분이다. 그러면 그것은 무슨 의미인가. 예일 대학에서 연설하기 두세 달 전에 그는 큰 기선을 타고 대서양을 건너 영국으로부터 미국에 왔다. 그 배는 선장이 단추 하나만 누르면, 즉시 기계가 소리를 내며 배의 각 부분이 차례로 닫혀서 각 부분이 방수 구역을 이루는 장치가 되어 있었다.

오슬러 박사는 그 배를 예로 들어 예일 대학생들에게 이야기를 시작했다.

"자, 여러분! 여러분 자신은 이 증기 선박보다도 훨씬 훌륭한 조직체일 것이며, 또 지금부터 보다 장구한 항해에 나서야 할 사람들입니다. 내가 여러분에게 권하고 싶은 것은, 여러분 인생의 항로를 보다 안전하고 편안한 것으로 만들기 위한 방법으로, 배의 각 부분과 같이 '오늘'이라는 구획을 지어서 살아갈 수 있도록, 모든 기계를 조절하는 기술을 배우라는 것입니다. 배 갑판에 올라가보면, 배를 움직이는 모든 기관이 질서 정연하게 배치되어 있는 모습을 볼 수 있을 것입니다. 거기서 단추를 눌러보라는 것입니다. 그러면 여러분 인생의 모든 평면으로서의 과거를 닫게 되고, 이미 소용없게 된 어제를 잠그는 철문 소리를 들을 수 있을 것입니다. 다음 단추를 또 한 번 눌러보십시오. 그러면 그 단추는 모든 기계를 작동시켜 미래, 아직도 우리 눈앞에 나타나지 않은 내일이라는 커튼을 닫아버리게 될 것입니다. 그렇게 함으로써 여러분의 '오늘'은 안전한 것이 됩니다. …… 과거를 닫아버리십시오. 지나간 일들은 과거에 매장하십시오. …… 더러운 죽음의 길을 비추는 어제 일을 닫아버리십시오. 내일의 길은 가장 강한 사람일지라도 발을 헛딛게 만드는 법입니다. 그러므로 미래나 과거 모두 닫아버리도록 하십시오. 미래란 바로 오늘입니다. 내일이 아닙니다. 인간 구제의 날은 오늘입니다. …… 정력의 낭비나 정신적 고뇌, 그리고 걱정은 미래의 일에 일일이 구애되는 사람에게 붙어다니게 마련입니다. …… 그렇기 때문에 앞뒤의 문을 꽉 닫고 확실히 '오늘'이라고 구획된 생활을 영위하는 습관을 지니도록 하십시오."

그렇다면 오슬러 박사는 내일에 대비해서는 아무런 준비도 필요 없다고 말했을까? 아니다. 결코 그렇지는 않다. 그는 내일을 준비하는 가장 좋은 방법은 오늘 일을 오늘 하기 위해 모든 지성, 모든 정열을 집중하는 일이라고 설파하고 있다.

그것이야말로 내일을 위해 준비할 수 있는 유일한 방법인 것이다.

또 오슬러 박사는 "오늘 우리에게 일용할 양식을 주시고……"라는 예수의 기도문으로 하루의 일과를 시작할 것을 권하고 있다.

이 기도는 단지 오늘만의 양식을 갈구하고 있다는 사실을 잊어서는 안 된다. 이것은 어제 먹어야 했을 죽이나 빵에 대해 이러쿵저러쿵 불평을 늘어놓는 말이 아니다. 그리고 다음과 같은 말을 하고 있는 것도 아니다.

"오, 하느님이시여! 최근에 밀밭의 물이 모자랍니다. 앞으로도 며칠 동안 비가 안 올지도 모릅니다. 그렇게 된다면 내년에 먹어야 할 밀은 어떻게 되겠습니까? 만일 제가 실업자가 된다면 저는 어떻게 빵을 얻어야 합니까?"

이 기도는 오늘만의 양식을 기원해야 됨을 가르쳐주고 있다. 오늘의 빵이야말로 인간이 먹는 유일한 빵인 것이다. 옛날에 어떤 가난한 학자가 돌이 많은 나라의 황무지를 방황하고 있었다. 그곳은 살기가 무척 힘든 고장이었다. 어느 날 군중이 그의 강론을 들으려고 언덕 위에 모여들었다. 그러자 그는 다음과 같은 교훈을 설파했다.

내일 일을 걱정하지 말라. 내일 일은 내일 걱정하라.
하루의 노고는 오늘 하루로 족하니라.

대부분의 사람들은 "내일 일을 걱정하지 말라"는 예수의 말씀을 받아들이지 않았다. 그들은 이 말을 실행 가능성이 없는 한낱 이상론이자 동양의 신비주의라고 했다. 그들은 말했다.

"내일 일을 생각하지 않을 수 없다. 가족을 보호하기 위해서는 보험에 들지 않으면 안 된다. 노후에 대비해서 저축해야만 한다. 입신 출세를 위해서 계획을 세우고 준비하지 않으면 안 된다."

물론 그렇게 해야만 할 것이다. 즉 300년 이전에 영어로 번역된 예수의 이러한 말씀이 제임스 왕 시대의 의미대로 오늘날까지 통할 리는 없다. 지금부터 300년 전에는 '생각'이란 단어가 때때로 '걱정'이라는 의미로 쓰였다. 근대 개정 성서에서는 "내일의 불안을 품지 말라"로 되어 있다. 확실히 내일 일을 주의 깊게 생각하고 준비하며 계획해야 할 것이지만 불안해 해서는 안 된다.

2차 세계대전 중에 미국군의 지도자들은 내일 일을 계획했다. 그러나 그들이 불안을 느낄 여유는 없었다. 그 당시 미국 해군을 지휘하던 어네스트 J. 킹 제독은 이렇게 말했다.

"나는 가장 뛰어난 군대에게 가장 훌륭한 장비를 공급

했다. 그리고 가장 현명하다고 생각되는 사명을 부여했다. 그것이 내가 할 수 있었던 전부다. 예컨대 배가 격침되었다 하자. 그것을 끌어올리기는 불가능하다. 배가 가라앉는 것을 막을 수는 없다. 어제의 일로 노심초사하기보다는, 내일의 일을 생각하는 편이 훨씬 유효한 시간 이용법이 된다. 지나간 일에 얽매이고 망설여서는, 좀처럼 몸을 지탱해낼 수 없다."

어느 때를 막론하고, 좋은 생각과 나쁜 생각의 차이는 다음과 같다. 즉 좋은 생각은 원인과 결과를 다투어 논리적 · 건설적 계획에 이르게 하고, 나쁜 생각이란 때로 긴장과 신경쇠약에 이르게 한다.

나는 최근에 〈뉴욕 타임스〉의 발행인 아서 헤이스 슐츠버거와 회견을 가졌다.

그는 2차 세계대전의 불길이 유럽을 휩쓸었을 때 너무나 놀랐으며, 앞날에 대한 초조와 불안을 느낀 나머지 불면증에 걸렸었다고 했다.

그래서 그는 한밤중에 일어나 캔버스와 물감을 끄집어내어 거울을 향하고 앉아 자신의 초상화를 그리려 했다는 것이다.

그림에 대해서는 붓 한 번 잡아본 일도 없는 그였지만,

자기의 불안한 마음을 진정시키기 위해 초상화를 그렸다고 했다.

그렇지만 다음과 같은 찬송가의 1절을 부르기까지는 마음의 평화를 찾을 길이 없었다 한다. 그 찬송가의 가사는 그에게는 실로 계율과 같았단다.

끝없이 영묘한 빛이여.
먼 앞날을 생각하지 않으리니
주여! 내 약한 발걸음을 지켜 보살피시고 한 걸음 한
걸음 길을 밝혀주소서.

그 무렵 유럽 전선에 종군 중이던 한 청년이 이와 똑같은 교훈을 깨닫고 있었다.

그는 메릴랜드 주의 볼티모어 출신으로 테드 벤자민이라 하는데 그도 역시 전선에서 겪은 심한 피로에 지쳐 있었었다.

그는 다음과 같이 기록하고 있다.

1945년 4월, 나는 극심한 고뇌 끝에 '경련성 횡단결장'이라는 심한 병에 걸리고 말았다. 만일 그때 전쟁이 끝나지 않았더라면, 나는 완전히 폐인이 됐을 것이다. 나는 극도로 피로해 있었다.

당시 나는 94보병 사단에 소속된 전상병 기록계 하사관이었는데, 전사한 사람이나 행방불명된 사람, 혹은 병원으로 후송된 사람들의 명단을 기록하는 것이 나의 임무였다. 그리고 또 적이건 우리 편이건, 전투 중에 서둘러 대강 묻어버린 병사들의 시체를 파내는 일을 도와야만 했다.

나는 이러한 병사들이 남기고 간 물품들을 간추려서, 부모나 친척들에게 보내주는 일도 맡고 있었다. 그런 일을 하면서 나는 유물들이 서로 바뀌는 착오를 저지르지 않을까 항상 걱정이었다.

나는 과연 내가 살아 돌아가서 아직 보지도 못한 생후 16개월이 된 나의 아기를 안아볼 수 있을지도 걱정이었다. 그리고 솜같이 피곤해져서, 체중이 34파운드나 줄고 말았다.

나는 너무도 근심한 나머지 반미치광이가 되었다. 이러다가 혹시 폐인이 되어 돌아가게 되는 건 아닌가 두려웠다.

나는 지쳐 있었다. 그래서 어린애같이 흐느껴 울기도

했다. 마음이 약해져서 혼자가 되면 저절로 눈물이 쏟아졌다.

다시는 이전 상태로 되돌아갈 수 없을 것만 같았다. 그런데 이와 같은 불안감은 군 진료소에서 갑자기 사라져버렸다. 그때 어떤 군의관의 말이 내 일생의 전기가 된 것이다.

그 군의관은 나를 자세히 진찰한 후 내 병은 정신적인 것이라고 단정하면서 이렇게 말했다.

"테드 군, 자네 일생을 모래시계라고 생각해야 하는 거라고, 알겠나? 모래시계 맨 위에는 무수한 모래가 있지 않나? 그것이 천천히 일정한 간격을 두고 중앙의 가늘고 긴 홈을 타고 통과하는 걸세. 그러나 한 알 이상을 한꺼번에 통과시키려고 욕심내거나 조급해 한다면 모래시계는 고장나고 말 것일세. 우리는 꼭 모래시계 같은 거라고. 아침에 일어나면 그날 해야만 할 일이 산더미처럼 쌓였다고 생각하게 되지. 그러나 그것을 한 번에 하나씩 천천히 시간을 두고 해내지 않는다면, 마치 모래시계의 모래처럼 우리의 육체나 정신도 망가지고 마는 것이라네."

이 잊을 수 없는 날 이후, 나는 지금까지 이 철학을 실천하고 있다.

'한 번에 한 알의 모래, 한 번에 한 가지 일.'

이 충고로 말미암아 나는 전쟁 중에 정신적으로나 육체적으로 구제를 받았는데, 현재 인쇄 공장의 홍보부장으로 일하는 데도 이 충고가 무척 도움이 되고 있다.

지금도 전쟁터와 마찬가지로 언제나 일이 밀려서 시간이 없다.

재고품은 품절되고, 새 기술의 도입이나 거래자 명단의 개정, 지점의 개점이나 폐점 등 분주하기 이를 데 없다. 그래도 나는 절대로 초조해 하지 않는다. 그 군의관의 '한 번에 한 알의 모래, 한 번에 한 가지 일'이라는 말을 기억하기 때문이다.

이 말을 몇 번이고 되풀이함으로써, 전장에서 쓰러질 듯이 피로했던 혼란에서 해방되었고 척척 일을 처리해 나가고 있다.

오늘날 우리 현대인의 생활을 들여다보면, 퇴격된 과거와 불안한 미래의 무거운 짐에 짓눌려 신경적·정신적 장애로 고민하는 사람들이 많음을 발견하게 된다.

이러한 사람들이 만일 예수의 "내일 일을 걱정하지 말

라"라는 말이나 오슬러 박사의 "오늘에 살라"라는 말에 귀를 기울인다면, 틀림없이 오늘을 행복하고 유익하게 보낼 것이다.

우리는 지금 두 영원이 서로 만나는 순간에 서 있다. 즉 영원을 지속시켜온 방대한 과거와, 그 과거를 기반으로 하는 미래의 사이에 위치하고 있다.

그러나 우리는 이러한 영원의 어느 쪽에서도 살 수 없다. 한순간도 살 수 없다. 만일 그렇게 하려다가는, 육체나 정신이 파괴되고 말 것이다.

그렇기 때문에 우리가 살 수 있는 유일한 '시간'만으로 만족해야 할 것이 아니겠는가? 지금부터 잘 때까지 말이다.

영국의 유명한 소설가 로버트 루이스 스티븐슨은 이렇게 말했다.

어떠한 무거운 짐도 밤까지는 운반할 수 있다. 아무리 힘든 일이라도, 하루 동안이면 어떻게든 해낼 수 있다. 모든 사람이 한결같이 즐겁고 끈기 있게, 청결하게 생활할 수는 없다. 해가 지기까지는 말이다. 그리고 이것이야말로 진정 인생이 의미하는 모든 것이다.

그렇다. 이것이 바로 인생이 우리에게 요구하고 있는 전부이다. 미시간 주에 살고 있는 세일드 부인은 자살 직전에 이런 사실을 깨달았다. 그녀는 나에게 이렇게 이야기해주었다.

"1937년, 저는 남편을 잃게 되자 절망했습니다. 그리고 수중에는 돈 한 푼 없었습니다. 다행히 전에 다니던 캔자스시티의 회사에 부탁해서 복직할 수가 있었습니다. 그전에는 각종 책들을 시골이나 학교에 팔면서 살았습니다. 2년 전 남편이 병상에 눕게 되었을 때, 차를 팔아버렸죠. 그러나 그후 빚을 내서 중고차를 사가지고 다시 책장사를 시작했습니다. 이렇게 밖으로 나다니게 되면 약간은 기분이 후련해지리라고 생각했었는데, 혼자 차를 몰아야 하고, 혼자 식사를 해야 한다는 것은 견딜 수 없이 외로운 일이었어요. 그 무렵에 장사가 잘되지 않았고, 자동차 할부금 내기도 바빴습니다. 1937년 봄, 미주리 주에서 일하고 있었는데, 학교란 학교는 모두 가난해서 장사도 안 되고, 길도 형편없이 험했습니다. 저는 낙심해서 자살해버리려고 생각한 적이 한두 번이 아니었지요. 성공할 가망도 없고 살 목적마저 잃어버리고 말았죠. 아침에 일어나면 인생과 직면해야 하는 것이 무척 두려웠지요. 자동차 할부금을 낼 수 없게 되지나 않을까, 집세를 못 내게 되지나 않을까, 식사할 돈마저 떨어져버리면 어찌할 것인가……. 이런 걱정을 하는 동안 몸은 점점 쇠약해졌으나, 의사에게 가서 진찰받을 돈마저 없었으니 모든 것이 걱정거리였습니다. 그런 제가 막상 자살하지 못한 것은, 비탄에 빠질 동생과 제 장례를 치를 비용이 없었기 때문이었지요. 그런데 어느 날, 우연히 보게 된 어떤 글이 저를 실의에서 구해주었고 제게 살아갈 용기를 불어넣어주었습니다. 나는 언제나 그 글에 감사하고 있습니다. '현명한 사람에게는 하루하루가 새로운 생활이다.' 나는 이 구절을 타이핑해서 언제든지 볼 수 있게 차 안에 붙여놓았습니다. 어쨌든 하루하루 살아간다는 것은 그렇게 고된 일이 아니라는 것을 깨닫게 되었습니다. 지나가버린 어제 일은 잊어버리기로 하고, 내일 일은 생각하지 않는 버릇을 배웠습니다. 매일 아침 저는 '오늘은 새로운 인생이다'하고 혼자 중얼거리곤 했습니다. 저는 고독의 두려움, 결핍의 공포를 극복하는 데 성공했습니다. 지금 저는 행복하고 또 웬만큼 성공도 했습니다. 인생에 대해서도 정열과 애정을 느끼게 되었습니다. 생활이 어떻게 되든 두 번 다시는 두려워하지 않을 것입니다. 지금에 와서 미래를 두려워할 필요도 없게 되었습니다. 저는 한 번에 하루만을 삽니다. 그리고 '현명한 사람에게는 하루하루가 새로운 인생'이라는 것을 알게 되었습니다."

다음과 같은 시를 쓴 사람은 누구일까?

> 행복하리로다
> 고독에 살면서
> 오늘을 내 것이라고 노래할 수 있는 사람이여.
> 마음을 평화스럽게 다음과 같이
> 말할 수 있는 사람은
> 진정 행복하리로다.
> 내일이 최악의 것일지라도 그것이 무엇이랴,
> 나는 오늘을 성실히 살았을진대.

이 시는 근대에 씌어졌다고 생각되지만, 사실은 기원전 30년에 로마의 어떤 시인이 쓴 것이다.

인간의 성질 가운데 가장 비극적인 것 중의 하나는 우리들 인간이 지금 자신의 생활에 만족하지 못해서 도피하려고 한다는 것이다.

우리는 모두가 지평선 저 너머 요술의 장미정원을 꿈

꾸고 있으면서, 현재 자기 집 창밖에 피어 있는 장미꽃은 거들떠보려 하지 않는다.

왜 우리는 이렇듯 어리석을까? 우리는 비극적인 선천성 바보란 말인가?

스티븐 피코스는 그의 저서에 이렇게 썼다.

우리 인생의 진행은 실로 기묘하다. 어린아이들은 '내가 크면'이라고 말한다. 이상한 일이다. 청년들은 '어른이 되면'이라고 말한다. 그리고 어른이 되면 '결혼한다면'이라고 말한다.

그러나 결혼했다고 해서 어쨌다는 건가. 다음에는 '만일 은퇴하게 되면'이라고 회한에 찬 말을 꺼내게 될 것이다.

그러다가 결국 은퇴하게 되면, 그는 이미 지나가버린 자신의 모습을 되돌아본다. 차디찬 바람이 그 위를 스쳐 지나간다.

그가 과거라는 경치를 제대로 보지 못했다는 생각이 들 때에는 벌써 모든 것이 보이지 않게 되고 만다. 인생이란 그날 그 시간의 연속을 살아가는 것임을 깨닫게 될 때에는 이미 때가 늦었다.

디트로이트의 에드워드 에반스는 걱정 때문에 죽게 되었는데, 인생이란 그날 그 시각의 연속을 살아가는 것임을 깨닫고 구원을 받았다는 것이다.

원래 가난한 집안에 태어난 그는 신문팔이 소년에서 잡화상 점원, 도서관의 비서가 되어 일곱 식구를 부양해야만 했다. 급료는 적었지만 그 일을 그만둘 용기마저 없었다. 그런데 그로부터 8년 후, 그는 간신히 독립할 기력을 되찾았다.

그렇게 막상 독립하고 나자, 55달러를 자본으로 해서 마침내 연수입 2만 2천 달러의 사업을 일구었다.

그런데 그때 불경기가 닥쳐왔다. 그는 친구를 위해 거액의 수표에 대한 보증을 섰었는데 친구가 파산하고 말았다. 게다가 또 다른 불행이 닥쳤다. 그가 모든 현금을 예금했던 은행이 파산하고 만 것이다.

그는 가지고 있던 현금 모두를 잃어버리게 되었을 뿐만 아니라, 1만 6천 달러의 빚까지 짊어지게 되었다. 그는 기진맥진한 끝에 다음과 같이 말했다.

"나는 잠을 잘 수 없었고, 식욕도 없어졌으며, 기묘한 병에 걸려버렸다. 그것은 극심한 마음 고생 때문이었다. 어느 날 거리에서 정신을 잃고 쓰러지고 말았다. 그래서 자리에 눕는 몸이 되었는데, 열이 오르고 아픔을 참을 수가 없었다. 나는 나날이 쇠약해져갔다. 마침내 의사는 2주일 이상을 버티지 못할 것이라고 선언했다. 나는 눈앞이 캄캄했다. 유언장을 쓰고 병상에서 죽을 날만을 기다렸다. 이제는 아무리 발버둥쳐도 소용없는 일이라 체념해버렸으며, 마음을 진정시키고 잠을 청하려 했다. 그러던 수주일 동안은 불과 2시간을 계속해서 자본 적이 없었건만 지상에서의 고생이 끝나려는 순간, 갓난아기처럼 모든 것을 잊고 푹 잠을 잘 수가 있었다. 그런데 웬일인지, 자고 난 다음부터 견디기 힘들었던 피로감도 사라지기 시작했고 식욕도 왕성해져 체중이 늘어났다. 2, 3주 후에는 지팡이에 의지해서 걸을 수 있게 되고, 6주 후에는 직무에 복귀할 수가 있었다. 그동안 나는 일 년에 2만 달러를 받고 있었는데 얼마 안 가서 주급 30달러짜리 직장을 구했다. 내가 하는 일이란 자동차를 선적할 때 차량의 뒤를 받치는 대목을 파는 일이었다. 나는 지금까지의 혼미에서 완전히 깨어났다. 내게는 더 이상 고뇌라는 것이 없었다. 과거의 일을 후회하지도 않았고, 미래를 두려워하지도 않았다. 모든 시간과 에너지, 그리고 정열을 내가 하는 일에 집중할 수가 있었다."

그로부터 에반스는 눈부시게 향상되어갔다. 몇 년 후에는 에반스 프로덕션의 사장이 되었는데, 이 회사 주식은 오랫동안 뉴욕 주식거래소에서 상위를 차지해오고 있으며, 그린랜드에는 그의 이름을 붙인 비행장도 있다.

아무튼 그의 성공은 그가 '오늘에 산다'는 지혜를 터득한 결과이다.

이에 대해서는 일찍이 프랑스의 철학자 몽테뉴까지도 과오를 범했다. 그는 이렇게 말했다.

나의 인생은 무서운 불행으로 충만해 있는 것 같았으나, 그 불행 따위는 결코 일어나지 않았다.

우리도 이처럼 생각하기가 쉽다. 그런데 단테는 다음과 같이 말했다.

오늘이라는 날은 두 번 다시 오지 않는다는 사실을 잊지 마라.

인생은 참으로 놀라운 속도로 지나가버린다.
우리는 매초 19마일이라는 속도로 달리고 있다. '오늘은' 우리의 가장 귀한 소유물이다.

그것은 우리가 가진 단 하나뿐인 확실한 소유물인 것이다.

이것은 로일 토머스의 철학 이론이다. 최근에 나는 그의 농장에서 주말을 보냈는데 그의 방송실 벽에는 다음과 같은 시편의 1절이 걸려 있었다.

이 날은 주께서 창조하신 것.
우리는 즐거이 그 안에 살리라.

존 러스킨의 책상 위에 '오늘'이라는 단어를 새긴 한 개의 돌이 놓여져 있었다. 나는 윌리엄 오슬러 박사가 항상 책상 위에 놓아두던 인도의 희곡작가 카리다사의 시를 면도용 거울에 붙여놓았다.

여명에의 인사
이 날을 보라!
이것이 생명, 생명의 생명이다.
이 짧은 행로 중에서
너의 존재인 모든 것의 진실과

현실이 포함되어 있다.

성육(成育)의 환희

행동의 영광

화려한 성공.

어제는 꿈에 지나지 않고

내일은 환상일 뿐,

그러나 충실하게 지낸 오늘은 어제와 함께

행복한 꿈을 이루고

내일은 희망에 찬 환상을 만든다.

그렇다면 이 날을 잘 지켜보라.

이것이야말로 여명에 보내는 인사다.

그러므로 여러분이 걱정에 대해 우선 알아야 할 사항
은 다음과 같은 것이다. 즉 인생으로부터 걱정을 몰아내
고 싶다면, 오슬러 박사의 방법을 실행하라.

과거와 미래를 창문으로 닫아버리고 오늘이라는 테
두리 속에서 살라.

다음과 같이 자문자답을 해보는 것도 좋다.

나는 미래를 걱정하거나,
아득한 곳에 있는 마법의 장미 정원을 동경한
나머지 현실을 도피하지는 않는가?

나는 과거에 있었던 일을 후회함으로써 현재를 괴롭히고
있지는 않는가?

"매일 아침 깨었을 때 오늘을 파악하자." 오늘이라는 24
시간을 최대한 활용하고자 결심하고 있는가?

'오늘을 산다'는 것으로 인생에서 보다 많은 보람을 획득
할 수 있는가?

이것을 언제부터 시작할까?
　　다음주?
　　내일?
　　오늘?

to stop Worrying
and start Living

걱정을 해결하는 마술공식

이 책을 더 읽기 전에, 여러분은 빨리 걱정을 처리할 수 있는 확실한 처방을 알고 싶지 않은가?

에어컨 생산을 처음 시작한 기사로서, 현재 뉴욕의 캐리어 사의 사장인 윌리스 H. 캐리어가 실천한 방법을 소개하겠다. 이것은 내가 직접 그에게서 들은 사실이다.

내가 팔로우의 주물 회사에 근무하고 있을 때, 한번은 크리시랄 시에 있는 판유리 공장으로 가스정화 장치를 설치하러 갔다.

이것은 가스로부터 불순물을 제거해서 연소에 의해 엔진이 고장을 일으키지 않게 하는 것이었다. 가스를 정화시키는 방법은 무척 새로운 것으로서, 다른 조건 하에서는 지금껏 단 한 번밖에 시험해보지 않았었다.

그런데 내가 일을 할 때 예기치 못했던 곤란이 생겼다. 장치는 어느 정도까지는 기능을 발휘했지만 우리가 보증했던 정도만큼은 작동하지 않았다.

기술자로서의 나의 자존심은 여지없이 꺾이고 말았다. 머리는 한 대 얻어맞은 것같이 실패감에 사로잡혔으며, 신체의 내부가 뒤틀리는 기분이었고, 온갖 걱정 때문에 잠을 이룰 수가 없었다.

그러나 문득 가만히 앉아 걱정만 하고 있다가는 아무것도 안 되겠다는 생각이 들었다. 그래서 주저하지 않고 문제를 처리할 방도를 강구해냈다.

그 방법이 잘 들어맞아 지금까지 30년 동안이나 사용해오고 있다. 사실 내가 해결 방법을 생각해낸 과정은 누구나 할 수 있는 매우 간단한 것으로서, 3단계로 이루어진다.

첫째, 우선 상황을 대담하고 솔직하게 분석해서 실패의 결과로 일어날 수 있는 최악의 경우를 생각해본다. 그 누구도 내가 실패했다고 해서 나를 감옥에 집어넣거나 총살하려고는 않는다. 그것만은 확실하다.

그러나 나는 그 일로 말미암아 실직하게 될지도 모른다. 어쩌면 고용주는 내가 애써 설치한 기계를 뜯어내고 지금까지 들인 2만 달러의 비용을 손해보게 될지도 모른다.

둘째, 일어날 수 있는 최악의 경우를 생각해본 후, 나는 그것을 감수하기로 했다. 나는 스스로를 타일렀다. 이번 실패는 어쩌면 나의 이력에 실패라는 오점으로 남을지 모른다. 나는 실직할지도 모른다.

그러나 만일 실직하더라도 다시 새 직장을 구하면 그만이 아닌가. 고용 조건이 지금보다 불리할지는 모르지만 다른 직장을 구할 수 있을 것이다. 또는 고용주가 가스의 불순물을 제거하는 새로운 방법을 실험하고 있는 터이므로, 손해본 2만 달러는 실험에 들인 연구비 정도로 계산하면 될 것이 아니겠는가.

일어날지도 모를 최악의 경우를 감수하기로 결심한 순간, 놀라운 일이 벌어졌다. 나는 비로소 기분이 상쾌해지고 오랜만에 평화스러운 감정을 맛보게 되었다.

셋째, 그후 나는 이미 정신적으로 받아들이기로 한 최악의 사태를 조금이라도 더 해결하기 위해 조용히 나의 시간과 에너지를 집중시켰다.

나는 2만 달러의 손실을 조금이라도 줄이는 방법을 발견하려고 무척 애를 썼다. 여러모로 시험해본 결과, 나머지 5천 달러를 부속 장치에만 들인다면 잘될 것이라는 판단이 섰다.

결국 그 일은 대성공을 거두었고 손해를 보기는커녕, 1만 5천 달러의 이득을 보게 되었다.

만일 내가 그 일로 해서 걱정만 하고 있었다면 이렇게 긍정적인 결과는 얻을 수 없었을 것이다.

왜냐하면 걱정의 가장 나쁜 특징 중 하나는 어떤 일에 집중할 수 있는 능력을 많이 떨어뜨린다는 데 있기 때문이다.

우리가 어떤 일로 걱정하고 있을 때 우리의 마음은 쉴 새 없이 동요하여 결단력이 없어지게 된다.

그러나 최악의 사태에 부딪혔을 때, 그 사태를 정신적으로 받아들이겠다고 결심하면, 우리는 막연한 생각이나 상상을 떨쳐버리고 차분한 기분으로 문제에 온 정신을 집중할 수 있다.

이상 말한 것은 오래전의 일이지만 정말 큰 도움이 되었기 때문에 나는 언제나 이 방법을 사용한다.

그 결과, 나의 생활은 걱정에서 완전히 해방되었다.

그러면 어째서 캐리어의 마술공식은 심리적으로 그렇게 의미 깊고 실제적이었을까?

그것은 걱정으로 말미암아 눈이 어두워진 채, 회색 구름 속에서 사방을 손으로 더듬고 있는 우리를 끌어내려 땅 위에 안정되게 서도록 만들어주기 때문이다.

우리는 자신의 입장을 잘 알고 있다. 만일 우리가 발 딛고 있는 땅이 튼튼한 것이 아니라면, 어떻게 우리의 생각을 정리할 수 있을까?

응용 심리학자의 아버지라고 불린 윌리엄 제임스 교수가 아직 살아 있어서 이 최악의 경우에 대처하는 공식을 들었다면, 틀림없이 그도 찬성의 뜻을 표시했을 것이다.

왜냐하면 그가 제자들에게 이런 말을 했던 적이 있기 때문이다.

마음 편히 현실을 받아들여라. 일단 일어나버린 사실을 받아들인다는 것은 모든 불행한 결과를 이겨내는 첫발이기 때문이다.

중국의 철학자 임어당도 같은 생각이었다. 유명한 저서 『생활의 탐구』에서 이렇게 설파했다.

진실된 마음의 평화는 최악의 사태를 감수하는 데서 얻어진다. 심리학적으로는 에너지의 해방을 뜻한다.

확실히 그렇다! 현실을 인정한다는 것은 심리학적으로 볼 때 에너지의 해방을 의미한다. 우리가 일단 최악의 사태를 받아들이기만 하면, 그 이상의 사태는 일어나지 않는다. 다시 말하면, 이는 곧 모든 것이 그전보다는 조금씩 잘되어 간다는 뜻이기도 하다!

캐리어 역시 같은 진술을 했다.

"나는 최악의 사태에 직면했을 때, 완전히 차분한 기분이 되어, 오랫동안 맛보지 못한 평온함을 만끽할 수 있었다. 그때부터 비로소 냉정하게 사물을 생각해볼 수 있게 되었다."

사람들은 분노의 소용돌이 속에서 그들의 일생을 학대해왔다. 그런 모든 일이 벌어진 이유는 최악의 사태를 달갑게 받아들이려고 하지 않았기 때문이며, 조금이라도 더 나은 상황으로 만들려는 노력을 거부한 까닭이다.

말하자면 난파한 인생에서 최선을 다해 모든 것을 구출해내려고 하지 않았기 때문이다. 운명을 다시 재건하려고 하지 않고, 과거의 실수나 잘못만을 후회하고 자책하는 데 몰두한 나머지 우울증의 포로가 되어 버린 것이다.

이번에는 캐리어의 공식을 적용했던 실례를 들어보자. 그는 YMCA에서 열렸던 강좌를 들었던 사람이다.

"나는 무서운 협박을 받고 있었다. 협박이란 영화에나 나오는 것인 줄 알았는데, 내 자신이 진짜 협박을 받게 된 것이다. 내가 경영하는 석유회사에는 많은 배달용 트럭이 있었다. 당시의 물가관리국 조례는 아주 엄격해 단골손님에게 배달하는 배급량이 규제되어 있었다. 그런데 나 몰래 일부 운전사들이 단골손님에게 배달하는 배급량을 속여서, 남게 되는 석유를 딴 곳으로 팔아넘기고 있었다. 내가 이러한 부정 사실을 알게 된 것은, 어느 날 기관의 감독관이라고 자칭하는 사나이가 찾아와서 그런 부정을 눈 감아줄 테니 돈을 내라고 요구했을 때였다. 그 사나이는 운전사들이 석유를 횡령한 증빙 서류를 가지고 있는데 만일 돈을 주지 않으면 지방 검찰에 고발하겠다고 협박했다. 나 자신은 잘못한 것이 없었으나, 법률상으로는 사용인의 행위에 대해서 회사에서 책임을 져야 했다. 만일 사건이 표면화되어 신문에라도 나면, 회사의 신용은 엉망이 되고 결국 회사는 파산하고 말 것이다. 24년 전 돌아가신 아버지께서 세우신 우리 집안의 자랑인 회사가 망하게 되는 판이었다. 나는 고민하다 못해 나중에는 지쳐버리고 말았다. 사흘 밤낮을 한잠도 못 자고 꼬박 굶었다. 미칠 것만 같았다. 그 사나이에게 5천 달러를 주어 입을 막아버릴 것인가? 어떻게 해야 할지 결정을 못해 악몽에 사로잡힌 기분이었다. 그런데 일요일 밤의 일이었다. 나는 카네기 강좌를 수강했을 때 받았던 『걱정을 극복하는 법』이라는 소책자를 우연히 찾아내어 읽게 되었다. 그리고 캐리어의 '최악의 경우에 직면하라'는 이야기를 생각했다. 그래서 나는 스스로에게 물어보았다. '만일 내가 돈을 내지 않아 그 협박자가 지방 검사에게 고발하게 된다면, 최악의 경우 어떻게 될 것인가?' 그 대답은 '회사가 망한다. 그것이 최악의 경우다. 교도소까지는 가지 않을 것이다. 신용이 떨어져 회사가 망할 뿐이다'였다. 그러면 어쩔 수 없이 회사는 망한다고 생각한다면, 나는 어떻게 될까? 회사가 망하면 새로운 직업을 구해야 할 것이 아닌가. 그것도 좋다. 나는 석유에 대한 일이라면 뭐든지 알고 있다. 내가 취직하려고만 하면 기꺼이 나를 받아줄 회사가 몇 군데 있을 것이다. …… 그렇게 생각하자 마음이 어느 정도 홀가분해졌다. 며칠 동안 잠도 못 이루게 나를 괴롭혔던 걱정은 어느 정도 가라앉았고, 나 자신도 놀랄 정도의 냉정한 태도로 사태에 대해 곰곰이 생각해보게 되었다. 이제야말로 3단계인 '최악의 경우를 보다 좋게 만들라'는 과제에 직면할 수 있을 정도로 냉철해졌다. 그래서 해결책을 생각하고 있는 동안에 아주 새로운 생각이 떠올랐다. 즉 변호사를 찾아가서 전후의 사실을 털어놓으면 해결 방법을 가르쳐줄지도 모른다고 생각했다. 왜 지금까지 이런 생각을 못했는지 너무나 이상했지만, 사실은 아무것도 아닌 일을 가지고 고민했던 것이다. '내일 아침에는 일찍 변호사한테 찾아가보리라.' 그렇게 결심하고서야 깊은 잠을 잘 수가 있었다. 결과가 궁금한가? 다음날 아침, 변호사는 검사를 직접 만나서 사실을 털어놓으라고 말해주었다. 나는 변호사의 말대로 검사에게 모든 사실을 털어놓았다. 검사는 이러한 협박 사건은 이전부터 계속 일어나고 있었으며, 기관에서 나왔다는 사나이는 수배 중인 범법자라고 말했다. 5천 달러를 줄 것인가 말 것인가 사흘 동안 고민한 나는 그제서야 속이 후련해졌다. 비록 어리석긴 했지만, 이 경험은 나에게 잊을 수 없는 교훈을 가르쳐 주었다. 나는 자신을 괴롭히는 번거로운 문제가 생기면 언제나 '월리스 H. 캐리어'의 공식을 적용한다."

캐리어 이상으로 괴로워한 사람도 있다. 다음에는 매사추세츠 주 원체스터 시의 알 P. 하네의 실화를 들어보겠다.

이 이야기는 1948년 11월 17일 보스턴의 스타드라 호텔에서 들은 이야기다.

1920년대의 나는 몹시 걱정한 끝에 위궤양의 증세가 나타나기 시작했다. 어느 날 밤 갑자기 많은 피를 토하고 시카고의 노스웨스턴 병원으로 실려 갔다.

체중이 175파운드에서 90파운드로 줄어든 후였다. 나는 중태이며 손도 꼼짝 해서는 안 된다고 의사가 말했다. 세 명의 의사가 나를 가망이 없다고 진단했다.

한 시간마다 먹는 음식물이라야 알칼리성의 분말, 반 숟가락 정도의 우유와 크림뿐이었다.

간호사는 아침저녁, 위에 고무관을 집어넣어 위 속의 것을 말끔히 씻어내곤 했다.

이런 상태가 몇 개월간 계속되자 이런 생각이 들었다.

"알 하네야! 만일 네가 죽음 이외에 아무것도 기대할 수 없다면, 이제부터 남은 시간을 최대한으로 이용해보는 것이 어떻겠나? 너는 죽기 전에 세계일주여행을 해보고 싶어 했으니까, 지금 그 계획을 실행에 옮기자."

나는 의사에게 지금부터 세계일주여행을 떠난다고 했다. 그리고 하루에 두 번씩 위를 씻어낼 작정이라고 말하자, 그는 깜짝 놀랐다. 그리고 여행을 만류하고 나섰다. 미친 짓이라는 것이다.

부득이 떠나야 한다면 바다 속에 장사 지낼 각오를 해야 할 것이라고 겁을 주었다. 그러나 나는 물러서지 않았다.

"아닙니다. 단연코 나는 떠날 겁니다. 조상들이 묻힌 묘지에 묻어달라고 친척들에게 부탁해두었으니 관을 짊어지고 여행을 떠나는 거지요."

나는 내가 들어갈 관을 준비해서 배에 싣고, 죽으면 냉장 상태로 본국에 보내주도록 선박회사와 사전에 이야기를 해두었다. 나는 마치 노시인(老詩人)이 된 듯한 심정으로 여행길에 올랐다.

아! 남은 인생을 될 수 있는 한 마음껏 이용하라.
우리 죽어서 티끌 속에 묻히기 전에.
티끌은 티끌로 또 티끌 밑에
나는 누우리라.

술도 없고, 노래도 시인도 없다.

그리고 마침내 종말도 없다.

로스앤젤레스에서 프레지던트 아스담 호에 승선해서 동양으로 향하게 되자, 마음이 한결 좋아졌다.

나는 차츰 알칼리성 분말의 섭취와 위 세척을 중지해 갔다.

그리고 드디어 모든 음식물, 내가 먹어서는 안 된다고 경고를 받은 이국의 낯선 음식까지 먹기 시작했다. 몇 주 후에는 자극이 강한 담배를 피우고, 하이볼까지 마시게 되었다.

정말 오랜만에 즐거운 나날을 보내게 되었다. 배를 타고 수억 만 리를 여행하는 동안에 심한 풍랑과 태풍도 만났지만, 두려워하기는커녕 오히려 상쾌한 흥분을 느꼈다.

나는 배 안에서 갖가지 게임을 즐기고 노래를 불렀다. 새로 사귄 친구와 어울려서 밤새도록 놀기도 했다.

그러다가 중국, 인도에 닿았을 때, 나는 본국에서 겪어온 사업상의 고통 따위는 그곳의 빈곤이나 기아에 비한다면 아무것도 아니라는 사실을 깨닫게 되었다. 이때부터 부질없는 걱정거리를 모두 잊어버렸다.

실로 나의 여행은 즐거웠다. 미국에 돌아왔을 때, 나의 체중은 90파운드나 늘어 있었고, 내가 위궤양을 앓고 있었다는 사실조차 까맣게 잊었다.

건강이 좋아진 것은 말할 나위도 없었고, 다시 사업에 전념할 수 있었다. 그후 한 번도 병석에 누운 적이 없었다.

하네는 자기도 모르는 사이에 캐리어가 사용한 공식을 실행하여 걱정을 극복했던 것이라고 나에게 일러주었다.

이 이야기를 요약하면 다음과 같다.

첫째, '일어날 수 있는 최악의 사태가 무엇인가?' 라고 자문했다. 해답은 죽음이었다.

둘째, 나는 죽음을 받아들일 마음의 준비가 되어 있었다. 그밖에는 별도리가 없었다. 의사가 내게 불치병에 걸렸다고 선언했기 때문이었다.

셋째, 나는 죽을 때까지 남은 짧은 시간을 될 수 있는 한 즐겁게 지냄으로써 사태를 좋게 해보려고 노력했다.

만일 내가 배를 탄 후에도 생을 체념하지 못하고 망설

이고 있었더라면, 관에 넣어져 본국으로 돌아왔을 것이 분명하다.

그러나 나는 마음을 편안하게 가졌다. 모든 걱정을 잊고 있었다. 이러한 정신적 안정이 내게 새로운 힘을 주었으며, 그것이 내 생명을 구원해주었다.

만일 여러분이 어떤 걱정거리를 가지고 있다면 다음 세 단계로 이루어진, 캐리어의 마술공식을 적용해보면 좋을 것이다.

'일어날 수 있는 최악의 사태가 무엇인가?'라고 자문한다.

해결책이 없을 때엔 현실을 받아들일 준비를 한다.

그런 뒤에는 침착하게 최악의 사태를 개선해나간다.

걱정이 인간에게 미치는 영향

걱정과 싸우는 법을 모르는 경영자는 단명한다. -알렉시스 카렐

어느 날 밤, 이웃 사람들이 나를 찾아와서 나와 가족한
테 천연두 예방주사(종두)를 맞아야 한다고 했다. 이러한
사람들의 경고 때문인지 뉴욕 시내에는 가는 곳마다 예방
주사를 맞겠다는 사람들의 행렬이 늘어섰다. 예방주사는
병원에서뿐만 아니라 소방서나 경찰서, 공장에서까지 실
시되었다.

2천 명 이상의 의사와 간호사가 밤낮을 가리지 않고 필
사적으로 일을 했다. 이 소동의 원인은 도대체 무엇이었
을까?

알아본 결과, 이 무렵에 뉴욕에서 8명의 천연두 환자가
발생했고 그중 2명이 사망했던 것이다. 약 8백만 인구 중
에서 불과 2명의 희생자로 이런 소동이 일어났던 것이다.

나는 거의 27년 동안이나 뉴욕에서 살아왔지만, 지금까지 걱정이라는 정신적 질환— 오랫동안 천연두의 수천 배에 달하는 손해를 끼쳐온— 에 대해서 경고하며 돌아다니는 사람은 단 한 명도 없었던 것이다.

미국에 살고 있는 사람의 10퍼센트는, 걱정이나 감정적 갈등으로 신경 쇠약에 걸릴 것이라고 나에게 경고해준 사람은 단 한 사람도 없다. 그래서 내가 여러분에게 경고하려고 한다.

노벨 의학상 수상자인 알렉시스 카렐 박사는 이렇게 말한다.

걱정과 싸우는 법을 모르는 경영자는 단명한다.

이 말은 경영자뿐만이 아니라 가정주부나 의사, 노동자에게도 적용된다.

수년 전, 나는 산타페 철도 회사의 의무국에 근무한 O. M. 고버 박사와 함께 텍사스에서 뉴멕시코까지 자동차로 여행을 했다.

그때 우리는 걱정이 사람에게 미치는 영향에 대해 이야기를 주고받았다. 고버 박사의 말이다.

"병원을 찾아오는 환자의 70퍼센트는 걱정이나 공포에서 벗어날 수만 있다면 완전히 완치될 수 있다. 그렇다고 그들의 병이 단순히 기분에 좌우된다는 것은 아니다. 격심한 치통이라든가 무서운 중병 따위는 결코 마음만으로는 이겨낼 수 없다. 신경성 소화불량이나 어떤 종류의 궤양, 심장병, 불면증, 두통 그리고 어떤 종류의 마비 등은 확실히 기분 탓만은 아니다."

이러한 병들은 현실적이다. 나 자신도 12년 동안이나 위궤양으로 고생했기 때문에 잘 알고 있다. 공포는 걱정의 원인이 된다. 걱정은 사람을 긴장시키고, 초조하게 만들며, 위의 신경에 영향을 주며, 위액 분비에 이상을 가져오고, 때로는 위궤양으로까지 번지게 만든다.

이에 대하여 죠셉 F. 몬테규 박사는 그의 저서에서 다음과 같이 말했다.

위궤양의 원인은 음식물이 아니다. 인간의 마음을 좀먹는 걱정이 원인이다.

또 W. C. 알바레스 박사도 그의 책에서 다음과 같이 말하고 있다.

위궤양은 때때로 감정적인 긴장의 강약에 따라 일어나기도 하고 진정되기도 한다.

이러한 보고는 메이요 진료소에서 위를 진찰받은 바 있는 1,500명의 환자를 연구한 결과다. 그런데 연구 대상의 평균 5명 중 4명에게선 아무런 육체적 원인을 발견할 수가 없었다.

결국 심리적인 공포, 불안, 증오, 극단적인 이기주의, 현실에 적응할 수 없는 무능 등이 그들의 발병 원인이었다. 우리가 알다시피 위궤양은 치료하기 어려운 병이다. 〈라이프〉지에 의하면 위궤양으로 인한 사망자는 전체 사망자의 10분의 1을 차지한다.

미국의 산업계에 관여하고 있는 의사들의 연차 연합회에서 메이요 진료소의 헤럴드 C. 헤바인 박사는 다음과 같은 보고를 했다. 그가 평균 연령 44.3세의 중역 간부 176명을 진찰한 결과, 3분의 1 이상이 고도의 긴장을 유발하는 생활에서 오는 질환인 심장병, 위궤양, 고혈압에 걸렸다는 것이다.

실업계 중역들의 3분의 1이 45세도 되기 전에 심장병, 위궤양, 고혈압으로 그들의 육체를 소모하고 있다는 것을 볼 때, 사람의 성공이란 얼마나 값비싼 것인가 하는 생각이 든다. 그런데 그들이 완전한 성공을 거두었다고 해도, 건강을 잃어버린다면 무슨 소용이겠는가?

온 천하를 손에 넣었다고 해도 침대는 하나로 족한 것이며, 식사는 하루 세끼면 그만인 것이다. 하수도를 파는 인부들도 다를 것이 없다. 오히려 이들은 중역들보다 깊은 잠을 자며 식사도 더 맛있게 할 것이다.

솔직히 말해서, 나라면 철도 회사나 담배 회사(미국은 담배가 전매가 아님 : 옮긴이 주)를 경영하느라고 나이 45세도 되기 전에 건강을 해치느니, 흙 냄새를 맡으며 맘 편히 농사 짓는 편이 좋으리라 생각된다.

담배라는 말을 하니까 생각나는데, 최근에 세계에서 제일 유명한 담배 제조업자가 캐나다의 산속을 거닐다가 갑자기 심장마비를 일으켜 사망했다. 그는 막대한 재산을 가지고 있으면서도 61세로 급사한 것이다. 모르긴 하지만 '사업의 성공'과 자신의 수명을 바꿔버린 것이 아닌가 싶다.

나는 백만장자인 담배 제조 회사의 사장보다는, 무일푼으로 81세에 돌아가신 미주리 주의 농부였던 내 아버지의 성공이 훨씬 보람 있다고 생각한다.

유명한 메이요 진료소는 국내에 있는 모든 병원의 입원 환자들 과반수가 신경성 환자였다고 발표했다. 그들의 '신경성 질환'은 물리적 퇴화에 의한 것이 아니라 무익, 실패, 고뇌, 패배, 절망 등의 감정에서 유발된 것이다.

플라톤은 말했다.

의사가 범하는 최대의 오진은 마음부터 치료하려고 하지 않고, 육체의 치료에만 매달리는 데 있다. 마음과 육체는 하나로서 별개로 취급할 성질의 것이 아니다.

의학이 이렇듯 위대한 진리를 인식하기까지 2,300년이나 걸렸다. 최근에 와서야 정신과 육체를 하나로 취급하는 새로운 의학이 발달되었다.

종래의 의학은 물질적 병균으로부터 발병한 질병, 즉 천연두, 콜레라, 황달, 기타 무수한 인명을 빼앗아간 병균을 박멸했다. 병균 때문이 아닌 고뇌, 공포, 증오, 절망 등의 감정에 의해서 일어난 정신적·육체적 병은 구제할 수 없었다. 이러한 감정적 질환에 의한 사망률은 놀라울 정도의 속도로 증대되고 있다. 의사들의 말에 의하면, 현재 미국인 20명 중 1명은 일생 동안 한 번은 정신 병원 신세를 지게 되어 있다고 한다. 2차 세계대전 중에 소집된 청년 6명 중 1명은 정신병이나 정신적 문제 때문에 징병에서 제외되었다.

그렇다면 정신 이상의 원인은 무엇일까? 아직까지 이에 대한 뚜렷한 해답은 밝혀진 바 없다. 그러나 대부분의 경우, 공포나 걱정이 그 원인이 된다고 보고 있다. 즉 냉혹한 현실 세계와의 싸움에서 패배하고 의욕을 상실해버린 사람들은, 그를 둘러싸고 있는 환경과 인연을 끊고 자신만의 상상 속에서 구축한 꿈의 세계로 도피해버리는 것이다. 지금 내 책상에는 에드워드 포돌스키 박사의 『걱정은 그만하고 건강해지라』는 책이 놓여 있다. 그 책에 담긴 소제목들은 다음과 같다.

- 걱정이 심장에 미치는 영향
- 고혈압은 걱정에 의해 생긴다
- 류머티즘은 걱정에 의해서 생길 수 있다
- 위를 위해서라도 걱정을 적게 하라
- 어떻게 걱정이 감기의 원인이 되는가?
- 걱정과 갑상선
- 걱정하는 당뇨병 환자

『메이요의 형제』라는 책으로 유명한 칼 메닝거 박사는 『자기를 배반하는 인간』이라는 저서에서 불안, 실의, 증오, 원한, 반항, 공포 등에 의해 인간의 육체가 어떻게 파괴되는가를 상세하게 설명하고 있다.

고뇌나 걱정은 아무리 건강한 사람에게도 병을 가져온다. 그랜트 장군은 남북전쟁 종말에야 이런 사실을 깨달았다. 그 이야기는 대강 이렇다. 그랜트 장군은 9개월에 걸쳐서 리치먼드를 포위 공격하고 있었다.

리 장군의 군대는 굶주리고 피로한 채 전군이 패주하고 있었다. 남은 패잔병들은 텐트 속에서 기도회를 열며, 소리를 지르고 울기도 하며 광란 상태에 빠져 있었다.

최후의 시각은 눈앞에 다가왔다. 리 장군의 부하들은 리치먼드의 솜 창고와 담배 창고, 병기 창고에 불을 지르고는 밤하늘에 치솟는 불길을 뒤로 하고서 도망쳐 나왔다. 그랜트 장군의 군대는 사방에서 남군을 공격하며 쳐들어갔다.

한편 세리단이 이끄는 기병대는 적의 퇴로를 차단하고 철도를 파괴해서 수송 열차를 포획하고 있었다. 그런데 그랜트 장군은 격심한 두통 때문에 공격 대열에서 벗어나 어떤 농가에서 휴식을 취하고 있었다.

그의 『회상록』에는 이렇게 씌어 있다.

나는 밤새도록 겨자탕에 발을 담그고, 손목과 목 뒤에
는 겨자 고약을 붙이고, 아침까지는 나아야겠다고 생각
하고 있었다.

이튿날 아침, 그의 두통은 말끔히 나았다.
그러나 겨자 고약의 효험을 본 것은 아니었다.
그것은 리 장군의 항복 문서를 가지고 온 병사 때문이
었다. 그랜트 장군은 그의 저서에 계속해서 이렇게 쓰고
있다.

병사가 도착했을 때, 나는 여전히 심한 두통 때문에
골치를 앓고 있었는데 그 문서의 내용을 보자마자 당장
두통이 사라졌다.

분명히 걱정이나 긴장과 같은 감정이 그랜트 장군을
병들게 하고 있었다. 그런데 전쟁의 승리와 자신의 성공
을 확신하게 되자 홀연히 그의 두통이 사라지고 완쾌됐던
것이다.

그로부터 70년 후 프랭클린 루스벨트 내각의 재무부
장관이었던 헨리 모겐스는, 걱정은 사람의 기분을 해치
고 어지러운 증세를 일으키는 원인이라는 것을 깨닫게
되었다.

그는 일기에 대통령이 소맥 값을 올리기 위해 하루에
440만 부셀의 밀을 사들였을 때, 자신은 매우 난처했다고
기록했다.

나는 그런 일이 진행되고 있을 때, 머리가 어지러워
어쩔 줄을 몰랐다. 그래서 집으로 돌아와 점심을 먹고
두 시간 동안이나 자리에 누워 있었다.

걱정이 사람에게 미치는 영향에 대해서 알고 싶다면,
구태여 도서관이나 의사를 찾을 필요는 없다. 조금만 주
의를 기울여 주변을 살펴보면 쉽게 알 수 있다. 지금 내가
살고 있는 1가에는 걱정 때문에 심한 신경 쇠약에 걸린
사람이 있다. 또한 주식 폭락에 상심한 나머지 당뇨병
에 걸린 사람도 있다.

위대한 프랑스의 철학자 몽테뉴가 고향인 보르도의 시
장에 당선되었을 때, 시민들에게 이렇게 말했다.

나는 기꺼이 여러분의 문제를 해결하는 데 조력하겠지만, 나의 건강을 망가뜨리면서까지 그렇게 하고 싶지는 않습니다.

걱정으로 말미암아 관절염이나 통풍 증세를 일으켜 반신 불수가 되는 경우도 있다. 통풍의 세계적인 권위자인 코넬 의과대학의 러셀 L. 세실 박사는 통풍의 가장 큰 원인을 4가지로 들고 있다.

1. 결혼의 실패
2. 경제적 재난과 비판
3. 고독과 걱정
4. 오랫동안 품고 있는 원한

물론 이렇게 4가지 감정적 조건만이 통풍의 원인은 아니다. 통풍에는 여러 가지 원인에서 오는 갖가지 종류가 있다. 그러나 한 번 더 말해두지만, 통풍을 일으키는 가장 보편적인 조건은 세실 박사가 열거한 이 4가지 원인인 것이다.

내 친구 한 명이 경제 불황 때문에 극심한 타격을 입게 되었다. 가스 회사에서는 요금 체납을 이유로 가스를 끊어 버리는가 하면, 은행에서는 집을 차압했다. 바로 이런 때 그의 아내는 갑자기 심한 통풍에 걸렸다. 온갖 약을 써보아도 아무런 효험을 보지 못했다. 이러한 증세는 남편의 경제 상태가 회복되어 생활이 안정될 때까지 지속되었다.

재미있게도 걱정은 충치의 원인이 되기도 한다. 윌리엄 맥니글 박사는 미국 치과학회에서 이렇게 보고했다.

걱정, 공포, 잔소리에서 오는 불쾌한 감정은 인간의 칼슘 균형을 잃게 하여 충치의 원인이 된다.

박사를 찾아온 어떤 환자는 그의 아내가 병에 걸리기 전까지는 완전한 치아를 가지고 있었는데, 아내가 3주간 입원해 있는 동안에 아홉 개의 충치가 생겼다고 말했다. 병에 대한 두려움과 근심이 충치를 만든 것이다.

여러분은 갑상선에 이상이 생긴 사람을 본 적이 있는가. 내가 본 경험에 의하면 갑상선을 앓는 사람들은 부들부들 떨며 죽어가는 듯한 모습을 나타낸다.

신체를 조절하는 갑상선에 이상이 생겼기 때문이다. 심한 경련으로 말미암아 온몸이 용광로처럼 이글이글 타고 있는 것이다. 수술이나 기타 조치를 취하지 않는 한 까맣게 타버리고 말 것이다.

얼마 전에 나는 이와 같은 병을 앓고 있는 친구와 함께 필라델피아로 여행을 떠났다. 그때 갑상선 질환의 권위자라는 이스라엘의 부람 박사에게 진찰을 받기로 했다. 그의 진찰실에 걸려 있는 액자에는 다음과 같은 글이 적혀 있었다.

휴양과 오락

사람의 마음을 가장 편안하게 해주고, 기운을 돋우는 힘은 건전한 종교와 수면, 그리고 음악과 웃음이다.

하느님께 온전한 믿음을 두어라.

그리고 깊은 잠에 들라.

좋은 음악을 즐기라.

인생의 즐겁고 유쾌한 면에도 눈을 돌릴 줄 알라.

그러면 그대는 행복과 건강을 얻을 수 있게 될 것이다.

박사가 나의 친구에게 던진 첫 번째 질문은 "어떠한 감정적 고뇌가 이런 증상을 만들었습니까?"라는 말이었다.

그는 내 친구에게 이렇게 경고했다.

"만일 걱정을 그만두지 않는다면 심장병, 위궤양, 당뇨병 등에 걸릴지도 모릅니다. 이러한 병들은 갑상선의 친척 아니면 근친이죠."

말 오베론은 나에게 다음과 같이 말했다.

"나는 절대 망설이지 않기로 했습니다. 어떤 일에 구애되어 망설이다가는 스크린에서의 연기가 엉망이 되고 얼굴에 주름살만 생길 테니까요. 처음 영화배우를 지망했을 때는 걱정으로 어쩔 바를 몰랐습니다. 인도에서 온 지 얼마 되지 않아 런던에는 누구 하나 아는 이가 없었습니다. 나는 두세 명의 프로듀서를 찾아갔습니다. 아무도 저를 채용해주려고 하지 않았습니다. 게다가 수중에 있던 돈도 떨어지게 되었습니다. 저는 2주일 동안 크래커와 물만 먹고 살았습니다. 몸은 몹시 쇠약해졌고 걱정이 떠나질 않았습니다. 그래서 나는 내 자신에게 이렇게 말했습니다. '나는 어쩌면 바보인지 모른다. 영화계에 쉽게 들어갈 수 있을 것 같았으나, 경험도 없고 연기 따윈 해본 일도 없잖은가 말이야. 겨우 얼굴만 좀 반반할 뿐 아닌가?' 나는 거울 앞에 섰습니다. 거울을 들여다본 순간, 걱정이 나의 얼굴에 드리워져 있음을 깨달았습니다. 지금까지 없었던 주름살, 겁에 질린 표정……. 그래서 저는 스스로에게

'이런 일은 단연코 그만두어야겠다. 언제까지나 걱정하고 있을 수만은 없다. 단 하나의 밑천인 얼굴마저 망치고 마는 것이 아닌가!' 라고 타일렀습니다."

걱정만큼 빨리 여자를 늙게 하고, 추하게 하며 마음을 어지럽히는 것은 없다. 걱정은 표정을 딱딱하게 하며, 턱의 곡선을 굳게 하고, 주름살을 만든다. 뿐만 아니라 머리를 희게 하며 탈모의 원인도 된다.

오늘날 심장병은 미국인을 사망에 이르게 하는 죽음의 병 중 하나다. 2차 세계대전 중에 전사한 미군의 수는 약 30만명인데, 같은 시기에 심장병으로 죽어간 시민의 수는 200만 명이나 된다. 그중 100만 명은 걱정과 극도의 긴장으로 병에 걸렸다.

카렐 박사가 "걱정과 싸우는 법을 모르는 경영자는 단명한다" 라고 말한 이유에는 이 심장병도 들어 있다.

남부의 흑인이나 중국 사람들은 대부분 어떤 일에 구애되거나 망설이지 않기 때문에 심장병에 걸리는 일이 거의 없다. 또한 통계에 의하면 심장병으로 사망한 의사의 수는 공장 노동자의 약 20배 가량 된다.

의사들은 정신적으로 긴장한 상태에서 매일매일을 살아가야 하기 때문이다.

하느님은 우리의 죄를 사해줄지 모르지만 신경계통에선 그렇지가 않다.

이것은 헨리 제임스가 한 말이다. 그런가 하면 또 놀라운 사실이 있다. 왜 사람들은 죽는가? 대부분의 경우 '걱정' 때문이다.

잔인한 중국 장군이 포로를 고문하는 방법은 이렇다. 우선 포로의 손발을 묶은 후, 밤낮을 가리지 않고 물방울이 떨어지는 주머니 밑에 앉힌다.

똑, 똑, 똑, 끊임없이 머리 위로 떨어지는 물방울은 마침내 천둥 소리와 같이 들리게 되고 포로는 얼마 가지 않아 미쳐버리고 만다.

이것과 비슷한 고문법이 스페인의 종교 재판이나 히틀러 치하의 독일 강제수용소에서 행해졌다.

걱정이란 끊임없이 머리 위에 떨어지는 물방울과 같은 것이다. 쉬지 않고 똑똑 떨어지는 소리는 사람을 미치게 만들고 자살의 수렁으로 몰아넣기도 한다.

내가 미주리 주의 시골에 살던 어린 시절에 지옥불 이야기를 듣고 놀라 넘어질 뻔한 일이 있다.

그러나 내게 그 이야기를 해준 사람은, 이 세상에서

'걱정' 때문에 수많은 사람들이 겪어야만 하는 고통에 대해서는 한 마디도 비치지 않았다.

만일 당신이 만성적으로 근심하고 걱정하는 성미라면, 협심증이라는 고통에 사로잡힐지도 모른다. 그렇게 된다면 당신은 그 고통으로 신음하게 될 것이다.

당신의 울부짖음에 비교하면, 단테의 '지옥편'에 나오는 아비규환도 어린아이들의 장난 같은 울음소리 정도로밖에 생각되지 않을 것이다.

그리고 당신은 틀림없이 자신에게 호소할 것이다(내 말이 너무 과장됐다고 생각한다면, 당신의 가족이나 주치의에게 물어보라).

"오! 하느님, 만일 이 병이 낫기만 한다면 어떤 일에 대해서도 절대 걱정 따위는 하지 않을 겁니다."

당신은 진실로 인생을 사랑하는가? 그리고 건강하게 오래 살면서 인생을 즐기기 바라는가?

그렇다면 이에 대한 좋은 방법이 있다. 또다시 카렐 박사의 말을 들어보자.

현대 도시의 혼란 속에서도 평온한 정신 생활을 유지해나갈 수 있는 사람은 정신적 질환에 걸리지 않는다.

당신은 과연 어떤가. 만일 당신이 정상적으로 건강한 사람이라면 그 해답은 "예"일 것이다. 우리 중의 대부분은, 자기가 생각하고 있는 것보다 강하다. 적어도 우리는 지금까지 한 번도 사용해보지 않은 정신적 자원을 가지고 있다. 윌리엄 소로우의 불멸의 명저 『월든』 가운데 다음과 같은 구절이 있다.

자신의 생활을 향상시키고자 하는 인간의 의식적인 노력만큼 믿음직스러운 것은 없다. 만일 인간이 자기가 뜻하는 방향으로 확신을 가지고 전진해서, 그가 마음속에 그리고 있는 인생을 누리려고 노력한다면, 보통 때에 기대할 수 없는 놀라운 성공을 거두게 될 것이다.

이 책을 읽고 있는 독자의 대부분은, 올가 자비에 못지 않는 의지력과 정신적 자원을 소유하고 있을 것이다. 그녀는 아이다호 주변에 살고 있다. 올가 자비는 가장 비극적인 환경에 처해도 걱정은 극복될 수 있다는 것을 깨달은 강한 여성이다. 내가 이 책에서 여러 번 설명하고 있는 진리를 적용하기만 한다면, 누구나 다 그렇게 할 수 있다. 올가 자비가 나에게 전해준 이야기는 다음과 같다.

"8년 전 나는 암으로 사형 선고를 받았다. 유명한 전문가들도 그렇게 진단을 내린 것이다. 나의 앞길은 막혀버리고 죽음이 입을 딱 벌리고 나를 기다리고 있었다. 나는 주치의에게 전화를 걸어서 마음속에 품고 있던 절망감을 모두 털어놓았다. 의사는 다소 쌀쌀하게 나를 꾸짖었다. '어떻게 된 겁니까? 올가 씨, 당신에게는 투지도 없습니까? 그렇게 우는 소리만 하고 있다가는 정말 죽게 될 것입니다. 당신에게 최악의 사태가 벌어지고 있다는 것은 사실입니다. 그건 틀림없는 일이지요. 그러나 올가 씨, 마음을 굳게 먹고 현실과 대결해야 합니다. 아시겠습니까? 걱정은 그만하십시오. 대신 어떻게든 노력해보는 겁니다. 어떻게든지 말입니다.' 이 말은 들은 나는 그 자리에서 두 손을 불끈 쥐고 다짐했습니다. '그래, 더 이상 걱정은 하지 말자. 울지도 말자. 만일 물질보다도 우세한 정신이 있다면, 나는 꼭 이겨내고야 말 것이다. 나는 결코 죽지 않는다.' 라듐 광선을 사용할 수 없을 정도로 병세가 악화된 환자에 대한 뢴트겐선의 보통 사용량은, 하루 10분씩 20일 동안 쐬게 되어 있다. 그러나 나는 49일간, 하루에 14분 20초씩 쐬곤 했다. 나의 위는 만신창이가 되어 말라빠진 뱃가죽 위로 솟아났으며 다리는 납덩이처럼 무거워

졌지만, 나는 결코 실망하지 않았다. 한 번도 울지 않았다! 나는 오히려 명랑했다. 억지로라도 미소지으려고 노력했다. 아무리 명랑해진다 해도 암이 나을 수는 없겠지만 밝은 정신적 태도야말로 육체가 병과 싸우는 것을 도와준다는 사실을 믿고 있었다. 어쨌든 나는 기적적 치료를 체험했다. 최근 몇 년 동안, 나는 그 어느 때보다도 건강하게 살고 있다. 이는 '사실과 대결해야 한다! 걱정은 그만두시오! 그리고 어떻게든 노력해보시오!'라는 격려의 말 덕분이다."

나는 카렐 박사의 "걱정과 싸우는 법을 모르는 경영자는 단명한다"라는 말을 다시 한 번 반복하고자 한다.

이슬람교의 광신적인 신자들은 때때로 그들의 가슴에 『코란』에 적혀 있는 성구를 문신해넣는다.

나는 독자 여러분의 가슴에 카렐 박사의 말을 깊이 새겨주고 싶다.

걱정과 싸우는 법을 모르는 경영자는 단명한다.

카렐 박사는 도대체 누구를 향해 이런 말을 했을까? 바로 당신을 향해 한 말이다!

걱정에 대한 몇 가지 사실

1. 만일 걱정을 피하려고 생각한다면, 윌리엄 오슬러가 한 대로 실천하라. 즉 '오늘에 산다'는 목표를 따를 것. 미래에 마음을 쓰지 말 것. 취침할 때까지 그날의 일만을 생각하고 생활할 것.

2. 걱정에 쫓기게 되는 경우에는 윌리스 캐리어의 마술공식을 이용할 것.
   ① 자문하라. "만일 문제가 해결되지 않는 경우, 일어날 수 있는 최악의 사태는 어떤 것일까?"
   ② 불가피할 경우에는 최악의 사태에 직면할 준비를 해라.
   ③ 마음속에서 받아들인 최악의 사태를 조금이라도 좋게 만들기 위해 노력하라.

3. 건강 면에서, 걱정에 대해 지불해야만 할 엄청난 대가를 생각해보라. "걱정과 싸우는 법을 모르는 경영자는 단명한다."

2장

걱정분석의 기본적 비법

and start Living

걱정의 분석과 그 해결법

나는 여섯 명의 머슴을 데리고 있다.

내가 알고 있는 것은 그들이 가르쳐준 것뿐이다.

그들의 이름은 무엇, 왜, 언제, 어떻게, 어디서, 누가이다.

-러디어드 키플링

1장에서 설명한 윌리엄 H. 캐리어의 마술공식이, 모든 걱정을 해결해줄 수 있냐고 묻는다면 물론 "아니오"라고 대답할 수밖에 없다. 그렇다면 해답은 도대체 무엇인가? 갖가지 종류의 걱정을 처리하기 위해서는, 우선 문제 분석의 3가지 기본적 단계를 알아야 한다.

1. 사실을 파악하라.

2. 사실을 분석하라.

3. 결단을 내리고 실천하라.

여러분은 이 말을 이미 다 알고 있는지도 모른다. 물론 너무나 당연하다. 그러나 아리스토텔레스도 이것을 말했고 실천했다. 우리도 자신을 괴롭히고, 우리의 나날을 지옥으로 만들어버리고 있는 문제를 해결하고 싶다면 각 단계를 적용해야만 할 것이다.

먼저 '사실을 파악하라'는 첫 단계를 생각해보도록 하자. 우리가 사실을 파악한다는 것은 왜 그렇게 중요할까.

만일 그렇게 하지 않는다면, 이성적으로 문제를 해결하지 못하기 때문이다. 사실이 없다면, 우리는 혼란을 일으켜 방황하게 된다.

이것은 내 개인만의 의견이 아니고 컬럼비아 대학의 학장이었던 하버트 E. 허스크의 의견이기도 하다. 일찍이 그는 고민하는 20만 명의 학생들의 문제 해결을 지도해왔다. 그는 나에게 다음과 같이 말했다.

"혼란은 걱정의 주요한 원인이다. 세상 걱정의 대부분은, 결단의 근거가 되는 지식을 충분히 갖추지 못한 상태에서 결단을 내리려고 서두르는 사람들에 의해서 일어난다. 예를 들어 나에게 다음주 화요일 3시에 닥쳐올 문제가 있다고 가정하자. 나는 화요일이 되기까지는 그 문제에 대해 결단을 내리려고 하지 않는다. 우선 나는 그 사실을 파악하는 데 전념할 뿐, 결코 망설이지 않는다. 사실 파악에 전념할 뿐이다. 그리고 화요일까지 사실을 파악해 두면, 문제는 자연적으로 해결된다."

나는 허스크 학장에게 걱정에서 완전히 벗어나게 되었느냐고 물었다. 그의 대답은 "네"였다.

"나는 완전히 걱정에서 해방되었다고 단언할 수 있다. 누구나 공평하고 객관적인 입장에서 사실을 파악하기 위해 시간을 소비한다면, 모든 걱정은 지식이라는 빛을 받고 증발해버린다는 사실을 발견할 것이다."

그러나 우리가 사실에 관심을 기울였을 때, 우리 대부분은 어떠한가?

인간은 생각하지 않으려고 온갖 방법에 의지한다.

이것은 토머스 에디슨이 한 말이다.

우리는 이미 생각하고 있던 것을 지지하고, 사실만을 추구하며 그 밖의 것을 모두 무시하는 경향이 있다. 우리는 자기의 행동을 정당화하는 사실이나, 희망적인 생각과 일치하는 사실만을 구함으로써 미리 생각하고 있는 편견을 정당화한다.

이에 대해서 앙드레 모로아는 말하고 있다.

우리의 개인적인 욕망에 일치하는 것들은 모두 진실
된 것으로 생각되지만, 그렇지 못한 것은 우리를 노하게
만든다.

그렇다면 우리가 안고 있는 문제에 대해서 해답을 얻는
길이 얼마나 힘든가를 알 수 있을 것이다.

둘 더하기 둘이 다섯이라는 가정에 이르게 되면, 이와
같은 단순한 산수 문제라 할지라도 매우 까다로워질 수밖
에 없다. 그런데 세상에는 둘 더하기 둘은 다섯이라고 고
집하는 바람에 타인의 생활을 지옥과 같은 곳으로 만들고
있는 사람이 적지 않다.

그러면 우리는 어떻게 하면 좋을까? 우리의 사고를 감
정과 구분하면 된다. 허스크 학장의 말대로 "공평하고 객
관적인 방법으로 사실을 파악하라"는 것이다.

우리가 걱정하고 있을 때 이렇게 사실을 파악하는 것은
쉬운 일이 아니다. 왜냐하면 걱정은 감정을 격하게 만들
기 때문이다. 그런데 문제를 떠나서 사실을 객관적으로
관찰하는 데 도움이 되는 2가지 아이디어가 있다.

1. 사실을 파악하고자 할 때에는 자신을 위해서가 아니라, 누군가 다른 사람을 위해서 자료를 수집하고 있다고 생각하라. 그러면 사실을 냉정하고 공평하게 관찰하며 감정을 배제할 수가 있다.
2. 자신을 괴롭히고 있는 어떤 문제에 대한 사실을 수집할 때는 반대측에 서서 변론을 준비하고 있는 변호사의 입장이 되어 보라. 나에게 불리한 사실이나, 내가 직면하고 싶지 않은 사실을 밝히도록 노력해보는 것이다.

그런 다음, 자기 측의 사실과 상대방 측의 사실을 비교해본다. 대개의 경우 사실이란 이 2가지 극단 사이의 중간쯤에 위치한다는 것을 깨달을 수 있다.

나나 당신이나 아인슈타인도, 심지어 미합중국 최고 재판소라도 사실을 우선 파악하지 않고서는 어떠한 문제에도 현명한 판정을 내릴 수 없다. 토머스 에디슨도 그것을 알고 있었다. 그가 사망한 후, 발견된 2,500권의 노트에는 그가 직면했던 문제에 대한 '사실'이 가득 적혀 있었다.

그러므로 모든 문제 해결을 위한 첫 단계는 '사실을 파악'하는 데 있다. 허스크 학장처럼 우리들도 그것을 실천해야 한다. 우선 공평한 태도로써 사실을 수집한 후 문제 해결에 착수해야 한다. 그러나 모든 사실을 수집하기만 하면 아무 쓸모가 없다. 사실을 분석하고 해명해야 한다.

나는 어떤 쓰라린 경험의 결과, 사실을 먼저 기록하고 나서 분석하는 편이 훨씬 쉽다는 것을 알았다. 캐터링은 이렇게 말하고 있다.

> 문제를 종이 위에 쓴다는 것은 문제의 절반을 해결한 것이 된다.

그렇다면 이 방법이 실제로 어떠한 도움이 되는가를 설명해보기로 하자.

일찍이 중국 사람들은 '한 폭의' 그림을 일만 어(一萬語) 문자(文字)에 비할 만하다고 했듯이, 나는 여기 한 사람이 어떻게 해서 우리가 지금 말하고 있는 일을 행동으로 옮길 수 있었던가를 그림으로 보여드리겠다.

이것은 동양에서도 가장 성공했던 미국인 중의 하나인 갈렌 리치 파일드의 사례이다. 1942년 그가 중국에 있었을 때, 일본군이 상하이에 침입했다. 다음의 이야기는 그가 우리 집에 왔을 때 들려준 것이다.

일본군은 진주만을 공격한 후 얼마 되지 않아 상하이로 밀물처럼 밀어닥쳤다. 나는 그 무렵 상하이의 아시아 생명 보험 회사의 지배인으로 있었는데, 일본군은 현역 해군대장인 군대 청산인(淸算人)을 내게 보냈다. 그리고 나에게는 그 사람에게 협력해서 회사의 자산을 청산하라는 명령이 내려졌다. 내게는 선택의 여지가 없었다. 협력 아니면 총살이었다.

나는 그들이 명령하는 대로 행동했다. 왜냐하면 어떻게 해볼 다른 도리가 없었기 때문이다. 그러나 75만 달러에 해당하는 일부의 증권만은, 일본군에게 넘겨주는 자산표(資算表)에서 제외했다.

그 증권들은 '홍콩' 지점에 소속된 것으로서 본사의 자산이 아니라고 판단했기 때문이다. 하지만 나는 만일 이것이 발각되면 어쩌나 하고 떨고 있었는데, 결국은 일본군에게 들키고 말았다.

이 사실이 발각되었을 때 나는 마침 사무실에 없었고 회계과장이 있었다. 나중에 들은 과장의 말에 의하면, 일본군 제독은 노발대발한 나머지 발을 구르며 호통을 쳤다고 한다. 그렇다면 나는 분명 브리지 하우스에 끌려갈 판이었다.

브리지 하우스! 이것이야말로 일본군 게슈타포(나치스의 비밀 경찰)의 고문실이 아닌가!

내 친구 한 명은 연행되기에 앞서 차라리 자살을 택한 일도 있다.

심지어는 그곳에 끌려가서 열흘 동안 고문을 받은 끝에 생명을 잃은 친구도 적지 않았다. 그런데 지금 내가 그곳에 끌려 가게 된 것이다.

내가 어떻게 했을까? 내가 그 사건을 듣게 된 시간은 일요일 오후였다. 이때, 만일 내가 문제 해결을 위한 명확한 기법을 몰랐더라면 아마 두려움에 떨고 있었을지 모른다.

그러나 나는 오래전부터 어떤 걱정이 생기면 재빨리 타이프라이터 앞에 앉아 다음과 같은 2가지 질문과 그 해답을 기록해왔다.

1. 무엇 때문에 괴로워하고 있는가?
2. 나는 그것을 어떻게 하면 좋은가?

걱정거리가 생겼을 때 처음에는 문제를 기록하지 않고 그 해답만을 얻으려고 했다. 그러나 이제는 문제가 무엇인지를 먼저 생각한다. 문제와 해답을 함께 기록하는 편이 걱정의 해결을 훨씬 명확하게 한다는 점을 깨닫게 되었기 때문이다. 그래서 그 일요일 오후에 나는 서둘러 기독교 회관 내의 방으로 가서 타이프라이터로 다음과 같이 기록했다.

1. 나는 무엇 때문에 괴로워하는가?

나는 내일 아침 브리지 하우스로 끌려가는 것을 두려워하고 있다.

2. 나는 그것을 어떻게 하면 좋은가?

내가 실행할 수 있는 4가지 방법은 다음과 같다.

(1) 나는 일본군 제독에게 자초지종을 설명할 수가 있다. 그러나 그는 영어를 모른다. 만일 통역을 통해서 설명한다면, 또다시 그를 노하게 만들 염려가 있다. 그것은 죽음을 의미한다. 제독은 잔인한 사람이니까, 귀찮은 변명 따위를 듣기보다는 나를 브리지 하우스에 집어넣을 것이다.

(2) 나는 도망칠 수도 있다. 그러나 불가능하다. 일본군은 언제나 나의 행동을 감시하고 있다. 만일 도망가다가 붙잡히면 총살당할 것이다.

(3) 나는 이 방에 있으면서 사무실에는 나가지 않고 지낼 수도 있다. 그러나 일본군 제독에게 의심을 사게 된다. 그는 나에게 변명할 기회를 주지 않고 병사를 시켜서 나를 브리지 하우스에 집어넣을 것이 분명하다.

(4) 나는 월요일 아침에 여느 때처럼 사무실에 출근할 수도 있다. 일본군 제독은 언제나 바쁘기 때문에 내가 한 일을 생각해내지 못할지도 모른다. 만일 생각한다 할지라도 그때는 냉정을 되찾고, 어쩌면 나를 내버려둘지도 모른다.

일이 그렇게만 되면 다행이겠으나 만일의 경우 그가 나를 괴롭힌데도 그때는 또 그때대로 변명할 기회가 있을 것이다. 그러니 월요일 아침에 평상시와 마찬가지로 출근해 아무 일도 없었던 것처럼 행동하면, 브리지 하우스를 모면할 기회를 가지게 될지 모른다.

이렇게 문제와 가능한 해답을 적어보고 네 번째 계획을 받아들일 결심을 하니까, 매우 기분이 홀가분해졌다. 다음날 아침 내가 사무실로 들어섰을 때 일본군 제독은 담배를 입에 물고 의자에 앉아 있었다. 그는 보통 때처럼 나를 유심히 노려보았지만, 아무 말도 하지 않았다.

그러는 동안 6주가 흘렀다. 그는 도쿄로 돌아갔고 나의 걱정도 끝났다. 이미 말한 바와 같이 그날 일요일 오후에 내가 할 수 있는 모든 수단과 그 결과를 기록한 다음 냉정하게 사리를 판단했기 때문에 나는 죽음에서 헤어날 수 있었다. 만일 그렇게 하지 않았더라면, 나는 허둥지둥 당황하다가 실수를 저질렀을지도 모른다. 잘 생각한 끝에 결단을 내리지 않았더라면, 일요일 오후를 걱정 속에서 보냈을 것이다. 어쩌면 그날 밤을 뜬눈으로 새웠을지도 모른다. 그리고 월요일 아침에는 초췌해진 얼굴로 사무실에 나갔을 것이다. 그랬더라면 일본군 제독은 의심을 품고 무슨 조치를 취했을지 모른다.

몇 차례의 경험을 통해 나는 결단을 내리는 것이 얼마나 중요한지 깨달았다. 일정한 목적을 이루지 못하고 어쩔 줄 모르다가 걱정에 대처할 힘을 잃는 것은, 사람을 신경쇠약증에 걸리게 하며 생지옥으로 몰아넣는다.

나는 걱정의 50퍼센트는 명확한 판단을 내림과 동시에 소멸되며, 나머지 40퍼센트는 그 판단을 실행에 옮김으로써 소멸된다는 것을 알았다. 그러므로 나는 다음의 4

단계를 실행하여 걱정의 90퍼센트를 없앨 수가 있다.

1. 무엇에 대해서 걱정하는가를 상세하게 기록한다.
2. 그것에 대해서 내가 할 수 있는 방법을 기록한다.
3. 무엇을 할 것인가를 결정한다.
4. 그 결단을 즉시 실행에 옮긴다.

갈렌 리치필드는 현재 뉴욕 보험업 투자계에서 손꼽히는 회사인 스타파크 엔드 프리맨 사의 동양 담당 취재이다. 그는 내게 자기의 성공은 앞에서 말한 걱정의 분석 및 실행법의 덕분이었다고 고백하고 있다.

왜 그의 방법이 성공에 큰 도움이 되었을까? 그것은 방법 자체가 효과적이고 구체적이며 문제의 핵심을 꿰뚫었기 때문이다. 만일 우리가 아무런 행동을 하지 않는다면 모든 사실의 발견과 그 분석은 공염불이 되어버리고 정력 낭비에 지나지 않을 것이다.

윌리엄 제임스는 이렇게 말하고 있다.

일단 결단을 내려서 그 실행만 남아 있을 때는 그 일의 결과에 대한 책임이나 근심은 완전히 버려라.

제임스는 일단 어떤 결단이 내려졌으면 곧 행동에 옮겨라, 재고할 여지는 없다, 온갖 생각 때문에 망설이지 말라, 뒤돌아보지 말라고 설명하고 있는 것이다.

나는 언젠가 오클라호마에서도 손꼽히는 석유업자인 웨이트 필립스 씨에게, 당신은 어떻게 해서 결단을 실행에 옮기느냐고 물어보았다. 그는 이렇게 대답했다.

"나는 어떤 문제든지 일정한 한도 이상으로 생각을 계속하게 되면, 혼란과 걱정을 자아낸다는 것을 깨달았다. 때로는 정도 이상 연구하거나 생각하는 것이 오히려 해로울 수도 있으며, 결단하여 행동하고 뒤돌아보아서는 안 될 때도 있다."

여러분도 갈렌 리치필드의 기법을 자신의 걱정에 적용시켜보면 어떨까.

무엇에 대해서 걱정하는가를 상세하게 기록한다.
그것에 대해서 내가 할 수 있는 방법을 기록한다.
무엇을 할 것인가를 결정한다.
그 결단을 즉시 실행에 옮긴다.

to stop Worrying
and start Living

업무상 걱정의 절반을
제거하는 법

만일 당신이 경영자라면, 아마 이런 말을 할지 모른다.

"위의 소제목은 우습다. 나는 이미 15년 동안이나 사업을 계속해왔지만 남이 해결할 수 있는 것이라면 나도 할 수 있었다. 업무상 걱정의 절반을 제거해준다고? 어리석기 짝이 없구만!"

아마 나 자신도 4, 5년 전에 이 소제목을 보았다면 그런 느낌이었을 것이다. 솔직히 말해서, 나는 당신의 업무상 걱정의 절반을 제거해줄 수 없을지도 모른다.

결국 아무도 당신의 걱정을 해결할 수 없으며, 그것을 할 수 있다면 오직 당신 자신뿐이다. 여기서 다만 내가 할 수 있는 일은 세상 사람들이 어떻게 하여 걱정의 절반을 제거해왔는가를 전달하는 것 뿐이다. 그리고 나머지는 당신에게 달려 있다.

당신은 우선 내가 앞에서 인용한 알렉시스 카렐 박사의 말을 기억해주기 바란다.

걱정과 싸우는 법을 모르는 경영자는 단명한다.

걱정은 그처럼 중대한 것이기 때문에 내가 당신이 안고 있는 걱정의 극히 일부분만이라도 경감시키는 데 도움이 된다면, 당신은 만족하지 않겠는가?

그러면 어떤 중역이 영업상의 문제를 해결하는 데 노력을 기울여 그 걱정의 절반을 제거하고, 회의에 낭비했던 시간의 절반 이상을 절약할 수 있었던 이야기를 들려드리기로 한다. 이것은 미스터 존이라든가 X씨, 혹은 오하이오 주의 내 친구, 아니면 막연한 어떤 인물이 만들어낸 이야기가 아니고 실제 인물에 대한 실화다.

그 이름은 레온 쉬프킨이며 오랫동안 시몬 슈스터 인쇄 회사의 중역을 지내고, 지금은 뉴욕의 포켓북 발행 회사의 사장으로 있는 사람의 이야기이다.

15년 동안 나는 매일 반나절을 회의나 토론으로 보내고 있었다. 이것을 할까, 저것을 할까, 그만둘까……. 우리는 서로 흥분했으며, 의자에서 몸을 뒤틀었고 온 방안을 서성거렸다.

의논은 계속해서 꼬리를 물었으며, 언제까지 해도 끝이 없었다. 밤이 되면 나는 말할 수 없이 피로함을 느꼈다. 죽을 때까지 이런 상태가 계속될 것인가 하는 두려움이 나를 괴롭혔다.

그러나 15년 동안이나 악순환을 되풀이하면서도 다른 좋은 방법을 생각해내지 못했다. 이때 만일 누군가가 나에게 쓸데없이 회의에 낭비하고 있는 시간의 4분의 3과 스트레스의 4분의 3을 제거하는 방법이 있다고 말했더라면, 나는 그 사람을 향해 주제넘게 아는 체하는 바보라고 욕했을 것이 분명하다. 그런데 나는 어느 사이엔가 그러한 방법을 실행에 옮길 계획을 세우고 있었던 것이다.

우리는 이미 8년간 이 방법을 실시해오고 있다. 이를 통해 능률 향상과 건강 회복이란 면에서 실로 놀라운 성공을 거두고 있다.

갑자기 이렇게 말하면 마술과 같은 이야기로 들릴지

도 모르나, 온갖 마술과 마찬가지로 이것도 방법을 밝혀 보면 의외로 간단하다. 그 비결은 이렇다.

첫째, 15년 동안 지속해왔던 회의 절차를 모두 폐지해버렸다. 우선 동료인 역원이 실패했던 사항을 상세히 보고받고 나서 "그럼, 어떻게 한단 말인가?"라는 말로 끝나는 절차 말이다.

둘째, 나는 새로 규칙을 만들었다. 즉 나에게 문제를 제출할 사람은 우선 다음의 4가지 물음에 대답할 수 있도록 문서를 써서 제출하라는 것이었다.

1. 그 문제란 무엇인가?

종전에 우리는 문제의 본질을 구체적으로 알지 못하고, 한 시간이고 두 시간이고 무모한 의논을 계속했던 것이다. 우리는 문제의 핵심을 명료하게 적어두어야 했지만, 그렇게 하지 않고 문제에 대해 끊임없이 탁상공론만 했던 것이다.

2. 문제의 원인은 무엇인가?

지난날을 돌이켜보면, 나는 문제의 근본을 명확히 밝히려 하지 않고 회의에만 시간을 낭비했다.

3. 그 문제에 대한 모든 가능한 해결법은 무엇인가?

전에는 어떤 사람이 한 가지 해결안을 제출하면 누군
가가 이에 대한 반대 의견을 주장했다. 그러다 보면 모
두가 흥분하고 만다. 때로는 문제가 주제에서 벗어날
때도 있다. 회의가 끝나고 회의록을 보면, 문제 해결에
필요한 사항을 기록해서 남긴 것은 하나도 없는 실정이
었다.

4. 당신이 제안하는 해결법은 무엇인가?

지금까지 나는 어떤 문제에 대해서 공연한 걱정만 계
속할 뿐, "내가 제안하는 해결 방안은 이것이다"라고 기
록해서 제출하는 일이 한 번도 없는 사람들과 회의에 참
석하고 있었던 것이다.

나의 동료들이 어떤 문제를 가지고 나를 찾는 일은 한
번도 없었다. 왜냐하면 이런 4가지 질문에 대답하기 위
해서는 그들 자신이 모든 사실을 파악하고, 문제를 충분
히 검토해야만 했기 때문이다. 동료들은 문서를 기록한
뒤에 철저히 검토하는 작업을 거쳤기 때문에 대개의 경
우 나에게 의논할 필요가 없었다.

왜냐하면 적당한 해결 방안이 마치 토스터에서 빵이 튀어나오듯 도출되었기 때문이다. 가령 상담이 필요할 때조차도 기존에 소요된 시간의 3분의 1만에 끝이 나곤 했다. 논리적인 방법을 거쳐 타당한 결론에 도달하기 때문이었다.

이제 우리 회사에서는 무엇이 잘못되었는가에 대해 걱정하거나 의논하는 데 많은 시간을 소요하지 않는다. 일을 정확히 하기 위해서 상담보다도 실행에 중점을 두기 때문이다.

나의 친구이자 미국 보험업계의 유명 인사인 프랭크 베트거는, 같은 방법으로 업무상의 걱정을 해소하고 수입을 곱절로 올렸다고 말한다.

오래전에 내가 처음 보험 증서를 팔기 시작했을 때, 나는 직업에 대해 무한한 정열과 애착을 지니고 있었다. 그런데 뜻하지 않은 일이 생겼다. 나는 실망한 나머지 일에 대한 애착을 잃었으며 일을 그만두려고 했다.

만일 걱정의 근원을 파악하지 않았더라면, 나는 직업을 포기해버렸을 것이다. 우선 나는 자문했다.

'도대체 무엇이 문제인가?'

그것은 내가 발이 부르트도록 돌아다녀도 수입이 늘지 않는다는 것이다. 예약할 때까지는 잘 되다가도 막상 거래 단계에 들어가면 '글쎄…… 한 번 더 생각해봐야겠습니다'라는 식이 된다. 이렇게 몇 번이고 헛걸음만 하게 되어 일에 대한 의욕을 잃고 싫증이 나기 시작했다. 나는 자문했다.

'어떻게든 해결할 방법이 없을까?'

그러나 대답을 찾기 위해서는 먼저 사실을 충분히 연구하지 않으면 안 되었다. 그래서 나는 최근 1년간의 기록장을 연구하기 시작했다. 여기서 나는 놀랄 만한 사실을 발견했다.

내 거래의 70퍼센트는 단 한 번의 면담으로 성공을 거두었다는 사실이다. 그리고 23퍼센트는 두 번 찾아가서 거래가 성립되었다. 세 번, 네 번, 다섯 번씩 나를 피로하게 만들고서야 거래가 이루어진 경우는 7퍼센트에 지나지 않았다.

바꿔 말해서 나는 하루의 반 이상을 매출액의 7퍼센트를 위해서 낭비하고 있었던 셈이다.

그렇다면 '해답은 무엇인가?'

그것은 명백했다. 나는 한 곳을 두 번 이상 방문하지 않기로 결심하고, 그 시간을 새로운 고객을 찾아내는 데 사용하기로 했다.

그 결과는 참으로 대단했다. 곧 나는 한 번 방문의 금전적 가치를 2달러 80센트에서 4달러 20센트로 끌어올릴 수 있었다.

위에서 말한 바와 같이 프랭크 베트거는 미국의 생명보험업계에서 가장 유명한 세일즈맨으로 매년 수백만의 보험 계약을 성립시키고 있는데, 그런 그에게도 일선에서 물러나려고 했던 절망의 시기가 있었던 것이다. 그러나 베트거는 문제를 분석함으로써, 성공으로 돌아설 수 있었다.

당신도 업무상의 문제에 대해서, 이러한 문답 방식을 적용할 수 있을 것이다. 그렇다면 다시 한 번 기록해보자.

1. 문제는 무엇인가?
2. 문제의 원인은 무엇인가?
3. 문제의 온갖 가능한 해결 방법은 무엇인가?
4. 당신은 어느 해결법을 제안하는가?

이 책에서 최대한의 효과를 얻기 위한 9가지 제안

첫째, 만일 당신이 이 책에서 가능한 한 많이 배우고자 한다면, 어떠한 규칙이나 기술보다도 중요한 필수 조건이 있다. 당신이 그러한 기본적 요소를 터득하지 않는 한, 어떠한 연구법이 있다 해도 허사가 되고 말 것이다.

만일 당신이 이 기본적 재능을 지니고 있다면, 굳이 이 책에서 많은 것을 배우기 위한 제안 따위를 읽지 않아도 훌륭한 성공을 거둘 수 있다.

이 놀라운 필수 조건이란 무엇일까? 그것은 걱정을 해소하고 새로운 생활을 시작하리라는 굳은 결의와 그 방법을 배우겠다는 용기이다.

그러면 우리가 어떻게 이 같은 충동을 발전시킬 수 있겠는가. 그것은 이러한 원칙이 얼마나 중요한가를 항상 생각해보는 자세에 달려 있다. 이러한 필수 조건은 당신의 생활을 보다 행복하게 만드는 데 도움이 됨을 기억하라.

"내 마음의 평화, 나의 행복, 나의 건강, 나의 수입까지도 이 책에서 말하고 있는 평이하고 영구적인 진리를 적용하는가, 아닌가에 달려 있다."

이렇게 항상 자신에게 타일러야 할 것이다.

둘째, 처음에는 이 책의 개요를 파악하기 위해 단번에 각 장을 독파하라. 그렇게 한다면 빨리 다음 장으로 옮겨가고 싶어질 것이다. 그러나 그렇게 읽어서는 안 된다.

만일 당신이 걱정을 해소하고 새로운 생활을 시작하고자 이 책을 읽는다면, 다시 한 번 각 장을 정독하기 바란다. 그 편이 시간 절약도 되고, 성과도 좋을 것이다.

셋째, 이 책을 읽어내려가면서 가끔 읽기를 멈추고 읽고 있는 내용에 대해서 생각해보라. 어떻게, 언제, 이러한 제시를 적용할 것인가를 자문한다. 이러한 독서법은 사냥개가 토끼를 쫓듯이 돌진하는 것보다는 훨씬 유익할 것이다.

넷째, 붉은 색연필이나 만년필을 손에 쥐고 읽어라. 실제에서 유익하다고 생각되는 제시가 나오면 줄을 쳐라. 또는 그것이 중요한 제시라면, 전체 내용에 선을 긋든가 이중으로 동그라미를, 혹은 삼중으로 동그라미를 그려라. 동그라미를 그리거나 선을 긋는 것은 독서를 더욱 흥미 있게 만들며, 나중에 다시 읽을 경우에는 매우 편리하게 참고할 수 있다.

다섯째, 나는 50년간 어느 보험 회사의 지배인으로 일하는 사람을 알고 있다. 그 사람은 매달 자기 회사가 체결

한 보험 계약 전부를 들추어본다. 물론 한 달도 빼놓지 않고 매월 똑같은 보험 계약을 찾아서 읽곤 하는 것이다.

왜냐하면 그렇게 하는 것이 계약을 확실히 기억해두는 유일한 방법임을 알았기 때문이다.

나는 예전에 대중 연설에 관한 책을 집필하는 데 2년이라는 긴 시간을 소비했다. 가끔 내가 무엇을 썼는지, 확인하기 위해서 전에 썼던 것을 다시 읽어보지 않으면 안 되었기 때문이다. 사실 나뿐만이 아니라 사람의 건망증이란 놀랄 만하다.

그러므로 만일 당신이 진정으로 이 책에서 이익을 얻고자 한다면, 한 번 읽어 넘긴 정도로 충분하다고 생각해서는 안 된다. 이 책을 끝까지 다 읽은 후에도 매달 그것을 복습하는 데 네댓 시간은 소비해야 할 것이다.

항상 책상 위에 이 책을 놓고, 때때로 들추어야 한다. 책에 나온 원칙의 실천은 성의 있는 복습과 적용을 반복함으로써 습관화되며, 무의식적으로 친근하게 된다는 사실을 잊어서는 안 된다.

여섯째, 버나드 쇼는 이렇게 말했다.

"만일 당신이 남에게 무엇을 가르친다면, 그는 결코 배우려 하지 않을 것이다."

이 말은 지당하다. 우리가 무엇을 배운다는 것은 적극적인 과정이다. 우리는 행동함으로써 배우게 되는 것이다. 그렇기 때문에 만일 당신이 이 책에서 말하고 있는 원칙을 마스터하길 바란다면, 실행하지 않으면 안 된다.

또 이런 법칙을 모든 기회에 적용시켜야만 한다. 그렇게 하지 않는다면, 금방 잊어버리게 된다. 행사할 수 있는 지식만이 마음에 남는 법이다. 그러나 이러한 원칙을 언제나 적용한다는 것은 곤란할지도 모른다.

이 책을 저술한 나 자신도 여기서 주장하는 모든 것을 전부 적용하기 어렵다는 것을 알고 있기 때문이다.

이 책을 읽는 목적은 단순히 지식을 구하는 것이 아님을 기억해주기 바란다. 당신은 새로운 습관을 기르기 위해 이 책을 읽어야 한다.

그렇다! 당신은 새로운 인생을 향해 출발하려고 하고 있다. 그러기 위해서는 시간과 인내와 부단한 적응이 필요하다. 그러면 가끔 이 책을 펼쳐 보라. 이 책이 걱정을 극복하기 위해 만들어진 편리한 핸드북이라고 생각하라.

그리고 걱정스러운 일이 일어났을 때에도 결코 흥분하지 말라. 분별 없는 충동적인 행동을 삼가라. 그런 일은 언제나 좋지 않은 법이다. 그러한 때에는 이 책을 펴고,

표시가 되어 있는 부분을 다시 읽으면 좋다. 그러고 나서 이 새로운 방법을 적용함으로써 생기는 불가사의한 결과를 감지하라.

일곱째, 당신이 이 책에서 제시한 원칙의 하나를 어기는 장면을 다른 사람에게 들켰다면, 그 즉시 25센트의 벌금을 내도록 하라. 그러면 그가 당신을 원칙에 익숙하게 만들어줄 것이다.

여덟째, 이 책에서 소개한 월가의 은행가 H. P. 하우엘과 벤자민 프랭클린이 어떻게 그들의 과오를 시정해나갔는가를 읽어보라. 이 책에 기록된 원칙의 적용을 시험해보기 위해서 당신도 하우엘이나 프랭클린의 수법을 사용해보면 어떨까? 당신이 시험해보면 두 가지 결과가 나타날 것이다. 흥미롭고 비용이 들지 않는 교육 과정에 있다는 것과 걱정을 해소하고, 다시 생활을 시작할 수 있는 능력이 생긴다는 것을 알 수 있다.

아홉째, 일기를 써라. 이러한 원칙들이 잘 실행되고 있는 상황을 상세히 기록하라. 인명, 날짜, 결과 등……

이 같은 기록은 보다 유익한 노력을 하도록 당신을 고무할 것이다. 게다가 먼훗날, 당신이 우연히 일기를 보게 될 때에는 즐거움을 느낄 수 있을 것이다.

3장

걱정에 사로잡히기 전에
그것을 쫓아내는 방법

마음속의 걱정을 쫓아내는 방법 ·

나는 몇 년 전 어느 날 밤을 잊을 수 없다. 우리 반에는 마리온 J. 더글러스라는 사나이가 있었다.

다음의 이야기는 그가 나에게 말해준 실화인데, 그의 가정은 두 번씩이나 불행한 일을 겪었다.

바로 그의 다섯 살짜리 딸을 병으로 잃게 된 것이다. 그들 부부에게는 참으로 견디기 힘든 상처였으나 10개월 후에 다시 딸이 태어났다. 그러나 둘째 딸도 5일 만에 죽었다. 그들 부부는 말로 형용할 수 없는 비통함을 느꼈다고 당시의 심정을 이야기했다.

"나는 일이 전혀 손에 잡히지 않았다. 잠을 잘 수도 음식을 먹을 수도 없었다. 마음의 안정도 찾을 수 없었다.

나는 의욕을 상실했고 매사에 자신을 잃고 말았다. 나는 결국 의사를 찾아갔다. 그러자 의사들은 내게 수면제 복용과 여행하기를 권했다. 의사들의 권고를 모두 실행에 옮겨봤지만 효과는 없었다. 나의 육체는 알 수 없는 거대한 힘에 짓눌려 점점 조여드는 느낌이었다. 비탄과 슬픔에 사로잡혀본 사람이라면 이러한 심정을 이해할 것이다. 그런데 고맙게도 나에게는 아직 네 살된 아들이 살아 있었다. 이 아이가 나를 끝없는 슬픔과 고통에서 벗어나게 해주었다. 어느 날 오후 내가 넋을 잃고 앉아 있는데, 아들 녀석이 다가와서는 '아빠, 보트 만들어줘요' 하고 졸라댔다. 나는 배 따위에는 관심도 없었다. 세상만사가 모두 귀찮기만 했다. 그러나 내 아들은 철부지였다. 나는 마침내 아들의 말을 들어줄 수밖에 없었다. 그 장난감 보트를 만드는 데 세 시간이나 걸렸다. 그런데 보트를 만드는 동안에 나는 새로운 사실을 깨달았다. 그 세 시간이란 근래 수개월 동안, 내가 맛보지 못했던 최초의 정신적 휴식과 평화였던 것이다. 나는 이것을 발견함으로써 그때까지의 허탈 상태에서 헤어나올 수 있었고, 안정을 되찾을 수도 있었다. 그리고 기획이나 사고가 필요한 어떤 일에 집중하며 분주하게 지내야겠다고 결심했다. 다음날 밤 나는 집안을 돌아보고 해야 할 일의 목록을 만들었다. 책장, 계단 덧문, 들창, 차양, 자물쇠, 하수도 등 손질해야 할 곳이 많았다. 그 결과 놀랍게도 2주일 만에 해야 할 일거리를 242건이나 찾아냈다. 어쨌든 최근 2년간, 나는 이 일들을 모두 해치웠다. 그러면서 나는 매일 분주한 나날을 보냈다. 지금은 일주일에 두 번씩 열리는 뉴욕의 성인 대상 강좌에 출석하고 있다. 또 내가 살고 있는 읍에서도 시민 활동을 하고 있으며, 현재는 교육 위원회의 의장직도 맡고 있다. 이밖에 갖가지 회의에 참석하고 적십자나 기타 공공 사업을 위한 모금 운동을 한다. 나는 매우 바쁘기 때문에 걱정하고 있을 시간적 여유가 전혀 없는 것이다."

걱정만 하고 있을 시간적 여유가 없다. 이것이야말로 윈스턴 처칠이 세계대전 중, 하루 18시간씩 일하던 때에 한 말과 흡사하다.

나는 너무 바쁘다. 나에게는 걱정할 여유가 없다.

처칠은 그의 책임의 중대함 때문에 걱정하는 일이 없느냐는 질문에 이렇게 답했다. 찰스 케더리도 자동차에 부착하는 자동 스타터 발명에 착수했을 때 처칠처럼 책임이

막중한 자리에 있었다. 그는 최근 은퇴하기까지 제너럴 모터스의 부사장으로 있으면서, 제너럴 모터스 리서치 코 퍼레이션을 주재했던 인물이다.

그러나 한때는 그도 몹시 가난해서 창고의 일부를 실험 실로 사용했었다. 그는 식료품을 사기 위해서 부인이 피 아노를 가르쳐서 번 돈 1,500달러를 쓰지 않으면 안 될 정도였다. 그 후에도 그는 생명 보험의 불입금에서 600달 러를 차용한 일까지 있었다.

내가 그의 부인에게 그럴 때 걱정하지 않았느냐고 넌지 시 물어보았더니 그녀는 이런 말을 했다.

"네, 저는 말할 수 없이 걱정이 되어 밤에 잠도 이룰 수 없었습니다. 그런데 주인 양반은 그렇지 않더군요. 그는 일에 몰두해서 걱정할 시간이 없었어요."

대과학자인 파스퇴르는 도서관과 실험실에서 만끽하 는 평화의 즐거움을 말하고 있다.

어떻게 그런 곳에서 평화를 찾아볼 수 있는가? 아마 도 서관이나 실험실에 있는 사람들은 연구에 몰두해서 걱정 할 여지가 없기 때문일 것이다. 연구에 전념하는 사람은 신경쇠약에 걸리는 법이 거의 없다. 그들에게는 그런 사 치스러운 시간을 갖을 여유가 없다.

분주해야 한다는 지극히 간단한 일이 어째서 걱정을 해소하는 데 도움이 되는 것일까? 그것은 심리학적으로 밝혀진 가장 기본적인 법칙 때문이다. 그런데 그 법칙이 아무리 훌륭하더라도, 인간의 마음은 한 번에 한 가지 이상을 생각한다는 것은 절대 불가능하다.

당신은 이 사실을 믿지 않을지 모르겠다. 그렇다면 한 번 실험해보자.

지금 곧 의자에 편히 앉아 눈을 감아라. 그리고 '자유의 여신상'과 내일 아침 당신이 하고자 하는 일을 동시에 생각해보라. 당신은 아마 교대로는 두 가지 생각을 할 수 있지만 동시에 그렇게 할 수 없음을 알았을 것이다.

하나의 감정은 또 다른 하나의 감정을 내쫓는다. 이 단순한 발견에 의해 세계대전 중 정신과의 군의관들은 기적을 낳게 했다.

전장에서의 무서운 경험을 겪고 후송된 장병들은 한결같이 정신신경증이라는 진단을 받았다. 군의관들은 그들을 분주하게 만들어주는 일이 무엇보다도 좋은 치료법이었다고 말하고 있다.

정신에 이상을 일으킨 사람들의 일상생활은 수면 시간 이외에는 활동의 연속이었다. 낚시질, 사냥, 야구, 골프,

사진, 원예, 댄스 등 주로 옥외 활동이었다. 그들에게는 지난날의 무서운 경험을 돌이켜 걱정할 만한 틈이 주어지지 않았던 것이다.

'직업에 의한 요법', 이것은 마치 직업이 무슨 약인 것처럼 처방될 때 정신병학 분야에서 쓰이는 학술 용어다. 그렇지만 별로 새로운 것은 아니다. 옛날 그리스의 의사들은 예수가 탄생하기 5백 년 전에 이미 이런 요법을 주장했다.

퀘이커 교도들은 벤자민 프랭클린 시대에 필라델피아에서 이 요법을 썼다. 1774년 퀘이커 교도의 요양소를 방문한 어떤 사람은 정신병 환자들이 분주하게 삼 껍질을 벗기고 있는 모습을 보고 깜짝 놀랐다고 한다.

그는 퀘이커 교도들로부터 환자들이 어느 정도 일을 하는 편이 병을 치료하는 데 도움이 된다는 이야기를 듣기 전까지, 불쌍한 환자들이 착취당한다고 생각했던 것이다. 그런데 결국 일에 열중한다는 것은 신경 안정에 특효였다.

이에 대하여 정신병 전문의들은 일을 시키는 것, 즉 분주하게 만드는 것이 신경병에는 가장 좋은 대증요법(對症療法)이라고 말할 것이다.

헨리 W. 롱펠로도 젊은 아내를 잃었을 때, 이러한 사실을 발견했다. 그의 아내는 어느 날, 촛불로 봉랍(封蠟)을 녹이다가 옷에 불이 붙었다. 롱펠로는 그녀의 비명을 듣고 달려갔으나, 때가 이미 늦어 그녀는 죽고 말았다.

그후 얼마 동안 롱펠로는 그때의 무서운 장면이 생각나서 걱정하기 시작했으며 거의 미칠 지경이었다. 그러나 다행히도 그에게는 보호를 필요로 하는 어린 세 자식이 있었다. 그는 자신의 슬픔을 초월해서 자식들에게 아버지와 어머니 노릇을 해야만 했다. 그는 아이들과 함께 거닐었으며 이야기도 해주고, 같이 놀아주기도 했다.

그들 부자의 애정은 그의 시 '아이들의 시간'과 함께 영원히 남을 것이다. 그는 또 아이들을 위해서 단테의 『신곡』을 번역했다. 이러한 여러 가지 일로 그는 매우 분주했기 때문에 자신의 슬픔을 잊어버리고, 마음의 평화를 되찾을 수 있었다.

테니슨은 자신의 친구 이아더 할람과 사별했을 때 이렇게 말했다.

나는 일에 몰두하여 나 자신을 잊어야 한다. 그렇지 않으면 절망 때문에 위축되고 말 것이다.

우리들 대부분은 매일 쉴 새 없이 일하고 있기 때문에 '일에 몰두'하기란 어렵지 않으나, 그 일이 끝난 후의 시간이 위험하다. 자유롭게 자기 시간을 즐길 수 있고, 가장 행복해야만 할 때에 걱정이라는 악마가 우리들을 공격해 오는 것이다.

도대체 우리의 생활은 조금씩 향상되고 있는 것인가? 제대로 궤도에 올라와 있는 것일까? 부장이 아리송한 이야기를 하던데 그건 무슨 의미였을까? 난 벌써부터 머리가 벗겨지고 있는 것은 아닐까? 등등 온갖 걱정에 휩싸이게 된다.

본래 사람의 마음은 한가로울 때면 진공 상태에 빠지기 쉽다. 물리학을 배운 사람이라면, 누구나 자연은 진공을 싫어한다는 사실을 알고 있을 것이다. 우리가 자주 볼 수 있는, 가장 진공 상태에 가깝다고 할 수 있는 것이 백열 전구의 내부다. 전구를 깨뜨려보라. 자연은 그 이론적 진공의 공간에 공기를 채울 것이다.

자연은 공허한 마음까지도 가득 채우려고 한다. 그렇다면 무엇으로 채우려고 하는가? 보통 때는 감정으로 충족시키려 든다. 왜냐하면 걱정, 공포, 증오, 질투, 선망 등의 감정이 원시적 활력에서 비롯되기 때문이다.

이러한 감정들은 맹렬하게 우리의 마음속에 있는 평화롭고 행복한 사상이나 감정을 몰아내려고 한다. 컬럼비아 대학의 교육학 교수 제임스 L. 머셀은 이러한 사실을 설교하고 있다.

걱정은 인간이 행동할 때에는 자취를 감추고 있다가 하루 일과가 끝날 무렵이면 가장 강력하게 공격해온다.

우리의 상상력은 이때 분방해지고, 모든 종류의 그릇된 가능성을 불러들여 실수를 저지르게 만드는 것이다.

그리고 마음은 짐을 싣지 않고 달리는 마차처럼 질주하다가 바퀴축을 태워버리든가, 산산조각으로 부숴질 우려가 있다.

그러므로 걱정에 대한 치료법은 어떤 건설적인 일에 몰두하는 일이다.

그러나 이 진리를 깨닫고 실천에 옮기는 일은 꼭 대학 교수라야 되는 것만도 아니다. 세계대전 중에 나는 시카고에서 온 어떤 주부를 만난 적이 있다. 그녀는 '걱정에 대한 치료법은 무엇이든 건설적인 일에 몰두하는 것'이라는 사실을 깨닫게 된 자초지종을 이야기해주었다. 그때 나는 뉴욕에 있는 미주리 주의 농장으로 가는 도중이었는데, 마침 식당칸에서 그 부인과 남편되는 분을 만났다.

그들 부부의 아들은 진주만 공격이 있던 바로 다음날 입대했다고 한다.

그래서 부인은 이 외아들의 일이 걱정되어 반 병자가 되었다는 것이다. 아들은 지금 어디 있을까, 몸은 무사할까, 지금도 싸우고 있을까, 전사하지 않았을까 등등 수많은 걱정이 그녀를 괴롭혔다.

그래서 나는 어떻게 그러한 걱정을 극복했느냐고 그 부인에게 물었다. 그녀는 이렇게 대답했다.

"한시도 쉬지 않고 일을 했지요. 저는 우선 하녀를 내보내고, 모든 가사를 손수함으로써 몸을 쉬게 하지 않았습니다. 그러나 그리 큰 효과가 없었답니다. 그도 그럴 것이 집안 일을 모두 기계로 할 수 있어서 머리를 써야 할 필요가 없었기 때문입니다. 침대보를 깔거나 접시를 닦으면서도 머릿속은 여전히 아들 걱정으로 가득 차 있었습니다. 그래서 하루 종일 육체적으로나 정신적으로 바쁘게 해야 될 새로운 일이 없을까 하고 생각해보았습니다. 그러다가 저는 어느 큰 백화점의 점원이 되었습니다. 제가 생각했던 대로 매우 바쁜 매일이 계속되었습니다. 저는 생활의 소용돌이 속에 있는 나 자신을 발견했습니다. 가격이나 치수, 색깔에 대해 질문하는 많은 손님들에게 휩싸여 지냈으니까요. 그래서 저는 눈앞에 닥친 일 이외에 다른 생각을 할 틈을 단 일 초도 가질 수가 없었습니다. 밤이 되면 피곤하여 빨리 쉬고 싶은 생각밖에 나지 않았습니다. 어쨌든 저녁 식사가 끝나자마자, 즉시 침대에 쓰러져 곯아떨어지는 것이었습니다. 저는 걱정할 여가나 기력이 없었습니다."

그녀는 존 쿠퍼 보이스가 『불안을 망각하는 기술』이라는 저서에서 다음과 같이 설명하고 있는 현상을 직접 체험했던 것이다.

온갖 행복감, 심오한 내면적 평화, 행복한 마비 상태 등은 일정한 일에 몰두하는 인간의 신경을 진정시킨다.

이러한 사실은 인간에게 있어서 실로 다행한 일이다!

나는 세계에서 가장 유명한 여류 탐험가인 오사 존슨에게 그녀가 걱정과 슬픔으로부터 어떻게 해방될 수 있었는가를 직접 들었다.

당신도 『나는 모험과 결혼했다』라는 그녀의 저서를 잘

알고 있겠지만, 이 책의 제목대로 그녀는 바로 모험과 결혼한 여자였다.

그녀는 16세 때 마틴 존슨과 결혼했다. 그리고 캔자스에서 비행기를 타고 보르네오의 밀림 지대에 착륙했다. 그로부터 약 25년간, 이 부부는 온 세계를 탐험했던 것이다. 그리고 아시아와 아프리카에서 멸종되어가는 야생 동물의 생태를 영화화했다. 이들은 9년 전에 미국으로 돌아와서 촬영해온 영화를 방영하면서 강연을 다녔었다.

그런데 덴버에서 태평양 연안으로 가는 도중, 그들이 탔던 비행기가 산과 충돌해 마틴 존슨은 즉사하고 말았다.

의사는 오사 존슨도 재기 불능이라고 진단을 내렸다. 그러나 그 의사들은 오사 존슨이라는 인간을 모르고 있었다. 3개월 후, 그녀는 앉아 많은 청중 앞에서 강연을 할 수 있었다. 사실 그녀는 이 무렵에 이미 100회 이상이나 강연을 했던 것이다. 내가 어떻게 해낼 수 있었느냐고 묻자 그녀는 이렇게 대답했다.

"내 자신이 슬퍼하거나 괴로워 할 시간이 없도록 하기 위해서였어요."

오사 존슨은 백 년 전에 테니슨이 노래한 진리를 깨달은 것이다.

나의 일에 몰두하지 않으면 안 된다. 그렇지 않으면 위축되고 말 것이다.

　바드 제독 또한 5개월 동안 남극을 온통 뒤덮고 있는 대빙하기의 만년설 속에 묻힌 움집에서 고독한 시간을 보낼 때, 이 진리를 깨달았다. 주위 100마일 이내에는 생물이라고는 아무것도 살고 있지 않았다.
　혹한이 얼마나 심했던지 바람이 불면 자신의 입김이 얼어붙어 결정이 되는 소리조차 들릴 지경이었다.
　그는 저서인 『혼자서』에서 그가 경험한, 사람을 난처하게 만들고 정신을 약화시키는 암흑에 대해 진술하고 있다. 그곳은 밤이든 낮이든 언제나 어두웠다. 그는 정신을 잃지 않으려고 언제나 바쁘게 움직일 수밖에 없었다.

　밤에 등불을 끄기 전에, 나는 매일 아침 해야 할 일을 계획하는 습관을 길렀다. 한 가지 예를 들면 대피용 굴을 파는 데 한 시간, 눈을 치우는 데 30분, 연료 드럼통의 정비에 한 시간, 식료품을 저장하는 굴 속의 책장을 만드는 데 한 시간, 썰매 고치는 데 두 시간……. 이렇게 계획표를 작성하는 것은 훌륭한 착안이었다.

이로써 나는 평상심을 지킬 수가 있었다. 목적 없는 나날이 계속되었다면 생활은 무너지고 말았을 것이다.

여기서 '목적 없는 나날'이라는 구절을 잊지 말기 바란다. 만일 우리들 마음속에 걱정이 생겼다면, 예로부터 내려오는 풍습대로 일을 마치 약처럼 사용해야만 한다.

하버드 대학의 임상학 교수였던 리처드 C. 가보트 박사는 『사람은 무엇에 의해 사는가』라는 저서에서 이렇게 말하고 있다.

나는 한 사람의 의사로서 의혹, 동요, 공포로부터 일어나는 영혼의 마비 상태에 대해 걱정하는 많은 사람들이, 일을 함으로써 치유되었다는 실례를 목격했던 것을 매우 다행으로 생각하고 있다.

일을 통해 우리에게 주어지는 용기는 에머슨이 영원히 빛난다고 노래한 자신과 흡사한 점이 있다.

만일 우리가 바쁘게 움직이지 않고 그저 멍하니 앉아 어떤 생각에만 잠긴다면, 우리는 찰스 다윈이 '윕버 기버스'라고 불렀던 것을 많이 부화시키게 될 것이다.

이 '웝버 기버스'라는 것은 오래된 작은 악마와 같은 것인데, 그것에게 붙들리면 우리의 행동력이나 의지력은 꺾이고 만다.

뉴욕의 어느 경영자가 분주해짐으로써 걱정과 초조해 할 겨를을 없애고 이 '웝버 기버스'를 극복한 이야기를 살펴보겠다. 그는 롱렘퍼 롱맨이라고 불리며, 우리 성인반의 학생이었다. 그가 걱정을 극복한 이야기는 매우 인상적이며 재미있었다. 그래서 나는 그를 만찬에 초대하여 밤늦게까지 그의 경험에 대해서 이야기를 주고받았다.

"10년 전, 나는 심한 걱정 끝에 불면증에 걸렸다. 나는 극도로 긴장하고, 초조해 한 나머지 신경 과민이 되고 말았다. 나에게는 걱정해야 할 이유가 없었다. 나는 뉴욕 크라운 프로엔드 익스트랙트 회사의 경리계를 맡고 있었으며 이미 20년간이나 통조림을 아이스크림 제조업자에게 팔아왔던 것이다. 그런데 갑자기 그 거래가 끊어졌다. 대규모 아이스크림 제조업자가 많은 딸기를 사들여서 생산을 증대시킴과 동시에 돈과 시간을 절약하기 시작했다. 그러니 50만 달러의 딸기가 재고품으로 남게 되었을 뿐 아니라, 이후 1년간 백만 달러어치의 딸기를 매입한다는 계약도 되어 있었다. 우리는 그때까지 25만 달러의 돈을 은행으로부터 차용하고 있었지만, 이제는 그것을 갚을 능력도 없었고 또 지불도 연기할 수 없었다. 이쯤되자 내가 걱정하기 시작한 것도 무리가 아니었다. 나는 공장이 있는 캘리포니아로 달려갔다. 그리고 사장에게 사정이 급변해버렸다는 것과, 회사가 파산 상태에 놓여 있다는 사실을 보고하려 했다. 그런데 그는 현실을 받아들이지 않고, 그 책임은 뉴욕 사무소의 무능함에 있다고 욕설을 퍼부었다. 며칠 동안 설득한 끝에, 딸기 통조림 제조를 중지시키고 나머지 딸기를 그대로 샌프란시스코 청과 시장에 팔기로 했다. 그것으로 문제는 거의 해결되어 나의 걱정도 마땅히 해소되어야 했을 터인데 그렇지가 않았다. 걱정은 습관인 것이다. 그래서 나는 그 습관을 갖게 된 것이다. 나는 뉴욕에 돌아와서도 모든 일에 신경을 쓰게 되었다. 그러다 결국 절망 끝에서야 새 생활을 발견했다. 분주함이 불면증을 고쳐주고, 나의 걱정을 해소시켜주었다. 나는 나의 능력을 필요로 하는 문제 처리에 몰두했다. 꾸물거릴 여지가 없었다. 그때까지는 하루에 7시간 일을 하고 있었지만, 그후부터는 하루에 16시간씩이나 일을 했다. 매일 아침 8시에까지 사무실에 나가고 밤늦도록 남아서 일했다. 나는 새로운 일을 계속해서 맡았다. 그리고 밤늦게 집으로 돌아올 때에는 피로에 지쳐, 자리에 눕자마자 곯아떨어졌다. 나는 이런 생활을 약 3개월이나 계속했다. 그리하여 나는 걱정하는 습관에서 벗어났으며, 그후로는 하루 7, 8시간이라는 정상적인 업무 시간을 회복했다. 벌써 18년 전의 일이지만, 지금까지 나는 불면증이나 걱정으로 괴로워하지 않고 즐겁게 살고 있다."

조지 버나드 쇼의 말은 정당하다. 그는 단지 몇 마디로 그의 생각을 설파하고 있다.

괴롭게 되는 비결은 자신이 행복한가 행복하지 않은가를 생각해보는 여유를 가지는 데 있다.

그러므로 쓸데없는 생각에 몰두하지 말아야 하며 몸을 쉬게 해서는 안 된다. 바쁘게 움직여라. 이것이야말로 걱정에서 벗어나는 가장 효과적인 방법이다.

언제나 바쁘게 살 것, 걱정이 있는 사람은
일에 몰두하지 않으면 위축되고 말 것이다.

딱정벌레에게 지지 말라

나는 일생 동안 잊어버릴 수
없는 극적인 이야기를 들었다. 그것은 뉴저지의 로버트
무어 씨로부터 들은 실화이다.

1945년 3월, 나는 생애에서 가장 큰 교훈을 배웠다.
그것은 인도네시아 바다의 276피트 해저에서 겪은 일이
었다. 나는 잠수함 베이야 호에 타고 있던 88명 중의 한
사람이었다.

우리는 레이더망을 통해 몇 척의 일본군함이 우리 쪽
을 향해 다가오고 있는 것을 발견했다. 우리는 날이 밝
기를 기다려 공격하기 위해 잠항했다. 잠망경을 통해 일
본군의 구축함, 유조선 기뢰 부설함 등이 보이는 것이

다. 우리는 구축함을 목표로 해서 세 발의 어뢰를 발사했지만 명중시키지 못했다. 장치에 고장이 있었기 때문이다.

그런데 적의 구축함은 공격 받은 것도 알아차리지 못하고 항해를 계속했다. 그래서 우리는 기뢰 부설함을 공격할 준비 태세를 갖추기 시작했다.

그때 갑자기 기뢰 부설함은 방향을 바꾸어 일직선으로 우리를 향해 돌진해왔다(일본 비행기가 해면 깊숙이 60피트 지점에 있던 우리를 발견하고, 무선으로 우리의 위치를 알려주었기 때문이다).

우리는 적에게 발견되지 않도록 150피트까지 잠수했다. 그리고 수중 폭뢰의 준비를 서둘렀다. 우리는 승강구에 여분의 볼트를 설치하고, 배가 소리를 내지 않도록 했으며 선풍기나 냉방 장치 등 전기 장치를 꺼버렸다.

3분 후, 지옥과 같은 상황이 벌어졌다. 6개의 폭뢰가 우리 주변에서 폭발하여 결국 우리는 270피트의 해저로 가라앉고 말았다.

탑승원들은 모두 공포에 떨었다. 잠수함은 1,500피트 이내에서 공격을 받게 되면 위험하고, 500피트 이내라면 매우 치명적이다. 그런데 우리는 수심 500피트보다 약간 깊은 곳에서 공격을 받았다. 이때부터 15시간 동안, 일본의 기뢰 부설함은 폭뢰를 계속 투하했다.

폭뢰가 잠수함과 15피트 이내의 거리에서 폭발하면, 그 진동 때문에 배에 구멍이 뚫린다. 그런데 대부분의 폭뢰가 우리로부터 50피트 이내에서 폭발하고 있었다.

우리는 침대에서 꼼짝 말라는 명령을 받았다. 나는 무서움에 질려 숨이 막힐 지경이었다. 나는 '이것이 마지막이다! 이제는 최후다!'라고 되풀이하고 있었다. 선풍기나 냉방 장치가 모두 정지되어 있었기 때문에 배 안의 기온은 100도를 오르내렸다.

그러나 나는 공포에 떨고 있었으므로 스웨터와 모피 재킷을 입고 있었지만, 그래도 몸이 부들부들 떨리는 것이었다. 이가 마주 부딪치고 식은땀이 절로 흘러내렸다. 일본군의 공격은 15시간이나 계속되었다. 그러다가 갑자기 공격이 뚝 그쳤다. 일본의 기뢰 부설함이 폭뢰를 모조리 쏘아버리고 사라진 것 같았다. 우리가 공격을 받은 15시간이 그야말로 1,500년같이 생각되었다.

그러는 동안 나의 과거 생활이 눈앞에 떠올랐다. 내가 범했던 악행을 비롯하여 공연히 마음에 걸렸던 어리석었던 일들까지 모두 생각나는 것이었다.

나는 해군에 입대하기 전에 은행의 사무원이었는데, 근무 시간은 길고 월급은 적은데 승진의 희망도 없었기 때문에 걱정하고 있었다. 그도 그럴 것이 집 하나 가질 수도 없었고, 새 차는 어림도 없을 뿐 아니라, 아내에게는 새 옷 한 벌 사줄 수도 없는 형편이었다.

또한 항상 잔소리만 늘어놓고 꾸짖기만 하는 늙은 계장에게도 넌덜머리가 났었다. 그러다가 밤늦게 기분이 언짢아져서 돌아와 하찮은 일로 아내와 곧잘 다투던 일 등이 생생하게 생각났다.

그 무렵 자동차 사고로 얼굴을 다친 상처에 대해서도 걱정하고 있었다. 몇 해 전만 해도 이러한 하찮은 것들이 얼마나 큰 걱정거리였는지 모른다.

그러나 막상 폭뢰가 나를 산산조각으로 날려보낼 위험에 처해 벌벌 떨고 있을 때 그런 일들이 참으로 어리석게 느껴졌다. 그래서 나는 그때 이렇게 맹세했다.

'두 번 다시 햇빛을 보게 된다면, 다시는 절대 걱정하거나 하찮은 일로 괴로워하지는 않을 것이다.'

나는 그 잠수함 속에서 공포에 떨던 15시간 동안 대학에서 4년간 배운 것보다도 훨씬 많은, 인간의 사는 방법을 배웠던 것이다.

아 있 는 지 식 과 지 혜 가 숨 쉬 는 곳

2022년 도서목록

국일미디어 | 국일증권경제연구소 | 국일아이

존리와 함께 떠나는 부자 여행 1권

주식이 뭐예요?

존리·주성윤 글 | 동방광석 그림
160쪽 | 값 12,800원

부자되기 원하는 청년을 위한 존리의 주식 투자 비결

청년들이 바로 서고 제대로 투자하고 부자가 되기를 희망하는
마음으로 쓴 청년을 위한 주식 투자 비결을 담은 주식 만화다.
존리와 함께 자신의 꿈을 찾고 공부하고 경제 원리와 주식에 대
해 배운 어린 아이들이 청년으로 성장하면서 겪는 이야기로 부
자가 되는 방법, 경제 독립을 이룰 수 있는 방법을 설명한다.

일출판사는 책을 파는 곳이 아니라 꿈을 파는 곳입니다.   국일 미디어   국일 증권경제연구소   국일아이

화 (02)2237-4523 | 팩스 (02)2237-4524

4차 산업 혁명 시대, 인공지능 시대를 대비할

600여 가지 진로 직업 체험 학습 만화

미래를 이끌어 갈 인재로 크고 싶은
꿈나무들의 필독서

150만 부
돌파

자유학년제
진로교재
1위

서울교육청
직업 체험
추천도서

미래 직업
체험 워크북
특별부록

대한민국 우수여권이도서

서울특별시교육청

직업 체험 선정업체

지식경제부 · 국가브랜드위원회 · 한국
디자인진흥원 후원, 머니투데이 주관
'대한민국 브랜드파워 대상' 기업 선정

낱권 정가 12,800원 | 스페셜 20권 세트 정가 256,000원 | 40권 세트 정가 512,000원

놓치고 싶지 않은 나의 꿈 나의 인생

나폴레온 힐 지음 | 권혁철, 민승남, 이지현 옮김 | 각 권 값 15,000원

1권 _ 꿈을 실현하는 성공철학 13단계
2권 _ 긍정적인 정신 자세를 통한 성공철학 9단계
3권 _ 자기 가치를 높여주는 성공철학 17단계

성공철학의 거장 나폴레온 힐이 평생 연구한 성공이론을 현실에 적용한
화제의 책이다. 앤드류 카네기, 헨리 포드 등 부와 성공을 거머쥔 거장들
의 성공담과 함께 삶을 성공으로 이끌 보석 같은 지침을 주는 책으로 새
롭게 개정하였다.

경영 경제
베스트셀러

기업성장단계
주식투자

김상정 지음 | 328쪽 | 값 18,000원

국내 특허 등록으로 인정받은 주식투자 전략

기업을 초기단계, 성장단계, 성숙단계, 쇠퇴단계, 말기단계, 재기단계 6단계로 나누어 각 특징을 설명하고 단계별로 나아가야 할 방향을 제시했다. 주식의 투자 수익률은 성장단계에 의해 좌우된다. 성장단계를 잘 분석하여 10배 성장할 기업을 찾는 비결을 밝히고 있다.

도키와 함께하는
미국주식 어디에 투자할까

도키 지음 | 368쪽 | 값 20,000원

미국 베스트 70개 기업 미래 전망 분석

모두가 주목하는 꿈의 기업, 꼭 체크해야 할 분야별 강자기업, 시장 뒤에 숨어있는 성장기업 등 70개 기업을 분석했다. 100배의 수익을 얻고 싶은 서학개미를 위한 책이다.

최장기
베스트셀러

청소년을 위한
꿈꾸는 다락방

오정택 지음 | 264쪽 | 값 12,000원

꿈을 생생하고 구체적으로 그려라
10대를 위한 진로 진학 탐색과 꿈 실현 멘토링

인생의 성패를 가르는 것은 수능 점수가 아닌 꿈이다. 꿈이 없으면 역경을 이기고 영광스러운 자리에 오를 수도 없다. 어떤 상황에서도 꿈을 포기하지 않아야 함을 그리고 생생하게 꿈을 꾸면 이루어진다는 것을 강조한다. 300만 독자가 사랑한《꿈꾸는 다락방》의 청소년 버전이다.

인간이 만든 위대한 속임수
식품첨가물 1, 2

아베 쓰카사 지음 | 216쪽 | 값 10,000원, 13,000원

절대 먹을 수 없는 가공식품의 무서운 함정

과자뿐 아니라 가공식품, 삼각김밥, 샌드위치 등에 포함된 식품첨가물의 실체를 낱낱이 밝혔다. 식품첨가물이 무서운 이유, 사용 실태 등 식품첨가물의 숨은 비밀 이야기다.

최신
개정판

벤저민 그레이엄의
투자 강의

자넷 로우 지음 | 박진곤 옮김
364쪽 | 값 17,000원

주식 역사에 지워지지 않을 거대한 가치투자 전략

벤저민 그레이엄은 이익의 극대화가 아니라 손실의 최소화를 강조하면
서, 절대로 손해 보지 않는 투자 원칙을 전수한다. '투자란 철저한 분석을
기반으로, 원금 안전성과 적정한 수익을 보장하는 약속'이라고 규정하는
그레이엄은 투자자가 철저한 '가치투자'를 통해 손실을 피하고 장기적인
투자 전략의 길로 가도록 이끈다.

가치투자의 거장들

글렌 아널드 지음 | 이광희 옮김
534쪽 | 값 28,000원

반세기 동안 변하지 않는 성공적 투자 비결 대공개!
시공간을 초월한 진리를 담은 가치투자의 바
이블로 워런 버핏, 피터 린치, 벤저민 그레이엄
등 가치투자의 거장들이 가장 강조하는 투자
핵심 원칙이 무엇인지 설명하고 있다.

7천만 부
돌파

생각하라! 그러면
부자가 되리라

나폴레온 힐 지음 | 남문희 옮김
256쪽 | 각 권 값 13,500원

부와 성공의 문을 열어주는 마스터키

《놓치고 싶지 않은 나의 꿈 나의 인생》의 저자 나폴레온 힐의 최고의 성
공철학서다. 부와 성공을 얻기 위해 무엇이 필요한지 비법을 알려준다.
부를 얻을 수 있는 길과 마음가짐에 관한 조언으로 이 책의 조언을 따르
면 반드시 부자가 될 것이라는 나폴레온 힐의 약속이 담긴 책이다. 출간
이후 수백만 명을 성공으로 이끈 기적 같은 책이다.

서른살,
비트코인으로 퇴사합니다

강기태 지음 | 248쪽 | 값 15,800원

2천만 원으로 50억 수익을 낸 투자 비법

누구보다 열심히 일했지만 돈은 모을 수 없었
던 서른살 청년이 비트코인 투자 2년 만에 경
제적 자유를 얻고 멋지게 퇴사를 했다. 코린
이도 성공할 수 있는 투자 비결을 제시한다.

출간 즉시 베스트셀러

나는 주식투자로 250만불을 벌었다

니콜라스 다비스 지음 | 권정태 옮김
232쪽 | 값 13,000원

무용가에서 세계적 주식투자자가 된 다비스의 성공 투자기

주식투자의 문외한이었던 다비스가 무용 공연비 대신 받은 주식으로 시작해서 세계적인 투자자로 성공하기까지의 주식투자 성공기다. 주가 변동은 정해진 방향으로 가면서 일정한 틀 안에서의 움직임을 반복한다는 박스이론을 강조했다. 그의 박스이론을 중심으로 주식투자의 원리와 투자의 방향을 제시한다.

금융시장의 기술적 분석

존 J. 머피 지음 | 최용석 옮김
576쪽 | 값 38,000원

선물시장을 기술적으로 분석한 종합 안내서

기술적 분석 개념에 대한 설명과 이를 선물시장에 적용하는 방법을 종합적이면서도 쉽게 설명했을 뿐 아니라 여러 시장 간의 긴밀한 상관관계에 대해서 밝히고 있다.

"나는 13년간 주식으로 단 한 해도 손실을 본 적이 없다"

전설로 떠나는 월街의 영웅 (최신 개정판)

피터 린치 외 지음 | 이건 옮김
464쪽 | 값 26,000원

살아있는 월스트리트의 전설, 피터 린치가 꼽은 투자 종목의 모든 것

마젤란펀드를 2천만 달러에 인수하여 660배에 달하는 140억 달러 규모의 뮤추얼펀드로 성장시킨 투자 철학과 13년간 주식으로 단 한 해도 손실을 본 적이 없는 노하우를 공개했다. 바닥에서 주식을 사겠다는 것은 떨어지는 칼날을 잡으려는 것과 같으니 거시경제보다는 개별 기업의 가치를 주목하고 매매타이밍을 결정하라고 강조한다. 주식투자자가 꼭 읽어야 할 주식 투자의 고전이며 바이블이다.

워런 버핏이 꼽은
최고의 투자서

현명한 투자자 개정4판

벤저민 그레이엄 지음 | 이건 옮김
신진오 감수 | 432쪽 | 값 23,000원

현명한 투자자 해제

신진오 지음 | 260쪽 | 값 17,000원

전 세계적으로 3천만 부가 판매된
가치투자의 아버지 벤저민 그레이엄의 마지막 선물

벤저민 그레이엄의 투자 철학과 1,000배의 수익을 얻는 법을 소개한다.
기업의 진정한 가치를 따져보라(내재가치), 손해보지 마라(안전마진).
이 두 가지 원칙을 지켜 투자하면 누구나 부자가 될 수 있다고 강조하는
그레이엄의 모든 투자 노하우가 담겨 있다. 《현명한 투자자 해제》는 가
치투자 이론을 한국 주식시장에 적용하여 이해하기 쉽게 설명했으며,
그레이엄의 이론대로 투자하면 한국 주식시장에서도 높은 수익을 얻을
수 있음을 증명했다.

마법처럼 꿈이 이루어지는
job? 시리즈

왜 《job?》시리즈를 선택해야 할까?

1. 4차 산업 혁명 시대, 인공지능 시대를 대비할 유망 직업 소개
2. 교과 과정 연계 학습 정보 소개
3. 자유학년제를 위한 수업 부교재 활용
4. 총 600여 가지 다양한 직업을 소개하는 진로 가이드북
5. 재미있는 놀이 요소가 가득한 워크북 수록

전국 6,000여 개의 초중등학교 선생님이 선택하고, 부모님과 아이 모두가 만족하고 좋아하는 학습 만화로 출간 즉시 베트남, 인도네시아로 판권을 수출한 《job?》시리즈는 '바라고 꿈꾸는 것을 이루기 위해 줄기차게 노력하면 반드시 꿈은 이루어진다'는 교육 철학을 담았다. 재미있는 만화로 직업을 탐험하고, 워크북을 통해 직업을 간접 체험하며, 재능을 발견하여 꿈을 찾도록 돕는다.

「job?」 시리즈는 꿈나무들에게 직업의 가치와 정보를 친절하게 설명하고 있다. 이 책을 읽고 많은 꿈나무들이 멋진 꿈과 희망을 얻게 되길 바란다.
_문용린(전 서울시 교육감)

우리는 인생의 커다란 재난에는 과감히 직면하면서 하찮은 것 때문에 타격을 받거나 걱정하는 일이 많다.

예를 들면, 사무엘 피프스의 『일기』 가운데, 할리 반 경의 목이 잘리던 것을 구경했다는 기록이 있다. 할리 경은 처형대 위에 올라갔을 때, 처형인에게 살려달라고 하지 않았지만, 목에 난 부스럼을 건드리지 말라고 애원했다는 것이다.

바드 제독이 극지의 암흑과 혹한 속에서 깨달은 지혜도 이와 마찬가지다. 부하 대원들은 중대한 일보다 하찮은 일로 한바탕 큰 소동을 벌이곤 했다. 그들은 위험이나 고난, 때로는 영하 80도에 달하는 추위도 태연히 참았다.

그러나 바드 제독은 말한다. 베개를 나란히 하고 이야기를 주고받던 두 사나이가 갑자기 입을 다물어버리는 수가 있다. 왜냐하면 서로 상대방이 자기 이부자리에 침입한 것으로 의심했던 까닭이다.

또 어떤 사나이는 음식물을 28번이나 씹어야 직성이 풀리는데, 누가 보는 앞에서는 음식물이 목구멍으로 넘어가지 않는다는 것이다. 극지의 캠프에서는 잘 훈련된 사람일지라도 이러한 사소한 일 때문에 광기(狂氣)의 일보 직전까지 밀려가게 된다.

하지만 결혼 생활에서 겪는 사소한 일들은, 많은 사람들에게 걱정의 원인뿐 아니라 즐거움의 원인도 되고 있다. 어쨌든 이에 대해서는 많은 권위자들이 의견을 같이한다.

예를 들면 시카고의 조셉 사바스 판사는 4만 건 이상의 불행한 결혼을 조정한 사람이지만, 이렇게 단언한다.

"결혼 생활에 있어서 불행의 원인이라고 생각되는 것은 대개의 경우 실로 사소한 일이다."

또 뉴욕 지방 검사 프랭크 호간은 이렇게 말한다.

"형사 재판소에서 다루는 사건의 과반수는 사소한 일이 원인이다. 술집에서의 주정, 가정에서의 말다툼, 모욕적인 말투, 무례한 행동과 같은 사소한 일이 폭행과 살인을 유발하는 것이다. 말하자면 매우 부당하게 억울한 일을 당하는 경우는 그리 흔하지 않다. 자존심이나 허영심이 상처받았다든지 멸시를 당했다는 것과 같이 사소한 일들이 이 세상 걱정의 반수 이상의 원인이다."

우리 부부가 시카고의 친구집 만찬에 초대되었을 때의 일인데, 내 친구가 고기를 자르다가 실수를 했다. 나는 실수를 눈치채지 못했었지만, 설령 알았다 해도 잠자코 있었을 것이다.

그런데 그의 부인이 이것을 보자마자 대뜸 쏘아붙였다.

"여보, 당신은 그게 뭐예요! 칼질을 아직까지도 못 배웠어요. 그런 사소한 걸……."

그리고 그녀는 우리를 향해 말했다.

"우리 집 양반은 늘 실수만 해요. 조심하지 않거든요."

그건 그럴지 모르지만, 어쨌든 그런 여인과 25년 이상이나 같이 살아온 나의 친구에게 경의를 표하지 않을 수 없었다. 나는 잔소리를 늘어놓는 여자와 함께 북경의 오리 고기라든가, 상어 요리를 먹는 것보다는 평화스러운 분위기에서 핫도그를 먹는 편이 유쾌하다고 생각한다.

이러한 일이 있은 직후, 우리 부부는 친구 몇 명을 만찬에 초대했다. 그런데 손님이 도착하기 조금 전에야 아내는 냅킨 석 장이 테이블크로스와 어울리지 않는다는 것을 발견했다.

나중에 아내는 나에게 말했다.

"요리사에게 물어보니까, 그 냅킨 석 장은 세탁소에 보냈다고 그러지 않겠어요. 벌써 손님들은 들어오고 있고, 바꿀 시간이 없었어요. 정말 울고 싶었어요. 그래서 저는 '이런 실수로 하루 종일 불쾌하게 보낼 것인가?' 하고 생각했답니다. 저는 생각을 고쳐 될 대로 되겠지 하고는 즐거운 시간을 보내기로 결심하고 손님들과 같이 식탁에 앉았답니다. 그랬더니 정말로 여유롭고 즐거운 시간을 보낼 수가 있었어요. 나는 신경질적이고 애교 없는 여자라는 인상을 주기보다는 주책 없는 주부로 보이는 편이 낫다고 생각했어요. 그런데 어느 누구도 냅킨에 대해서는 관심이 없는 것 같았어요."

"법률은 사소한 일에 간섭하지 않는다"라는 유명한 법률상의 금언(金言)처럼, 걱정으로부터 벗어나 마음의 평화를 바라는 사람은, 사소한 일에 연연하지 말아야 할 것이다.

사소하고 하찮은 일에 구애받지 않으려거든, 누구든지 마음속에 새롭고 유쾌한 인생관을 마련해야 한다. 저술가인 나의 친구 후머 그로이는 마음의 평화를 얻은 놀라운 실례를 보여주고 있다. 그가 뉴욕의 아파트에서 저술에 전념하고 있을 때, 난방 장치에서 나는 소리 때문에 괴로워하고 있었다. 스팀에서 소리가 날 때마다 그는 정신이 어지러웠다. 크로이는 다음과 같이 말한다.

"이맘때 나는 친구들과 함께 캠핑을 갔었다. 그런데 모닥불을 쬐고 있으려니까 나뭇가지 타는 소리가 스팀 소리와 비슷하다는 것을 알았다. 그렇다면 어째서 한편으로는 유쾌한데 다른 한편에서는 그렇게 불쾌할까? 집에 돌아오자 나는 생각했다. '모닥불 타는 소리는 참 즐거운 것이었다. 난방 장치의 저 소리도 이와 흡사한 것이 아닌가. 잠자리에 들어가면, 그런 소리에 신경을 쓰지 말자.' 나는 나의 생각대로 실행하려고 애를 썼다. 그런데 2, 3일 동안은 어려웠지만, 그 뒤부터는 난방 장치의 소리가 아무렇지도 않았고, 나중에는 잊어버리게 되었다."

수많은 사소한 걱정도 이것과 같다. 우리가 어떤 일을 걱정하는 이유도 결국은 사물을 침소봉대(針小棒大)격으로 생각하기 때문이다. 디즈레일리는 말하고 있다.

인생은 그것을 축소하기에는 너무 짧다.

또 앙드레 모로아는 〈디스위크〉지에 이런 말을 썼는데, 이 말은 내가 수많은 쓰라린 경험을 겪을 때마다 매우 도움이 되었다.

우리는 때때로 돌볼 필요도 없고 잊어버려도 좋은 사소한 일에 마음을 쏟고 걱정한다. 우리가 이 세상에서 살아 있는 동안은 겨우 수십 년에 불과하다.

그러나 우리는 1년 후에는 모든 사람의 기억에서 사라질 불평과 불만에 대해 걱정함으로써 귀중한 시간을 낭비하고 있다.

그러므로 우리는 인생을 가치있는 행동, 감정, 또 위대한 사상과 진실한 애정, 영구적인 사업에 바쳐야 할 것이다. 인생은 사소하게 살기에는 너무 짧은 것이다.

러디어드 키플링과 같이 유명한 인물까지도, 때로는 "인생은 사소하게 살기에는 너무 짧다"라는 진리를 잊어버린 때가 있었다.

그 결과는 어떠했는가?

그와 그의 처남은 버몬트 역사상 가장 유명한 소송으로 서로 다투었다. 그 사건에 대한 책이 씌어지기까지 했는데 그 내용은 다음과 같다.

키플링은 버몬트의 처녀, 캐롤린 발레스티어와 결혼해서 버몬트에 훌륭한 저택을 짓고 거기서 여생을 보낼 작정이었다.

그러자 그의 처남인 발레스티어는 키플링의 친구가 됐고 두 사람은 같이 일하며 같이 즐겼다.

그러는 동안에 키플링은 계절마다 건초를 벤다는 조건

으로 발레스티어로부터 토지를 사들이곤 했다. 그런데 어느 날 발레스티어는 키플링이 목초장에 화원을 만들고 있는 것을 발견했다.

이 장면을 본 발레스티어는 피가 끓어오르는 것 같았다. 그는 몹시 화가 났던 것이다. 그러나 키플링도 지려고 하지 않았다.

4, 5일 후, 키플링이 자전거를 타고 달리고 있을 때, 그의 처남이 난데없이 마차와 말 떼들을 끌고 나와 키플링의 앞길을 가로막았기 때문에 키플링은 자전거에서 넘어지고 말았다.

평상시 "주위의 모든 사람들이 모두 자제심을 잃고 당신에게 비난을 퍼부을지라도 당신은 자제하라"라는 신조로 수양을 쌓아오던 키플링이지만 처남의 극단적 행동을 참을 수가 없어서 발레스티어에 대한 체포 영장을 청구했던 것이다.

그러자 세간의 관심을 일으킨 공판이 시작되었다. 대도시로부터 보도진이 밀려들었고 그 소식은 순식간에 온 세계에 퍼졌다. 하지만 사건은 해결되지 않았으며, 이 싸움으로 말미암아 키플링 부부는 그들의 여생을 미국에서 보낼 수 없게 되었다.

지금 와서 돌이켜보면, 이러한 모든 걱정이나 슬픔도 그 원인은 극히 사소한 일, 즉 건초 때문이었던 것이다.

페리클레스는 24세도 되기 전에 이렇게 말하고 있다.

참으로 맞는 말이다. 모든 사건의 시작은 사소한 일인 것이다.

여기에 해리 에머슨 박사가 해준 재미있는 이야기가 있다. 이것은 숲 속 거인의 승리와 패배의 이야기이다.

콜로라도 주 우주 롱 피크의 경사지에는 거목의 잔해가 흩어져 있다. 박물학자는 말하길, 이 나무는 백 년이 넘은 것이라고 한다.

일찍이 콜럼버스가 엘살바도르에 상륙했을 당시 이것은 묘목에 지나지 않았고, 영국의 청교도들이 플리머스에 정착했을 때는 아직 어린 나무였다.

이 나무는 긴 생애 동안 14회나 번개에 맞았다. 눈사태와 폭풍이 4세기에 걸쳐 몇 번이고 불어닥쳤다. 그러나 이 나무는 모든 고난을 이기고 꿋꿋이 살아온 것이다.

그런데 딱정벌레 떼가 몰려와 결국 이 나무를 넘어뜨리고 말았다. 벌레들은 나무껍질을 파고 들어가, 조금씩 그러나 끊임없이 공격을 계속해서 나무 내부의 활력을 파괴했다.

산림의 거인은 궂은 날씨에도 시들지 않고, 번갯불에도 타지 않고, 폭풍에도 굴하지 않았으나 끝내 작은 딱정벌레(사람이 손끝으로 문질러버릴 수 있을 만큼 미미한) 때문에 쓰러지고 만 것이다.

그러고 보면 인간도 이러한 산림의 거목과 흡사한 것이 아닐까? 우리는 어떻게든 사나운 폭풍이나 눈사태나 인생의 번갯불을 참고 살아나가지만 작은 벌레 때문에 마음을 좀먹히고 있지는 않은가?

몇 해 전 나는 와이오밍의 도로 관리인인 찰스 세이프렛을 비롯한 그 친구들과 티톤 국립공원으로 놀러갔다.

이때 우리는 공원 가운데에 있는 존 D. 록펠러의 묘지를 찾아가기로 했다. 그런데 내 차가 마침 길을 잘못 들어서 다른 차보다도 한 시간이나 늦게 그곳에 도착했다.

문의 열쇠를 맡아 가지고 있던 세이프렛 씨는 내가 도착할 때까지, 한 시간이나 모기가 들끓는 숲 속에서 기다려주었던 것이다.

그곳의 모기는 성자까지도 미치게 할 정도로 극성스러웠으나 세이프렛 씨만은 끝내 굴복시키지 못했다.

그는 나를 기다리는 동안에 버들가지를 꺾어서 피리를 만들고 있었다. 내가 도착했을 때 그는 모기 같은 건 아랑곳없다는 듯이 유쾌하게 피리만 불고 있었다.

나는 사소한 일에 마음 쓰지 않는 훌륭한 본보기로서, 또한 훌륭한 한 인간의 기념품으로서 그 피리를 지금껏 소중히 간직하고 있다.

우리가 경멸하고 망각해야 할 사소한 일에는
마음을 쓰지 말라. 이 말을 기억하라.
"사소하게 살기에는 인생이 너무 짧다."

온갖 걱정을 추방하는 법칙

나는 미주리 주의 한 농장에서 자라났는데, 어느 날 어머니의 앵두 따는 것을 돕고 있다가 울음을 터뜨렸다.

"데일, 갑자기 왜 울지?"

"산 채로 매장당하면 어떻게 하나 무서워요."

그 무렵 내겐 모든 것이 고통스러웠다. 비 온 날에 번개가 치면 벼락에 맞아 죽지나 않을까 겁이 났다. 나라 경제가 불경기일 때는 당장 굶지나 않을까 걱정했다.

또한 죽으면 지옥에나 가지 않을까 무척 두려워했다. 심지어는 나보다 나이 많은 샘 화이트가 나의 큰 귀를 잘라버리지나 않을까 은근히 근심하곤 했다. 그도 그럴 것이 그는 늘 그런 말로 나를 놀라게 했기 때문이다.

나는 어찌나 걱정이 많았던지 모자를 벗어 들고 인사하다가 여자 애들이 그것을 보고 깔깔대고 웃지나 않을까 하고 주저했었다. 그리고 나와 결혼해줄 여자가 한 사람도 없을지 모른다고 고민했으며, 결혼 직후에는 아내에게 무슨 말을 해야 할지도 걱정이었다.

결혼한다면 시골 어느 조그마한 교회에서 결혼식을 올리게 되겠지, 그리고 장식한 사륜 마차로 농장에 돌아오게 될 텐데, 그때 마차 속에서 그녀에게 무슨 말을 해야 할까 그것도 걱정이었다.

나는 밭을 갈면서 이러한 실로 중대한 문제의 해결을 위해 골머리를 앓았던 것이다.

그러나 나이가 들면서부터 내가 걱정하고 있는 것의 90퍼센트는 결코 일어나지 않는다는 것을 깨달았다.

예를 들어 나는 그토록 폭뢰를 두려워했었지만, 지금은 1년에 벼락 맞아 죽는 사람이 35만 명 중에 한 사람 꼴밖에 안 된다. 더구나 생매장을 당할지 모른다던 걱정은 말을 꺼내기도 부끄러운, 어리석은 헛소리였다. 인간의 시체에다 방부제를 바르지 않았던 시대에 있어서도 생매장을 당한 사람은, 천만 명 중의 한 사람 꼴이 될까 말까 하다는 것을 깨달았다.

여덟 사람 가운데 한 사람은 암에 걸려 죽게 된다. 그러므로 내가 고민을 하자면 벼락이나 생매장보다는 암으로 죽게 되는 것을 겁내야 했다.

사실 지금까지 나는, 나의 어렸을 때와 청년기의 걱정에 대해 말했지만, 어른들의 걱정도 알고 보면 어리석은 것이 매우 많다.

이제라도 우리가 '평균율의 법칙'에 비추어 우리의 걱정에 정당성이 있는가 없는가를 충분히 고려해서, 매사에 자신을 갖게 된다면 우리 걱정의 90퍼센트 정도는 반드시 해소될 것이다.

세계에서 가장 유명한 보험회사인 런던의 로이드 보험회사는, 흔히 일어나지 않는 일에 대해 고민하는 경향을 이용해서 막대한 재산을 벌었다. 로이드 사는 사람들이 걱정하고 있는 모든 재난들이 결코 일어나지 않을 것이라는 확신을 가지고 내기를 걸었던 것이다. 그들은 도박이라고 말하지 않고 보험이라고 한다. 그런데 사실 그것은 평균율의 법칙을 이용한 도박이다.

이 보험 회사는 창설한 지 200년이 됐는데, 인간의 성질이 변하지 않는 한 앞으로 50세기는 지속될 것이라고 본다. 그리고 세상 사람들이 상상하고 있는 정도만큼 빈

번히 일어나지 않는 재난에 대해, 평균율의 법칙을 적용함으로써 선박, 봉랍(封蠟) 등에 보험을 걸도록 할 것임에 틀림없다.

만일 지금이라도 우리가 평균율의 법칙을 조사해본다면, 지금껏 생각지도 못한 사실에 놀라게 될 것이다. 예를 들어 내가 앞으로 5년 동안에 게티즈버그 전투와 같은 격전을 치러야 된다는 것을 알고 있다면, 나는 분명코 공포에 사로잡힐 것이다. 그래서 가진 돈을 다 털어 보험에 들 것이고, 유언장을 작성하고, 기타 모든 일들을 정리할 것이다. 나는 또 이렇게 말할지도 모른다.

"이 전쟁에서 살아 돌아오지는 못할테니까, 몇 해 동안은 마음껏 향락해야 한다."

그러나 평균율의 법칙에 의하면 게티즈버그 전투에 있어서의 사망률은, 평화 시에 있어서 5세부터 50세까지의 사망률과 비슷하다.

나는 이 책의 앞부분을 보우의 외곽에 있는 어떤 친구의 별장에서 집필했는데 한여름을 그곳에서 머물면서 샌프란시스코에 사는 하버드 H. 살링거 부부를 만났다. 살링거 부인은 차분하고 조용한 여성으로 걱정 같은 것은 전혀 모르는 듯한 평온한 인상을 가진 여인이었다.

어느 날 저녁 난로가에서 얘기를 나누던 중, 나는 그녀에게 지금까지 어떤 고민으로 해서 괴로움을 받은 적이 없는가를 물어보았다. 그러자 그녀는 이렇게 대답했다.

"걱정이라구요? 정말 나는 그것으로 인해서 자그마치 11년 동안이나 스스로 만들어놓은 지옥 속에서 헤매다가 간신히 빠져나왔습니다. 나는 원래 몹시 성질이 급하고 신경질적이어서 언제나 안절부절 못했어요. 나는 매주 산마테오에서 샌프란시스코까지 버스로 물건을 사러 다니곤 했는데 장을 보다가도 여러 가지 집안 일들이 걱정되어 어쩔 줄을 몰랐습니다. 혹시 전기 다리미를 끄지 않고 나오지 않았나, 집에 불이 나지는 않았나, 가정부가 아이들만 남겨놓고 집을 비우지는 않았나, 아이들이 밖에 나가 자전거를 타고 놀다가 자동차 사고나 나지 않았는가 등 온갖 걱정이 꼬리를 물고 떠올랐습니다. 때로는 물건을 사다가 말고 걱정이 되어 다시 돌아와 집을 둘러보기도 했습니다. 지금 생각해보면 나의 첫 번째 결혼이 실패로 끝난 건 이상한 게 아니었어요. 현재의 남편은 변호사로서 어떤 일이든 고민하지 않는 조용하고 비판적인 성격입니다. 내가 초조해하거나 걱정을 하면 이렇게 말한답니다. '좀 침착해봐요. 대체 무엇이 그렇게 마음에 걸리는

지, 잘 생각해봐요. 평균율의 법칙에 따라 과연 그것이 현실적으로 일어날 수 있는가를 연구해보는 것이 어떻소.' 한번은 이런 일도 있었지요. 남편과 드라이브하러 나갔는데 도중에서 폭풍우를 만났습니다. 차는 흔들리고 미끄러져 도저히 운전할 수가 없었어요. 나는 금방이라도 차가 수렁에 빠질 것만 같아 겁이 났습니다. 그러나 남편은 이렇게 말했어요. '나는 침착하게 운전하고 있으니까 괜찮아. 차가 수렁에 빠졌다 하더라도 평균율의 법칙에 따라 상처는 입지 않을 테니까 걱정 마.' 그이의 침착성과 자신감이 나를 진정시켰죠. 어느 해 여름에는 캐나다 록키 산맥 일대의 한 계곡으로 캠핑을 가서 해발 7천 피트 지점에서 야영하던 중 폭풍우를 만났습니다. 텐트가 바람에 심하게 흔들려 금방 무너질 것만 같았습니다. 나는 두려움에 부들부들 떨었지만, 남편은 여전히 태연하게 말하더군요. '여보! 우리는 지금 안내원과 같이 있다구. 안내원들은 이런 경우에, 어떻게 대처해야 할 것인지 정확히 알고 있어요. 그들은 60년 동안이나 텐트를 치고 산속에서 살았잖아. 이 텐트만 하더라도 오래전부터 이곳에 있었는데, 바람에 날아갔던 적은 없었어요. 평균율의 법칙을 따져보더라도 오늘밤 재난을 당하지 않을 거야. 만일 날아간다면 다른 텐트로 옮기면 되고. 그러니까 그렇게 걱정하지 마.' 나는 남편의 말을 듣고, 마음을 가라앉힐 수가 있었습니다. 그리고 그날 밤, 푹 잘 수 있었죠. 4, 5년 전에 소아마비가 캘리포니아 지방에 굉장히 유행했습니다. 나는 히스테리를 일으킬 지경이었는데, 남편은 나를 안심시켰습니다. 우리는 가능한 한 조심했습니다. 사람들이 많은 장소에는 아이들을 보내지 않았으며, 학교를 쉬게 했고 영화 구경도 가지 못하게 했습니다. 그때 위생국의 보고를 조사해본 결과 지금까지 캘리포니아에 가장 심하게 소아마비가 유행하던 때도, 이 병에 걸린 아이들은 온 주를 통틀어 1,135명이었고, 보통 때는 200~300명 정도였습니다. 물론 이것도 불상사임에는 틀림없지만, 평균율의 법칙에 의하면 아이들이 이 병에 걸릴 확률은 극히 적다는 것을 알게 되었습니다. 어쨌든 '이 평균율의 법칙에 의하면 그러한 일은 일어나지 않을 것이다'라는 믿음이 내 걱정의 90퍼센트를 제거해주었습니다. 그리고 그 믿음은 과거 20년 동안이나 나의 생활을 아름답고 평화롭게 만들어주었습니다."

미국 역사상 최대의 인디언 투사인 조지 크루크 장군은 그의 '자서전'에서 이렇게 진술하고 있다.

인디언의 모든 걱정과 불행의 대부분은 그들의 사상에서 생기는 것이지, 현실에 의한 것이 아니다.

나도 과거를 돌이켜보면, 나의 걱정의 대부분이 그랬다는 것을 알 수 있다. 짐 그랜트의 경우도 그랬다.

그는 뉴욕의 제임스 A. 그랜트 운수 회사의 경영자였다. 그는 플로리다산 오렌지와 포도를 한 번에 10~15대 분을 주문했는데, 언제나 다음과 같은 걱정으로 고민했다는 것이다.

혹시 차가 전복되지나 않을까, 과일들이 도로에 흩어지지나 않을까, 다른 차와 충돌하는 사고가 나면 어쩌나, 물론 화물에는 보험을 들었지만 기일 내에 과일을 배달하지 못하면 거래처를 잃게 되는데⋯⋯.

또한 그는 위암에 걸린 게 아닌가 걱정이 되어 의사를 찾아갔다. 결과는 별 이상이 없었다. 그는 의사의 말을 듣고 겨우 마음을 놓았다고 했다. 그러면서 그는 나에게 이렇게 말했다.

"그래서 나는 스스로에게 물어보았다. '어어, 짐 그랜트! 자네는 지금까지 몇 대의 화물차를 취급했지? 약 2만 5천 대. 그렇다면 그 중에 몇 대나 사고를 냈지? 글쎄 5대

정도일까?' 여기서 나는 자신있게 타일렀다. '2만 5천 대 중에서 5대 정도? 그러면 5천 대 1의 비율이 아닌가. 평 균율의 법칙에 의하면 화물차 한 대가 전복할 위험률은 겨우 5천 분의 1에 지나지 않은데 그걸 가지고 무얼 그리 근심하나?' 다시 걱정거리가 고개를 내밀었다. '철교가 무너질지도 모르지 않나?' '잠깐만 기다리게. 지금까지 철교가 무너져서 몇 대의 차가 손해를 보았는가? 한 대도 없었어. 자네는 바보로군. 한 번도 일어나지 않았던 철교 의 사고나 5천 대 1의 위험률밖에 없는 전복 사고를 근심 하다가 위암이 생긴 게 아닌지 걱정하다니!' 그렇게 생각 하니까 나의 어리석음이 부끄러워지면서 마음이 편해졌 다. 그때부터 나는 걱정에는 평균율의 법칙을 적용하기로 결심했다. 그리고 그 이후로는 위암 따위의 공포로 괴로 워하지 않게 되었다."

알 스미스가 뉴욕 지사로 있을 때 나는 그가 이렇게 말 하는 것을 들었다.

"정치적으로 대립관계에 있는 사람의 공격에 대해 언 제나 기록을 조사해보고 사실을 파악하자."

만약 당신이 일어날지도 모르는 일에 대해서 고민하고 있다면, 현명한 알 스미스의 충고에 따라 기록을 조사해보고, 우리들을 괴롭히고 있는 불안이 어느 정도의 근거가 있는가를 검토해보자.

프레데릭 J. 말스테트는 걱정으로 말미암아 거의 죽어가게 되었을 때, 그 공포를 물리쳤다는 자신의 놀라운 경험을 다음과 같이 말해주었다.

"1944년 6월 초, 나는 오마하 해안에 가까운 좁은 참호 속에 있었다. 나는 제999 통신 중대의 일원으로서, 노르망디에서 땅두더지 같은 참호를 파고 그 속에서 지내고 있었다. 좁고 긴 참호에 누워 잠을 청하려니 무덤 속에 있는 것만 같았다. 그래서 '이건 나의 무덤이 될지도 몰라' 하고 중얼거렸다. 그러다가 밤 11시쯤 독일군의 폭격기가 나타나서 폭탄을 투하하자, 나는 공포에 질려 어쩔 줄을 몰랐다. 처음 며칠 동안은 전혀 잠을 이룰 수가 없었다. 4, 5일 후에는 완전히 신경 쇠약에 걸렸다. 그대로 있다가는 정말 미칠 것만 같았다. 그때 문득 오늘로 5일째인데, 나는 아직도 살아있구나 하는 생각이 떠올랐다. 나뿐만이 아니라 다른 친구들도 무사했다. 부상자가 두 사람 정도 발생했지만 독일군 폭탄 때문이 아니라 아군의 고사포 파편에 맞았던 것이다. 나는 어떤 건설적인 일을 함으로써 고민을 제거하자고 결심했다. 그래서 참호 위에

다 파편을 막기 위한 두꺼운 나무 토막의 지붕을 만들었다. 나는 우리 부대가 담당하고 있는 넓은 지역을 생각해 보았다. 이 좁고도 깊은 참호 속에서 내가 죽게 될 유일한 위험은, 폭탄이 나의 참호 속에 직접 떨어지는 경우다. 그런데 직탄에 맞을 확률은 만에 하나가 될까 말까다. 이렇게 생각하자 마음이 가벼워졌으며, 2, 3일 후에는 심한 폭격 속에서도 태연히 잠을 잘 수가 있었다!"

미합중국 해군은 장병들의 사기를 올리기 위해서 평균율의 법칙의 통계를 이용하고 있다. 예전에 해병이었던 사람은 다음과 같이 말해주었다.

해군에 있을 때, 그와 그의 친구는 고옥탄 유조선에서의 근무를 명령받고 매우 걱정하고 있었다.

고옥탄 가솔린을 적재한 유조선이 어뢰를 맞게 되면, 배가 폭발하고 자신들은 모두 산산조각이 되어 죽는 줄로만 믿었던 것이다.

그러나 미합중국 해군은, 사실이 그렇지 않다는 것을 알고 있었다. 그래서 정확한 숫자를 공포했다.

그것에 의하면 의뢰에 명중된 100척의 유조선 중에서 61척은 침몰하지 않았으며, 침몰한 40척도 10분 이내에 침몰한 것은 겨우 5척에 지나지 않았다.

결국 배에서 대피할 시간적 여유가 충분하다는 것과, 사상자가 극히 소수에 지나지 않는다는 것을 나타내는 것이다.

그렇다면 이러한 사실은 두려움에 사로잡혀 있던 해군들의 사기를 북돋우는 데 도움이 되었을까? 해병이었던 그라이드 W. 매스는 내게 말했다.

"평균율의 법칙에 관한 지식은 우리의 불안을 해소시켰다."

기록을 조사해보자. 그리고 자문자답해보자.
"지금 당장 일어날지도 모른다고 해서 걱정하고 있는
그 일이 사실로 일어날 것인가. 평균율의 법칙에 비추어
볼 때, 어느 정도의 확률이 있는가?"

불가피에 협력하라

나는 어렸을 때, 미주리 주의 시골에 있는 낡아빠진 폐가의 다락방에서 소꿉친구들과 놀곤 했었다. 하루는 거기서 내려오다가 왼손 가운뎃손가락에 끼고 다니던 반지가 문틀에 나와 있던 못에 걸려, 손가락이 찢어졌다.

나는 무서워서 비명을 질렀으며, 어쩌면 죽을지도 모른다고 생각했다. 그러다 손이 다 나은 뒤에는 그런 생각을 까맣게 잊어버렸다. 생각해봐야 아무 소용이 없었기 때문이다.

나는 불가피한 상황을 받아들였다. 여기서 독자 여러분은, 불가피한 상황에 협력하라는 위 제목의 의미를 약간은 이해할 수 있을 것이다.

지금 나의 왼손에는 손가락 세 개밖에 없지만, 과거 일을 생각하며 후회한 적은 없다.

수년 전, 나는 뉴욕 변두리에 있는 어느 빌딩에서 화물 엘리베이터를 운전하고 있는 사람을 만났는데 그 사람의 왼쪽 손목이 몽땅 잘려져 있었다. 나는 그에게, 손이 하나 없다는 사실이 괴롭지 않냐고 물어보았다. 그러자 그는 이렇게 대답했다.

"아니오, 그런 생각을 해본 적은 없습니다. 제가 독신인데요. 손이 없어졌다는 것을 느낄 때는 바늘에 실을 꿸 때 뿐이지요."

인간이란 어쩔 수 없을 때에는 어떠한 상황도 받아들이게 마련이다. 자신을 상황에 적응시켜 잊어버리고 마는 것이다. 나는 네덜란드 암스테르담에 있는 15세기경의 사원의 폐허에 새겨져 있던 어떤 비명(碑銘)을 잊을 수가 없다. 거기에는 플랜더스 말로 이렇게 씌어 있었다.

당연하니라, 다른 방법은 없을 테니까.

우리는 인생이란 긴 행로를 살아가는 동안, 여러 가지 어쩔 도리 없는 불쾌한 상황에 직면하게 되는데 그것은 불가피한 일이다. 피할 수 없는 상황인 것이다. 다만 우리들에겐 선택의 자유가 있을 뿐이다.

즉 그런 상황을 불가피한 것으로 받아들이고 그것에 자신을 적응시키든가, 아니면 그것에 반항해서 자신의 인생을 파멸로 끌고 가든가, 아니면 신경 쇠약에 걸려 인생을 끝마치는 수밖에 없는 것이다.

여기에, 내가 존경하는 철학자 윌리엄 제임스의 현명한 충고가 있다.

그것을 액면 그대로 받아들여라! 일단 일어나는 일을 받아들인다는 것은, 불행한 결과를 극복하기 위해 내딛는 첫발이다.

오리건 주 포틀랜드의 엘리자베스 콘리는 갖은 고생 끝에 이 사실을 발견했다. 그러면 최근에 그녀가 나에게 보내온 편지를 인용해보자.

미국이 북아메리카에서 승리를 축하하고 있던 그날, 나는 육군성으로부터 내가 가장 사랑하던 조카가 행방불명이 되었다는 전보를 받았습니다. 그날부터 얼마 되지 않아 이번에는 조카가 전사했다는 소식을 받게 되었고요. 나는 비탄에 빠지고 말았습니다. 그때까지만 하더라도 나의 인생은 즐겁고 행복했습니다. 나에게는 즐거운 일이 있었던 것입니다.

나는 조카를 키우는 데 온 정성을 다했습니다. 그 애는 더없이 선량하고 부드러우며, 이상적인 청년이었습니다. 그가 성장하는 것은 마치 물 위에 던진 빵조각이 모두 맛있는 케이크로 변하여 되돌아오는 듯한 만족스러운 느낌이었습니다. 그런데 나에게 이런 비보가 날아왔던 것입니다. 나의 전생애가 순식간에 무너지는 것 같았습니다. 나는 산다는 목적을 잃어버리고 만 것입니다. 일도 손에 잡히지 않았으며, 친구들도 멀리했습니다. 모든 것을 될 대로 되라고 포기해버렸습니다.

나는 세상을 원망했습니다. 왜 나의 소중한 조카를 죽이지 않으면 안 되었을까? 왜 희망에 찬 훌륭한 청년이 죽음을 당해야 하나? 나는 그러한 사실을 받아들일 수가 없었습니다. 나는 비탄한 생각에 억눌려 일도 하지 않고 눈물과 슬픔 속에서 하루하루를 지냈습니다.

나는 조카와의 추억이 담긴 집을 떠날 준비를 시작했습니다. 그래서 책상 서랍을 청소하다가 한 통의 편지를 발견했습니다. 그것은 전사한 조카가 3, 4년 전 나의 어머니가 세상을 떠났을 때에 써 보냈던 편지였습니다. 그편지의 내용은 이러했습니다.

"우리 모두 할머님의 서거로 쓸쓸하지만, 숙모님께서는 특히 더하시리라 생각됩니다. 그러나 저는 숙모님께서 그 슬픔을 극복하실 수 있다고 믿습니다. 숙모님의 인생관은 반드시 그렇게 할 수 있을 테니까요. 저는 숙모님께서 가르쳐주신, 아름다운 진리의 말씀을 결코 잊어버릴 수가 없습니다.

'비록 어느 곳에 있든지, 아무리 멀리 떨어져 있다 해도, 항상 웃음을 잃지 말라. 그리고 어떤 일에 부딪쳐도 사내답게 그것을 받아들이라.'

저는 항상 숙모님의 교훈을 기억하고 있습니다."

저는 몇 번이고 그 편지를 되풀이해서 읽어보았습니다. 그러자 그 조카가 내 곁에 서서 이렇게 말하는 것 같았습니다.

"숙모님 자신은 왜 저에게 가르쳐준 일을 실행하지 않으십니까. 무슨 일이 일어나더라도 기운을 내십시오. 숙모님의 개인적인 슬픔은 웃음 뒤에 숨기고, 활기차게 생활하십시오."

그래서 저는 다시 일을 시작했습니다. 그리고 운명에 대해 반항하거나, 원망하는 것을 그만두었습니다. 저는 스스로에게 이렇게 타일렀습니다.

"이미 일어난 일이다. 나의 힘으로는 도저히 돌이킬 수 없는 일이다. 현실을 인정하고, 조카가 나에게 기대하고 있는 대로 기운을 내서 일어나자."

저는 일에 전력을 기울였습니다. 저는 군인들에게 위문 편지를 수없이 보냈습니다. 그리고 야간 성인반에 출석해서 새로운 지식을 탐구하고, 새로운 친구들을 사귀었습니다. 저는 지금 제게 일어난 변화에 대해 믿을 수 없을 정도입니다.

이제는 영원히 사라져버린 과거에 대해 슬퍼하지 않게 되었습니다. 저는 즐거움에 충만한 하루하루를 보내고 있습니다. 조카가 저에게 기대했던 것처럼 인생을 즐기고 있습니다. 저는 전보다 더 풍부하며, 완전한 인생을 보내고 있는 것입니다.

엘리자베스 콘리는, 우리가 이 책에서 배우고자 하는 바를 먼저 깨달았다. 결국 우리는 불가피한 상황을 받아들이고 현실에 협력해야 한다는 것이다.

"그것은 그렇게 되어 있었다. 다른 방법이 없을 테니."

이 교훈을 인정하고 따르는 것은 아무리 높은 위치에서 권력을 쥐고 있는 사람이라 할지라도, 좀처럼 쉬운 일이 아니다. 이것을 마음에 새겨두어야 한다.

조지 5세는 버킹검 궁전 도서실 벽에다 다음과 같은 말을 붙여놓았다.

> 달을 보고 울지 말며, 엎질러진 우유를 후회하지 않도록 나에게 교훈을 보여라.

그것과 같은 사상이 쇼펜하우어에 의해서도 다음과 같이 설파되고 있다.

> 깨끗한 체념은, 인생이란 나그네 길을 떠나는 준비로서 무엇보다도 중요한 요소다.

확실히 인생은 환경에 대처하는 반응의 방법 여하에 따라 달라질 수 있다. 예수께서 천국은 우리 마음속에 있다고 말했지만 지옥 또한 우리 마음속에 있다.

우리는 재난이나 비극을 참고 견디어 승리를 거둘 수

있다. 만일, 꼭 그렇게 해야만 될 것이라면 말이다.

즉 당장에는 불가능하다고 생각될지 모르지만, 우리가 만일 불가피와 협력할 수만 있다면 우리 앞에 닥친 고난을 인정하고 견디어낼 만한 강한 내부의 힘을 가지고 있는 것이다. 퓰리처상을 받은 작가 타킹턴은 항상 이렇게 말했다.

나는 인생이 나에게 강요하는 것이라면 무엇이든 참을 수 있다. 그러나 단 한 가지 예외가 있다. 그것은 무모(無謀)다. 이것만은 견디어낼 도리가 없다.

타킹턴이 60세가 넘었을 때, 무심코 마루 위에 깔아놓은 융단을 보았는데 색깔이 뿌옇고 무늬를 알아볼 수가 없었다.

병원에 간 그는 통탄스러운 사실을 알게 되었다. 그는 시력을 잃고 있었다. 그가 가장 두려워하던 불행이 드디어 그의 신체에 일어나고 있었던 것이다.

타킹턴은 이러한 '최악의 불행'에 어떤 반응을 보였을까? "마침내 이것이로구나! 이것으로 나의 일생도 끝장이다!"라고 느꼈을까? 아니다. 놀랍게도 그는 명랑했다.

한편으로는 일종의 익살스러운 감정까지 품고 있었다. 작은 반점이 그를 괴롭혔고, 그것들이 눈앞을 아른거리면서 그의 시력을 감퇴시켰다. 그런데 그 와중에도, 보다 큰 반점이 눈앞에 나타나면, 그는 이렇게 중얼거렸다.

"야, 또 할아버지가 나타났다! 오늘은 날씨도 좋은데 어디로 가시는 거야!"

설마 운명이라는 것이 이렇듯 강인한 정신을 이겨낼 수 있었을까? 아니다, 결코 그럴 수는 없었을 것이다. 두 눈이 완전히 보이지 않게 되었을 때 타킹턴은 말했다.

"나는 나의 시력 상실이란 사실을 받아들일 수 있었다. 아니 받아들여야만 했다. 사람들이 다른 모든 사태를 받아들이는 것같이 만일 내가 육체의 모든 감각을 잃어버렸다 하더라도, 나는 마음속으로 살아갈 수가 있으리라 생각한다. 왜냐하면 우리가 그것을 알든 모르든 간에, 우리는 마음속으로 보고 마음속으로 살아갈 수 있기 때문이다."

그는 시력을 되찾으려고 1년에 열두 번 이상이나 국부마취만으로 수술을 받았다.

하지만 그러한 현실에 대해 아무런 불평도 하지 않았다. 그는 모든 것이 어쩔 수 없다는 것을 알고 있었기 때문에, 고통을 줄일 수 있는 유일한 방법으로서 기꺼이 그것을 받아들였던 것이다. 그는 병원에서 특별실을 거절하고 일반 병실에 들었으며, 같은 방에 거처하는 다른 환자들을 격려했다.

그는 몇 번이고 수술을 받아야 하는 상황이 반복될 때, 눈 수술의 고통이 어떠한 것인지를 잘 알면서도, 자기는 운이 좋은 편이라고 생각했다. 그는 이렇게 말했다.

"참으로 멋진 일이다! 사람의 눈과 같은 미묘한 것까지도 수술할 수 있도록 오늘의 과학 기술이 발달되었다니!"

보통 사람은 열두 번이나 수술을 받고서도 여전히 앞을 볼 수 없는 상태라면, 필경 신경 쇠약에 걸렸을 것이다. 그러나 타킹턴은 오히려 이렇게 말했다.

"나는 이 고통스러운 경험을 보다 행복한 경험과 바꾸고 싶지 않다."

고통의 시간은 그에게 인내를 가르쳐주었고 도저히 견디기 어려울 것 같던 불행도 그가 참을 수 있다는 것을 알게 했다.

그는 일찍이 존 밀턴이 깨달았듯이 "시각장애인이 되었다고 해서 비참한 것은 아니다. 단지 눈먼 사실을 견디지 못한다는 것이 비참한 것이다"라는 말의 의미를 터득했던 것이다.

뉴잉글랜드의 유명한 여권주의자인 마가릿 폴러는, "나는 우주를 받아들일 수 있다"라고 했는데 이 말은 그녀의 신조였다. 까다롭기로 유명한 토머스 카알라일은 영국에서 이 말을 들었을 때 "그럴 거야"라고 콧방귀를 뀌었다고 한다. 그러나 우리는 불가피한 상황을 받아들여야 한다.

우리가 그것에 대해 반항하거나 발버둥친다 해도 현실은 조금도 나아지지 않으며, 오히려 우리를 변화시킬 뿐이다. 나는 이러한 사실을 몸소 경험했다.

과거의 나는, 내가 직면한 불가피한 사태를 받아들이려고 하지 않았다.

어리석게도 나는 그것에 대해 반항하려고 했다.

그러자 매일 밤 불면증에 시달렸으며 일에 짜증이 났다. 결국 일 년간이나 자신을 괴롭히다가, 처음부터 어떻게도 바꿀 수 없던 현실을 그대로 받아들였다.

오래전부터 나는 월트 휘트먼의 노래에 귀를 기울여야 했던 것이다.

오! 맞서라, 발을 향해,
폭풍을 향해, 굶주림을 향해서,

비웃음을 향해서, 재난을 향해서, 반항에까지라도.

나무나 동물이 그러했듯이.

나는 12년 동안 가축을 길러왔지만 아직껏 가뭄이나 추위로 목초가 망가졌다든가, 자기 친구가 딴 암소와 지나치게 친근해졌다고 해서 젖소가 성을 내는 것을 본 적이 없다. 동물들은 폭풍과 굶주림 등 고통스러운 상황에도 태연히 맞서고 있는 것이다.

때문에 동물은 결코 신경 쇠약에 걸리지 않으며 미치광이도 되지 않는다.

그렇다고 해서, 나는 우리의 앞길을 막는 재난에 대해 무조건 머리를 숙이라고 주장하는 것이 아니다. 그것은 단순한 운명론에 지나지 않는다.

우리가 그 사태를 조금이라도 좋게 만들 수 있다면 싸워야 한다.

그러나 상식적으로 생각해볼 때 사람의 힘으로는 어쩔 수 없는 상황이라고 판단했다면 더 이상 고민할 필요가 없는 것이다.

컬럼비아 대학의 허크스 학장은 '머더 구스' 중에 한 구절을 좌우명으로 삼고 있다고 나에게 이야기했다.

태양 아래 모든 고통에는,

구원이 있다. 개중엔 없는 것도 있지만,

만일 있다면

그것을 찾는 것도 좋을 것이다.

그것을 잊어버리고 말 일이다.

이 책을 집필하는 동안, 나는 수많은 미국의 저명한 경영자들과 만났다.

나는 그들 모두가 불가피한 상황을 담담하게 받아들여서 전혀 걱정이 없는 생활을 하고 있다는 점에 감명을 받았다.

만일 그들이 불가피한 상황을 받아들이지 않았다면, 하루하루를 긴장에 휩싸여 힘겹게 살았을 것이다.

이에 대해 실례를 살펴보기로 하자.

페니 스토어의 창설자인 J. C. 페니는 다음과 같이 말해주었다.

나는 전 재산을 잃는다 해도 걱정하지 않을 것이다.
걱정해도 별도리가 없을 테니 말이다. 최선을 다한 후에
결과는 하느님께 일임할 뿐이다.

헨리 포드도 같은 내용의 말을 했다.

내가 해낼 수 없는 일은, 과감히 상대방에게 맡겨야
한다.

크라이슬러의 사장 K. T. 켈러에게 걱정의 처리법에 대
해 질문했더니 이렇게 대답했다.

나는 난처한 사태에 직면하게 되면, 우선 할 수 있는
데까지 최선을 다한다. 그러다가 안 되는 것이라면, 잊
어버리기로 한다. 어쨌든 나는 미래에 대해서는 걱정하
지 않는다. 누구도 미래에 어떤 일이 일어난다고 예측할
수 없다는 것을 알기 때문이다. 미래에 대해 영향을 끼
치는 힘은 실로 여러 가지가 있다. 그렇지만 무엇이 그
러한 힘을 움직이는가는 아무도 모르며 예언할 수도 없
다. 그러니 걱정한다 해도 별 방법이 없지 않은가?

이런 말을 한다고 해서 만일 당신이 켈러 씨에게 '당신
은 철학자'라고 한다면, 그는 무척 당황할 것이다. 왜냐하
면 그는 훌륭한 경영자일 뿐이기 때문이다.

에픽테토스는 로마 사람들에게 이렇게 가르쳤다.

행복에의 길은 하나밖에 없다. 그것은 우리의 의지로
는 어쩔 수 없는 사항에 대해서 걱정하는 일을 그만두는
것이다.

'거룩한 사라'라고 숭앙을 받아오던 사라 베르날은 불
가피한 상황에 대하여 협력하는 방법을 알고 있었다. 그
녀는 반세기 동안, 세계 연극계의 여왕으로 군림했다. 그
런데 어느 날 그녀의 주치의는 그녀의 다리를 잘라야 한
다고 선언했다.

그녀가 대서양을 횡단하던 중 폭풍을 만나 갑판에서 넘
어져 다리에 큰 상처를 입은 것이다.

의사는 성품이 거칠고 화를 잘 내는 사라에게 이 사실
을 알리기를 주저하고 있었다. 그녀가 이 엄청난 소식을
듣고 너무 큰 충격을 받을까봐 걱정을 했다.

그러나 그는 사라를 잘 모르고 있었던 것이다. 의사의
제안을 들은 사라는 잠시 그의 얼굴을 물끄러미 바라보다
가 조용한 어조로 말했다.

"해야만 될 일이라면 해야지요."

그것은 피할 수 없는 숙명이었다.

그녀는 수술실로 실려가는 자신을 바라보며 울고 있는 아이들에게, 힘차게 손을 흔들면서 쾌활하게 소리쳤다.

"아무 데도 가지 마라, 난 곧 돌아올 테니까."

그 다음 그녀는 수술실로 가는 도중에 자기가 연출했던 연극의 한 장면에 대해서 설명하는 것이었다. 그것이 자신을 격려하기 위해 한 것이냐는 질문을 받자, 그녀는 뜻밖의 대답을 했다.

"아니오, 의사나 간호사들을 격려하기 위해서였지요. 그분들이 수고해야 하니까요."

그녀는 수술 후에도 7년간이나 세계를 순회하면서 관객들을 매혹시켰다.

그리고 자신의 삶을 이렇게 표현했다.

우리가 불가피한 상황과 싸우는 것을 그만둘 때, 에너지를 해방시킬 수 있다. 그 에너지야말로 우리에게 보다 풍부한 인생을 창조해주는 것이다.

엘시 맥코미크는 〈리더스 다이제스트〉지에 기제한 평론 가운데 이렇게 쓰고 있다.

인간은 불가피한 상황과 싸우면서, 새로운 생활을 창조할 만큼 강한 감정과 활력을 가지고 있지는 못하다. 그러므로 어느 쪽인가 한 가지를 선택해야 한다. 인생의 불가피한 폭풍 앞에 머리를 숙이든가, 반항하다 파멸하는 길밖에 없는 것이다.

　　나는 미주리 주에 있는 나의 농장에서 이 같은 사실을 경험했다. 그 무렵 나는 농장에 수많은 나무를 심었는데, 처음에는 나무들이 놀라울 정도의 속도로 싱싱하게 자라났지만, 진눈깨비가 섞인 폭풍우가 몰아치자 나뭇가지는 모두 눈 속에 덮이고 말았다.

　　그런데 이 나무들은 눈의 무게에 머리를 숙이는 것이 아니라 교만스럽게 저항하기 때문에, 결국은 눈의 무게를 견디지 못하고 가지가 부러졌다. 그러한 나무들은 북부의 산림의 지혜를 터득하지 못한 것이다.

　　나는 캐나다의 상록림을 수백 마일 여행했었지만, 단 한 번도 진눈깨비나 얼음 때문에 쓰러진 침엽수나 소나무를 본 적이 없다.

　　왜냐하면 이러한 상록수는, 굴하는 법과 가지를 굽히고 불가피한 상황에 협력하는 법을 알기 때문이다.

유도의 사범들은 "버들가지처럼 몸을 구부려라, 참나무처럼 저항하지 말라"라고 가르친다.

당신은 자동차의 타이어가, 오랜 기간 거칠게 사용함에도 불구하고 견디어내는 까닭을 아는가? 최초의 타이어 제조 업자들은 도로의 충격에 저항하도록 타이어를 만들었다. 그런데 이내 헝겊처럼 헤지고 말았다. 그래서 그들은 도로의 충격을 흡수해버리는 타이어를 만들어냈다. 그것은 충격을 감소시키는 것이었다.

이와 마찬가지로 우리도 인생의 험난한 행로에 부딪치는 충격이라든가, 동요를 흡수하는 방법을 터득한다면, 행복한 여생을 즐길 수 있을 것이다.

만일 우리가 인생의 충격을 흡수하지 않고 그것에 반항한다면, 어떤 일이 일어날 것인가? '버들가지처럼 구부러지기'를 거부하고 참나무처럼 저항한다면, 어떻게 될 것인가? 그에 대한 대답은 간단하다.

틀림없이 우리는 수많은 내면적 갈등을 일으킬 것이다. 그래서 우리는 걱정하고 긴장하고 신경 쇠약에 걸리고 말 것이다. 게다가 준엄한 현실 세계를 거부하고 스스로 구축한 꿈의 세계로 도피한다면, 마침내 우리는 미치광이가 되고 말 것이다. 전쟁 중, 공포에 질린 수백만의 병사들은 불가피한 상황을 받아들이든가, 긴장에 쓰러지든가 둘 중 하나를 택해야 한다. 그러면 뉴욕의 윌리엄 H. 카셀리우스의 예를 들어보자.

"나는 연안 경비대에 입대한 후, 대서양에서도 가장 덥다는 고장에 배치되었다. 그리고 폭발물의 감시병으로 임명되었다. 크래커 판매원이었던 내가, 폭발물의 감시병이 되다니! 수천 톤의 강력한 폭탄 위에 서게 된다는 것은 생각만 해도 간담이 서늘해지는 일이었다. 나는 겨우 이틀간의 훈련을 받았을 뿐이었다. 처음으로 당번을 섰던 날의 일은 일생을 통해 결코 잊어버릴 수가 없다. 춥고 안개가 낀 날, 나는 뉴저지 주의 한 부두에서 최초의 명령을 받았다. 내 담당은 배의 5번 선창이었다. 나는 거기서 5명의 부두 노동자들과 함께 일해야 했다. 그들은 모두 건강한 체격이었지만 폭탄에 대해서는 전혀 아는 바가 없었다. 그러한 사람들이 이 낡아빠진 배 정도는 단번에 휴지 조각처럼 날려버릴 수 있는 대형 고성능 폭탄을 등에 짊어지고 운반하고 있었던 것이다. 또한 대형 폭탄들을 겨우 두 개의 쇠줄로 묶어 내리고 있었다. 저 줄 하나가 끊어지면 어찌하나 싶은 아찔한 생각이 나를 괴롭혔다. 입은 침 한 방울 없이 말랐고 다리는 후들후들 떨렸다. 가슴도 쉴 새 없이 두근거렸다. 그렇다고 나는 도망칠 수도 없는 형편이었다. 만일 그 자리를 피한다면 탈주로 몰릴 것이며 총살될지도 모른다. 나는 담당 구역을 지켜야만 했다. 나는 나 자신에게 타일렀다. '정신차려! 목숨이 날아갈지도 모르는데 도리 없지 않아? 어차피 당할 바엔 마찬가지니까. 오히려 이것이 편하게 죽는 방법일 거야. 앞으로 고생하다 죽느니보다 훨씬 다행한 일이 아니겠는가. 어리석은 짓은 하지 말자. 사람은 누구나 죽게 마련이다. 나는 이 일을 해내든지 아니면, 총살을 당해야만 한다. 그렇다면 일하는 편이 낫지 않을까?' 나는 몇 시간 동안을 스스로 이렇게 타일렀다. 그러자 점차 불안한 마음이 가라앉으면서 내가 처한 상황을 받아들이게 되었다. 나는 언제까지나 이 교훈을 잊지 않을 것이다. 그후부터는 내 힘으로 어찌할 수 없는 일에 직면하게 되면, 고민하는 대신 어깨를 움츠리고 '잊어버리자'라고 스스로를 타이른다. 그런데 그것이 무척 도움이 되었던 것이다."

만세! 이 크래커 판매원의 용기에 진심어린 박수를 보낸다.

예수의 십자가상의 죽음을 제하고서, 역사상 가장 유명한 임종의 광경은 아마도 소크라테스의 죽음일 것이다.

사람들에게 감동을 불러일으키는, 감동적이며 아름다운 문장을 소유했던 소크라테스를 질투하고 시기한 아테네 일부 사람들은 죄 없는 그를 고소하여 사형 판결을 받게 했다. 소크라테스에게 호의를 가지고 있던 교도관은 소크라테스에게 독배를 권하면서 이렇게 말했다.

"불가피한 상황을 조용히 참으시오."

소크라테스는 그 말을 따랐다. 그는 하느님과 같은 평온한 마음으로 자신이 처한 상황을 묵묵히 참고 따름으로써 죽음을 맞이했다.

"불가피한 상황을 조용히 참으시오."

이 말은 예수가 살던 시대 사람들의 입에 오르내린 말이지만, 예측할 수 없는 속도로 변해가는 사회 속에 살고 있는 오늘날의 우리에게 더욱 필요한 충고일 것이다.

지난 8년 동안 나는, 걱정에 대한 해결법을 설명한 책이나 잡지라면 거의 빼놓지 않고 독파했다.

여러분은 내가 발견한 걱정 해결에 가장 좋은 충고를 알고 싶지 않은가?

여기에 그것을 써보겠다. 이 말은 우리가 매일 아침 세수를 할 때, 마음속으로부터 모든 걱정과 고민을 씻어버리기 위해서 욕실의 거울 위에 붙여놓을 만한 가치가 있

는 것이다. 귀중한 이 글은 뉴욕의 유니언 신학교의 라인
홀드 니버 박사가 쓴 것이다.

  하느님! 나에게 평온한 마음을 내려주소서.
  바꾸어 볼 수 없는 일을 깨끗이 받아들이기 위해
  바꾸어 볼 수 있는 것을 변화시킬 용기를
  그리고 차이를 깨달을 수 있는 지혜를
  저에게 허락해주시옵소서.

불가피한 상황에 협력하라.

걱정에 대한 손절매

당신은 월 스트리트에서 돈 버는 방법을 알고 싶지 않은가? 그 방법을 알고자 하는 사람은 이 세상에 수없이 많을 것이다. 만일 내가 그런 방법을 알고 있다면, 이 책은 권당 만 달러에 팔릴 것이다.

그러나 여기에 성공한 중매인들이 몸소 실행하고 있는 좋은 아이디어가 한 가지 있다. 이 이야기는 뉴욕에 사무실을 둔 투자 컨설턴트인 찰스 로버트에게서 들었다.

나는 주식 시장에 투자하기 위한 돈, 2만 달러를 친구로부터 빌려서 텍사스에서 뉴욕으로 왔다. 내 딴에는 주식의 요령을 터득하고 있다고 자처했지만, 있는 돈을 완전히 날려버리고 말았다. 한때는 조금 번 적도 있지만 결국에 밑천까지 다 없애고 말았던 것이다. 내 돈을 없앤 것은 아무렇지도 않았지만, 친구의 돈까지 몽땅 잃어버린 데는 양심의 가책을 받지 않을 수가 없었다.

물론 그 친구는 그 돈이 없다고 곤란을 당할 처지는 아니었지만, 결국 그에게 큰 손해를 끼치게 되어 얼굴을 대하기조차 쑥스러웠다. 그런데 놀랍게도 그는 여전히 농담을 즐기며 나를 편하게 대해주었다.

이 무렵의 나는 될 대로 되라는 식이었고, 요행을 바라며 다른 사람들의 의견만을 따르고 있었다.

결국 나는, 내 자신의 과오를 깨닫게 되었다. 그리고 다시 주식 시장에 뛰어들기 전에, 이 방면에 대해서 연구해보리라 결심했다.

나는 주식업계의 전설적인 인물인 버튼 S. 카스틀스라는 사람을 찾아가 면담을 청했다. 그는 오랫동안 성공자로서 숭앙을 받고 있었기에, 나는 그로부터 많은 것을 배울 수 있으리라 생각했다. 그는 나에게, 지금까지 내가 해온 방법에 대해서 두세 가지 질문을 했다. 그는 주식거래에 관한 가장 중요한 원칙을 말해주었다.

"나는 어떤 거래든지 손절매를 적용한다."

예를 들어, 한 주당 50달러에 산 것에 대해서는 45달러로 파는 것이다. 그러니까 만일 시세가 떨어져서 샀던 주가 5포인트 내리면, 자동적으로 팔리게 된다. 그러므로 나의 손실은 5포인트로 끝나게 된다.

만일 당신이 초기 매매를 잘한다면 당신의 이익은 평균 10~25 또는 50포인트도 가능하다. 그래서 손실을 5포인트로 제한한다면, 반 이상 거래에 실패하더라도 막대한 이득을 보게 되는 것이다.

나는 당장 이 원칙을 채택했다. 그 뒤부터는 고객에게도 이득을 주게 되었고 나도 재미를 보았다. 나는 이러한 손절매의 법칙이 주식 시장뿐만 아니라, 여러 곳에도 적용됨을 알았다. 말하자면 경제적 걱정 이외의 모든 복잡한 일이라든가 불쾌한 사건에도 마술과 같은 효력을 나타냈다. 예를 들자면, 나는 한 친구와 함께 가끔 점심을 같이 하곤 했는데 이 친구는 항상 약속 시간에 늦었다. 그래서 전에는 그가 올 때까지 지루하게 기다렸던 것이다. 마침내 나는 그에게 나의 손절매 원칙에 대해 설명하고, 이렇게 말했다.

"빌, 나는 자네를 기다리는 시간에 대한 손절매는 10분으로 정하겠네. 자네가 10분 이상 지각한다면, 우리의 점심 약속은 무효란 말일세. 난 가버리고 말 테니까."

아아! 나의 급한 성미, 고집, 정신적 긴장에 대해 손절매를 내릴 수 있다는 것을 미리 알았더라면!

"어이, 카네기. 이 사건에는 그 정도 머리를 쓰면 충분한데"라고 스스로를 타이를 만한 지혜가 어째서 나에겐 없단 말인가! 참으로 아쉬운 일이 아닐 수 없다.

그렇지만 나에게도 적어도 한 번쯤은 지혜를 발휘한 때가 있었는데, 이것만은 여러분에게 자랑해도 괜찮을 것이다. 더구나 그때 나는 실로 중대한 일생의 위기를 겪었다고 할 수 있다. 장래에 대한 계획이나, 오랫동안 노력해 온 사업이 뜬구름같이 사라지느냐 마느냐의 기로에 서 있었던 것이다.

그것은 대강 다음과 같은 사연이다.

30대 초반, 청년 시절의 나는 소설가가 되려고 마음먹고 있었다. 말하자면 나는 프랭크 노리스나 잭 런던 혹은 토머스 하디와 같은 인물이 되려고 했었다.

나는 그야말로 진지했기 때문에, 유럽에서 2년 동안이나 머물렀다. 이 무렵은 1차 세계대전 후의 불경기 시대였으므로 달러만 있으면 참으로 편하게 생활할 수 있었다. 그래서 나는 그 2년 동안에 '눈보라'라고 이름지은 대걸작을 써냈는데, 이 제목은 정말 잘 맞아떨어졌다고 할 수 있다. 그런데 출판 제작자나 출판업자들의 태도는, 다코타의 평원에 휘몰아치는 눈보라 못지않게 냉담했다.

유명한 편집자로부터 "너의 작품은 소설로서 가치가 없다. 너에게는 소설을 쓸 재능이 없다"라는 말을 들었을 때, 나의 심장은 멎는 듯했다.

나는 어리둥절한 기분으로 그의 사무실을 나왔다. 그것은 몽둥이로 머리를 얻어맞은 것보다 더한 타격이었다. 나는 암담해졌으며, 지금 인생의 갈림길에 서 있고 중대한 각오를 하지 않으면 안 된다고 생각했다.

나는 어떻게 해야 할 것인가? 어느 쪽으로 가야 할 것인가? 나는 절망한 나머지 몇 주 동안을 방안에서 꼼짝 않고 고민했다. 그 당시 나는 "당신의 걱정에 대해 손절매를 내려라"라는 말을 들어보지 못했다. 그러나 이제 와서 그때의 일을 회상해보면, 나도 모르는 사이에 그 명령을 실천했다는 것을 알 수 있다.

나는 그 소설을 쓰기 위해 노력했던 2년이라는 세월을 귀중한 체험으로 돌리고 청산했으며 거기서 다시 새로운 출발을 한 것이다. 나는 다시 성인반을 조직해서 교육 사업으로 되돌아왔으며 현재 여러분이 읽는 전기라든가 비소설류의 서적을 쓰기 시작했다.

그때 그러한 결심을 했던 것을 기쁘게 생각하고 있냐고? 물론이다. 나는 지금도 그 일을 회상할 때마다 마음이 즐거워 거리로 뛰어나가 춤이라고 추고 싶은 심정이다. 그 이후 나는 토머스 하디와 같은 소설가가 되지 못했다고 슬퍼한 적은 한 번도 없다.

지금부터 1세기 전의 어느 날 밤, 헨리 소로우는 손수 만든 깃털 펜에 잉크를 적셔가며 일기장에 다음과 같은 글을 썼다.

가치란, 우리가 인생이라고 부르고 있는 것의 양을 말한다. 가치는 때로 장기간에 걸쳐 딴 것과 교환된다.

남북전쟁 중, 링컨은 친구 몇 사람이 그의 적을 비난하자 이런 말을 했다.

"자네들은 나보다도 개인적인 원한이 심한 모양이군. 나는 어쩌면 원한이 지나치게 적은지 모르나, 남을 비난하는 일은 아무런 이익도 되지 않는다고 생각하네. 일생을 그런 논쟁으로 허비할 이유는 없으니까 말이야. 만일 누구든지 나를 공격하기를 그만둔다면, 나는 그 사람의 과거를 모두 잊어버리기로 했으니까."

나는 숙모 에디스가 링컨과 같은 관용의 정신을 가져주었으면 한다. 숙모와 프랭크 숙부는 메마르고 잡초가 많은 저당잡힌 농장에 살고 있었다. 그들의 생활은 궁핍하기 이를 데 없었으며, 동전 한 푼이라도 아껴 쓰지 않으면 안 될 형편이었다.

그런데 숙모는 커튼 등의 자질구레한 것을 사들이기 좋아해서, 그것으로 보잘것없는 집안을 장식하곤 했다. 더구나 숙모는 장식물들을 외상으로 사들이고 있었다. 그런데 남의 빚을 싫어하는 숙부는, 아내에게 외상으로는 절대 팔지 말아달라고 상점에 몰래 부탁했던 것이다.

이 사실을 알았을 때, 숙모는 노발대발했으며 그 노기가 무려 50년 동안 계속되었다. 나는 몇 번이고 그 이야기를 들었지만, 최후로 들었을 때 숙모의 나이는 70세를 훨씬 넘어서고 있었다.

나는 그분에게 이렇게 말했다.

"숙모님! 숙부님이 숙모님의 체면을 손상시킨 일은 확실히 나빴습니다. 그러나 50년 전에 있었던 일을 가지고 지금까지 서운하다고 말씀하시는 숙모님이 더 나쁘다는 생각은 안 하세요?"

숙모는 긴 세월 동안 품어온 노여움과 괴로운 추억에

대해 무척 값비싼 대가를 지불한 셈이다. 이른바 마음의 평화라는 귀중한 대가를 말이다.

벤자민 프랭클린은 7세 때, 과실을 범했다. 그는 그 과실을 오랫동안 잊지 않고 있었다. 그는 7세 때, 호각을 무척 좋아했으며 그것에 대한 호기심도 대단했다. 그래서 한 번은 장난감 가게에 가서, 가지고 있던 돈을 모두 내놓고서 값도 묻지 않고 호각을 달라고 했던 것이다.

그런데 그는 70년 후 그때의 일을 친구에게 써 보냈다.

나는 호각을 가지고 집으로 돌아왔다. 너무나 좋아서 호각을 불며 온 집안을 돌아다녔다. 그런데 형들은 호각을 너무 비싸게 샀다는 사실을 알려주고 나를 꾸짖었다. 그래서 나는 억울해서 울고불고 했다.

훗날 프랭클린은 세계적인 인물이 되었을 때까지도 그 일을 기억하면서 "호각을 얻은 기쁨보다 분함이 더 컸다"고 말했다. 그러나 프랭클린이 배운 교훈에 비하면 호각의 값은 너무 싼 것이었다. 그는 이렇게 말했다.

"내가 성장해서 사회에 나와 세계 여러 인사들의 행동을 관찰하기에 이르자, 대다수의 사람들이 호각에 대해 너무 높은 값을 지불하고 있다는 것을 깨닫게 되었다."

즉 인간이 겪는 불행의 대부분은 그들이 사물에 대해 그릇된 평가를 하고 호각의 값을 너무 높이 치르는 것에 원인이 있다.

말하자면 길버트와 설리반도 그들의 호각에 대해 너무 높은 값을 지불했다고 할 수 있다. 그것은 또 에디스 숙모도 마찬가지며, 나 역시 대개의 경우 그랬다.

세계 최대의 걸작에 속하는 『전쟁과 평화』, 『안나 카레리나』의 작자인 톨스토이 역시 그렇다. 대영 백과 사전에 의하면, 톨스토이는 그의 생애에서 최후의 20년 동안 세계에서 '가장 존경받는 인물'이었다. 그 20년 동안 (1890~1910년) 수많은 숭배자들이 그의 얼굴을 한 번 보거나 그의 음성을 듣고자, 또는 옷자락을 만져보려고 톨스토이의 집으로 찾아왔다.

그의 말은 한 마디도 빼놓지 않고 순방자들에 의해 기록되었고, 마치 '신의 계시'인 양 숭배의 대상이 되었다. 그러나 톨스토이는, 프랭클린이 7세 때에 가지고 있던 만큼의 분별력도, 70세가 넘은 그때까지 가지고 있지 못했다. 그는 전혀 상식을 가지고 있지 않았다.

자, 여기서 나의 견해를 피력해보겠다. 톨스토이는 열

렬히 사랑하던 소녀와 결혼했는데 그들은 참으로 행복했다. 그들은 이렇듯 천국과 같은 기쁨이 언제까지나 지속되기를 하느님께 기원했다. 그런데 톨스토이의 아내는 질투심이 강했다. 그녀는 허름한 차림을 하고 숲 속에까지 따라가 톨스토이의 행동을 감시하는 것이었다.

그들은 때때로 심한 말다툼을 하곤 했는데, 그녀의 질투심은 날로 심해져 자식들에게까지 그 영향이 미치게 되었다. 그래서 딸의 사진을 향해 소총을 쏘아대기도 했다. 그녀는 또 아편이 든 병을 입에 물고 마룻바닥에 뒹굴면서 자살해버린다고 울부짖기도 했다. 그동안 자식들은 방 구석에 움츠리고 앉아 두려움에 떨었다.

톨스토이는 어떻게 했는가. 나는 그가 흥분해서 가구를 때려부수었다고 비난을 하는 것은 아니다. 그럴 만한 이유가 있었으니까.

그러나 그는 더 심한 짓을 했다. 비밀 일기를 쓴 것인데, 아내가 나쁘다고만 썼다. 이것이 바로 그의 '호각'이었고, 그는 다음 세대들이 자신을 동정하고 그의 아내에 대해서는 비난하도록 만들었던 것이다.

그런데 이에 대해 그의 아내는 어떻게 했는가? 그녀는 남편의 비밀 일기를 빼앗아 찢었으며 불태워버렸다. 그리고 그녀도 일기를 쓰기 시작하여 남편을 악한으로 만들었다. 그녀는 다시 『누구의 죄』라는 소설을 써서 남편을 가정의 악마로, 자신을 그 희생물로 묘사했다.

도대체 왜 이런 일이 벌어졌을까? 왜 이 두 사람은, 소중한 가정을, 톨스토이의 말대로 '정신병원'으로 만들어버린 것일까? 확실히 거기에는 여러 가지 이유가 있었다. 그 이유 중의 하나는, 남에게 강한 인상을 주려는 욕망이 컸다는 것이다. 사실 두 사람은 다음 세대인 우리의 비판에 대해 무척 관심을 기울이고 있었다.

우리는 저 세상에 가서도 다른 사람들의 잘못된 행위에 대하여 비난할 수 있을까? 아니다, 어림도 없다. 우리는 톨스토이의 일 따위를 생각해볼 겨를이 없을 것이다. 우리 자신의 문제만으로도 벅찰 테니까.

그런데 이 비참한 두 사람은, 얼마나 비싼 대가를 '호각'에 대해 지불했던가! 두 사람 모두 '손절매'를 하지 못했기에 50년간에 걸친 지옥 생활을 보내야만 했다. 두 사람 모두 "지금 당장 이러한 사태에 대해 손절매를 내리면 어때? 우리는 우리 자신의 생활을 낭비하고 있어요. 정말 그만해두자고"라고 말할 수 있는 정도의 아량을 가지고 있지 못했던 것이다.

나는 참된 마음의 평화를 유지하는 비결이, 가치에 대한 올바른 판단력에 있다고 믿는다. 그리고 만일 우리에게 어떤 일이 인생에 있어서 어느 정도의 가치가 있는가를 판단하는 기준이 있다면, 우리가 안고 있는 걱정의 절반 이상은 해소될 수 있을 것이라 믿는다.

인생에 있어 좋지 못한 일에 대해 귀중한
시간과 감정을 낭비하려는 유혹을 느꼈을 때에는,
일단 그 자리에 멈춰 서서
다음과 같은 3가지 문제를 생각해본다.

1. 내가 지금 걱정하고 있는 것은 사실상 어느 정도 중대한 것인가?

2. 어느 정도가 되면, 이 걱정에 대해 '손절매'를 내려 잊어버리도록 할 것인가?

3. 이 '호각'에 대해 정확히 얼마나 지불해야 하는가? 이미 충분히 지불하고 있지는 않은가?

톱밥을 켜지 말라

이 글을 쓰면서, 나는 창 너머 정원에 놓인 공룡의 발자국을 바라보고 있다. 이것은 돌에 묻혀 있는데 예일 대학의 피바 박물관으로부터 사들인 것이다.

그런데 박물관원의 말에 의하면, 이 발자국들은 1,800만 년 전의 것이라고 한다. 어떤 바보라도 이러한 발자국을 위조하기 위해 1,800만 년이나 옛날로 되돌아가려고 하지 않을 것이다.

그러나 우리가 걱정하는 것과 비교한다면, 위조하는 쪽이 오히려 현명하다는 생각이 든다. 왜냐하면 180년 전의 일일지라도, 그후에는 바꿀 수 없기 때문이다. 그런데도 많은 사람들은 어리석은 짓을 하려 드는 것이다.

우리가 180년 전에 일어났던 일의 결과를 수정하며 살 수는 있다. 그러나 이미 일어난 일을 변경시킬 수는 없는 것이다. 과거를 건설적인 것으로 만드는 방법은 단 한 가지밖에 없는데, 그것은 과거의 과오를 조용히 분석해보고, 그 과오를 잊어버리는 것이다.

나는 이러한 사실을 실천할 용기나 배려를 가지고 있을까? 이 질문에 대한 대답으로, 수년 전에 내가 경험한 기이한 사건을 이야기해보자.

나는 30만 달러의 돈을, 한 푼의 이익도 없이 나도 모르는 사이에 잃어버린 적이 있다. 그 경위는 다음과 같다.

나는 한때 성인 교육 사업을 대규모로 시작해서 각 도시에 분교를 내고, 광고나 잡지에 무척 많은 돈을 낭비했다. 그러고는 가르치는 일에 바빴기 때문에, 재정 면에 신경을 쓸 여력이 전혀 없었다. 나는 너무나 고지식했으므로 재정을 관리할, 수완 있는 영업 지배인이 필요하다는 사실을 전혀 깨닫지 못하고 있었다.

결국 1년 후에야 나는 예기치 않은 사태에 깜짝 놀라게 되었다. 그동안 막대한 수입이 있었음에도 불구하고, 이익은 한 푼도 없었던 것이다. 그런 사실을 알았을 때, 내가 취해야 할 길은 두 가지밖에 없었다.

그 하나는, 흑인 과학자 조지 워싱턴 카버가 일생 동안 저축한 4만 달러를 은행의 파산으로 잃었을 때에 취한 방법이었다.

그는 은행이 파산한 것을 아느냐는 질문을 받았을 때, "예, 그 얘기는 들었습니다"라고 말하고는 계속 자기의 직업인 교수직에 몰두했다. 그는 돈을 잃었다는 쓰라린 생각을 완전히 그의 마음속에서 제거해버리고, 두 번 다시 입 밖에 내지 않았다.

또 하나의 방법은, 과오를 조용히 분석하여 잊어버려서는 안 될 교훈을 얻어내는 일이었다.

그런데 솔직히 고백하지만, 나는 그 어느 쪽도 실천에 옮기지는 못했다. 걱정의 소용돌이에 휘말려 수개월 동안 망연자실한 상태로 지냈다. 불면증에 걸렸고 체중도 줄어들었다. 그래서 이 엄청난 과오에서 어떤 교훈을 얻기는 커녕 여전히 2년이나 계속해오다가, 소규모이기는 하지만 같은 과오를 또 저질렀다.

이처럼 우둔한 짓을 고백하기는 매우 쑥스럽지만, 나는 훨씬 전부터 '유익한 것을 20명에게 가르치기보다는, 그 20명 중의 한 사람이 되어 나 자신이 가르친 것을 몸소 실천하는 편이 훨씬 더 어렵다'는 사실을 깨달았다.

나는 뉴욕의 알렌 선더스가 사사(師事)한, 조지 워싱턴 고등학교의 펄 브랜드와인 박사의 강의를 받을 수 없었던 것을 실로 아쉽게 생각하고 있다.

　선더스 씨는 나에게 말하길, 그에게 위생학을 가르쳤던 브랜드와인 박사가 귀중한 교훈을 주었다고 했다.

　그 이야기는 이러하다.

　"나는 그 무렵에 겨우 10대였지만, 태어나면서부터 걱정이 많은 성미여서 약간의 실수에도 어쩔 줄 몰라하며 초조해 했다. 시험 답안지를 제출하고는, 혹시 낙제하지나 않을까 걱정이 되어 잠을 이루지 못하는 지경이었다. 나는 내가 한 일을 돌이켜 생각해보고는 그렇게 하지 않았더라면 좋았을 거라고 후회했으며, 이미 한 말을 가지고도 그 말이 잘못이었다고 스스로 탓했던 것이다. 그런데 어느 날 아침, 우리가 과학 실험실에 들어가자 펄 브랜드와인 박사는 누구한테나 잘 보이는 책상 언저리에 우유병을 놓고 앉아 있었다. 우리는 그 우유병을 바라보면서 선생께서 가르치고 있는 위생학과 저 우유병이 무슨 관련이 있는가 의아해 했다. 그때, 박사는 갑자기 자리에서 일어나더니, 우유병을 쓰레기통 속에다 던져 깨버리고는 소리쳤다. '엎지른 우유를 후회해도 소용없다.' 박사는 우리에게 쓰레기통 가까이 오라고 하고는, 깨진 병을 보여주었다. '잘 봐. 나는 제군들이 일생 동안 이 교훈을 기억해주기 바란다. 우유는 이미 엎질러져 하수도로 흘러갔다. 자네들이 아무리 떠들고 후회해도 그것을 한 방울도 되돌아오게 할 수 없다. 약간의 주의와 조심성이 있었더라면, 우유는 엎질러지지 않았을지 모른다. 그러나 이미 때는 늦었다. 이제 우리가 할 수 있는 것은, 지나간 일을 완전히 잊어버리고 다음 일을 생각하는 것뿐이다.' 이 실습은 입체 기하학이나 라틴 어를 잊어버린 뒤까지도, 나의 머리에서 사라지지 않았다. 실제로 4년간의 고교 생활에서, 이 이상 실용적인 생활법을 가르쳐준 과목은 없었다. 그는 나에게, 우유를 조심성 있게 다루어 엎질러지지 않도록 할 것과, 일단 엎질러졌으면 그 일을 완전히 잊어버리라고 가르쳐준 것이다."

독자들 중에는 이러한 교훈, 즉 "엎지른 우유를 후회해도 소용없다"라는 격언을 비웃을지 모른다.

그러나 이 낡아빠진 금언에는 온갖 시대의 지혜가 들어 있고, 무수한 세대를 거쳐 계승된 진리가 있다. 만일 여러분이 모든 시대의 위대한 학자들이 쓴, 걱정에 대한 모든 기록을 독파했다 하더라도, "다리에 오기까지는 다리를 건너지 말라"든가 "엎지른 우유를 후회해도 소용없다"는 등의 진부한 격언 이상으로 기본적이면서도 의미심장한 말을 발견할 수 없을 것이다.

우리가 그 격언을 비웃지 않고 그대로 적용한다면, 이 책을 읽지 않아도 될 것이다.

만일 우리가 옛날 속담의 대부분을 널리 적용한다면, 거의 완벽한 인생을 살아갈 수 있다. 하지만 지식은 실천함으로써 비로소 힘이 되는 것이다. 그리고 이 책의 목적은 여러분에게 새로운 지식을 가르치는 것이 아니라, 여러분이 이미 알고 있는 사실을 생각해서 직접 행동으로 적용하도록 격려하는 것이다.

나는 항상 프렛 풀러 셰드와 같은 인물을 존경하고 있다. 그는 오랜 진리를 참신한 형식으로 설명하는 데 특별한 재간이 있었다.

그는 〈필라델피아 불리틴〉의 주간이었는데, 어느 대학 졸업식의 강연에서 이런 말을 했다.

"제군들은 나무를 톱질해본 경험이 있는가? 있으면 손을 들어보게."

대부분의 학생들은 경험이 있었다. 그는 또 물었다.

"톱밥을 켜본 경험이 있는 사람은 없는가?"

이번에는 손이 하나도 올라가지 않았다.

"물론 톱밥을 톱으로 켠다는 건 불가능하지. 이미 그것은 톱으로 켜져 있으니까. 그런데 이 사실은 과거에 대해서도 마찬가지다. 지나가버린 일 때문에 마음을 괴롭힌다는 것은, 톱밥을 켜려는 것과 같다."

야구계의 원로인 코니아 마크가 81세 때, 나는 그에게 패배한 시합에 대해 고민한 적은 없느냐고 물어보았다.

"물론 가끔 걱정하기도 했지만, 그런 어리석은 짓은 벌써 까마득한 옛날 이야기지. 고민을 해도 아무런 소용이 없다는 걸 깨달았기 때문이야. 냇가로 흘러가버린 물로 씨앗을 키울 수는 없지 않겠나."

확실히 그의 말대로 흘러가버린 물로 씨앗을 키울 수도 없으며, 재목을 키울 수도 없다.

나는 작년 추수감사절 때, 잭 템프시와 함께 저녁을 했다. 그는 크랜베리 소스를 친 칠면조 요리를 먹으면서, 터니에게 패배하여 중량급 선수권을 빼앗겼던 이야기를 했다. 그것은 분명히 그 자신에게 충격이었을 텐데 그는 이렇게 말했다.

"시합의 한 고비에서 나는 갑자기 내가 늙었다는 것을 느꼈다. 10회전이 끝날 때까지 나는 서 있었지만 그것은 그냥 건성으로 서 있었을 뿐이었다. 얼굴은 찢어져 피투성이었고 눈은 퉁퉁 부어올라 거의 뜰 수도 없었다. 심판이 터니의 손을 번쩍 들어 그의 승리를 선언하고 있는 것을 보았다. 나는 이미 세계 챔피언이 아니었다. 나는 비를 맞으며 군중을 헤치고 탈의실로 돌아왔다. 내가 지나가는데, 몇 사람인가 나의 손을 잡으려고 했고 눈물을 글썽이는 사람도 있었다. 1년 후, 다시 터니와 대결했으나 허사였다. 영원히 끝장이 난 것이다. 그렇게 생각하자, 힘겹게 지내온 삶이 허망하고 슬펐지만 나 자신을 타일렀다. '나는 과거에 살 생각은 없다. 또 엎질러진 우유 때문에 후회한들 무엇하랴. 나는 이 타격을 버텨내리라. 이대로 쓰러지지는 않을 테니까.' 이렇게 생각을 바꾸자 삶이 달라지기 시작했다."

그래서 잭 템프시는 어떻게 했을까? 끊임없이 자신에게 "과거에 집착해서는 안 된다"라고 말했을까? 아니다. 그것은 오히려 과거를 회상하게 할 뿐이었다. 그는 자신의 패배를 받아들였으며, 잭 템프시 레스토랑과 그레이트 노슨 호텔을 경영함으로써 과거를 이겨냈다.

그는 또 권투의 흥행을 주관하기도 하고 모범 시합도 열었다. 그리고 그는 이렇게 말했다.

"나는 지금껏 10년 동안, 선수권 보유자였던 때 이상으로 즐거운 생활을 보내고 있다."

템프시는 그다지 책을 읽지 않았다고 말했지만, 자신도 알지 못하는 사이에 셰익스피어의 "현명한 사람은 쓸데 없이 그들의 손실을 한탄하지는 않는다. 오히려 그들은 씩씩하게 그 손해를 없애는 방법을 탐구한다"는 충고를 실천하고 있었던 것이다.

나는 역사나 전기를 읽을 때, 슬픔에 빠진 사람들이 고민과 비극을 털어버리고 새로운 생활을 향해 전진하는 노력과 능력에 깊은 감명을 받곤 한다.

나는 이전에 싱싱 교도소를 방문한 적이 있었는데, 그곳 죄수들이 사회의 일반 사람과 마찬가지로 매우 행복해 보이는 데에 놀랐다. 내가 이 이야기를 소장인 루이스 E. 로스 씨에게 했더니 그는 다음과 같이 말해주었다.

"범죄자들이 싱싱 교도소에 처음 왔을 때에는 세상을 저주하고 남을 원망한다. 하지만 분별력이 있는 죄수들은 불행을 털어버리고, 마음을 안정시켜서 조용히 교도소 생활을 받아들이고 유쾌하게 지내려고 노력한다. 직업이 정원사였던 한 죄수는, 교도소 구내에서 채소나 꽃을 가꾸면서 노래까지 부른다."

이처럼 꽃을 가꾸면서 노래를 불렀다는 싱싱 교도소의 죄수에게는, 우리보다 더 많은 분별력이 있을 것이다. 그는 다음의 진리를 알고 있었다.

'움직이는 손'은 기록하며
기록하고는 옮겨가나니,
너의 신앙이나 지혜도 그 '한 줄'의 반도 지울 수 없고,
또 너의 모든 '눈물'도
그 '한 마디 말'도 씻어 없애지는 못하리라.

그렇기 때문에 쓸데없이 눈물을 흘리지 않는 것이 좋다. 물론 우리는 여러 가지 실책이나 어리석은 행동을 저지른다. 그러니 어쩌면 좋은가? 누구나 실수는 저지르는 것이다. 천하의 나폴레옹까지도, 그가 싸웠던 중대한 전쟁의 3분의 1에서 패배했던 것이다. 그렇다면 우리 삶의 타율(打率)도 나폴레옹보다 나쁘지는 않다.

톱밥을 켜지 말라.

4장

평화와 행복으로
마음을 채우는 방법

생활을 바꾸는 짧은 말

몇 해 전 나는 라디오 프로에서 이런 질문을 받은 적이 있다.

"당신이 지금까지 살면서 배운 것 중 가장 큰 교훈은 무엇입니까?"

대답은 간단했다. 내가 배운 것 중 가장 귀중한 교훈은 생각하는 것의 중요성이라고 할 수 있다. 만일 내가 당신이 무엇을 생각하고 있는가를 알게 된다면, 이는 곧 당신의 인품을 아는 것이다. 말하자면, 우리의 생각이 우리를 만든다. 즉 생각은 우리의 운명을 결정하는 요소이다. 에머슨은 이렇게 말하고 있다.

"그가 하루 종일 생각하고 있는 것, 그것이 바로 그 사람인 것이다."

우리가 해결해야 될 가장 크고 유일한 문제는 올바른 생각을 선택하는 일이다. 만일 선택에 성공한다면 우리의 모든 문제를 해결하는 길이 활짝 열리게 될 것이다.

로마 제국을 통치한 위대한 철학자, 마르쿠스 아우렐리우스는 그것을 불과 몇 마디 말로 요약하고 있다.

우리의 인생은, 우리의 사고에 의해 만들어진다.

그렇다. 만일 우리가 즐거운 생각을 하고 있다면 우리는 즐겁다. 하지만 비참한 생각을 하고 있다면 우리는 비참하게 될 것이다.

또한 무서운 생각을 하게 되면 무서워질 것이며, 병적인 생각을 한다면 정말 병에 걸릴지도 모른다. 실패를 두려워한다면 확실히 성공하기는 어려울 것이다.

만일 우리가 자기 연민에 빠지게 된다면, 사람들은 우리를 피하고 꺼릴 것이다. 노만 빈센트 필은 이렇게 말하고 있다.

인간은 스스로 생각하는 그러한 자기가 아니며, 생각 자체가 그 사람인 것이다.

나는 모든 문제에 대해 너무 낙천적인 태도를 가지고 있는 것일까? 아니다. 불행하게도 인생은 그렇게 단순하지 않다. 그러나 나는 소극적이지 말고 적극적이 되라고 주장하고 싶다.

바꿔 말해서, 문제에 주의를 기울여야 하겠지만 걱정해서는 안 된다는 것이다.

그렇다면, 조심하는 것과 걱정한다는 것은 어떻게 다른지 설명해보도록 하자. 뉴욕의 번화가를 횡단할 때 나는 항상 조심한다. 그러나 걱정은 하지 않는다.

조심한다는 것은 문제의 본질을 다루면서 조용히 처리하는 것을 말한다. 그러나 걱정한다는 것은 불쾌하게 본질의 둘레를 빙빙 도는 것과 같다. 인간은 자신이 중대하다고 생각하는 문제에 마음을 쓰게 마련이다. 그러나 여전히 가슴에 카네이션을 달고 태연하게 거리를 활보할 수가 있다.

나는 로웰 토머스가 그렇게 하는 것을 보았다.

그가 1차 세계대전 중 알렌비 로렌스 작전을 담은 유명한 필름을 처음 공개했을 때, 나는 그와 친근한 사이가 될 수 있었다. 그와 그의 비서들은 각 전선에서 수많은 전쟁 영화를 제작했는데, T. E. 로렌스와 그 다채로운 아라비아 군의 활약과 알렌비 군의 성지 탈환을 다룬 두 영화는 특히 훌륭했다.

그의 '팔레스타인에서는 알렌비와, 아라비아에서는 로렌스와 함께'라는 제목의 강연은 런던을 비롯하여 전 세계에 선풍을 일으켰다.

그가 로열 오페라 하우스에서 모험적인 이야기를 주제로 한 강연과 영화 상영을 계속할 수 있도록, 런던의 오페라 시즌은 6주간이나 연기되었다. 토머스는 런던에서 커다란 성공을 거둔 후 세계 각국을 순회해서 호평을 받았다. 그리고 인도나 아프가니스탄의 생활에 대한 기록 영화를 만들 준비에 착수했다.

이때 수많은 불운이 생겨나서 영화 제작이 불가능하게 되었다. 그래서 그는 런던에서 파산해버렸다.

나는 당시 그와 같이 있었는데, 우리는 허름한 식당에서 싸구려 식사를 해야만 했다. 그런데 그러한 식사마저도 토머스는 다른 사람에게서 돈을 빌려서 해결했고, 만일 그것이 여의치 못하면 싸구려 식당에도 가지 못했다. 어쨌든 여기에 이야기의 초점이 있다.

로웰 토머스는 막대한 부채와 심각한 실의에 직면해 있었으나, 괴로워하되 걱정은 하지 않았다.

그는 이 역경에서 좌절하고 만다면, 채권자에 대해서나 세상에 대해서도 전혀 가치가 없는 인간이 되어버린다는 것을 알고 있었다. 그래서 매일 아침 집을 나설 때는 꽃을 사서 그것을 가슴에 꽂고, 의젓한 태도로 발걸음도 가볍게 옥스퍼드 거리를 걸어가곤 했다.

그는 적극적이면서 과감한 생각을 품고 패배에 굴복하기를 거부했다. 그에게 있어 패배는 게임의 일부에 지나지 않았다. 진다는 것은 정상을 차지하기 위해서 필요한 훈련에 지나지 않았다.

우리의 정신 태도는 육체에 거의 믿을 수 없을 정도로 많은 영향을 끼친다.

영국의 유명한 정신병학자 J. A. 하드필드는『힘의 심리』라는 저서에서 그 사실을 설명하고 있다. 그는 악력계(握力計)를 사용해서 정신적 암시가 완력에 미치는 영향을 세 사람을 대상으로 실험해보았다.

그는 우선 세 가지 다른 조건에서 그들에게 힘껏 악력계를 쥐게 했다. 보통의 깨어 있는 상태에서 실험한 결과, 그들의 평균 악력은 101파운드였다. 그들에게 최면을 걸고 "당신들은 실은 약하다"는 암시를 준 후 측정하니 겨우 29파운드로 보통 힘의 3분의 1이었다.

세 사람 중 한 사람은 권투 선수였는데, 최면을 걸고 당신은 약하다고 암시를 주었더니, "내 팔은 젖먹이같이 가늘다"라고 말하기도 했다.

그 다음 하드필드는 세 번째 테스트를 했다. 이번엔 "당신은 강하다"고 암시를 준 뒤 측정했더니 평균 악력이 142파운드에 달했다.

말하자면 그들의 마음에 자신이 강하다는 적극적인 관념이 가득 차 있게 되면, 그들의 육체적 힘은 500퍼센트 증가했던 것이다. 즉 이것이 우리의 정신이 지닌 믿을 수 없는 힘이다.

여기서 생각의 힘에 대해 설명하기 위해 미국 역사상 가장 놀랄 만한 이야기 하나를 소개하겠다. 그것에 대해서 한 권의 책을 쓸 수도 있지만, 지금은 간단하게 소개하는 정도로 해두자.

남북전쟁이 끝나고 얼마 되지 않은, 서리가 내린 10월의 어느 날 밤이었다. 집도 마련 못 할 정도로 가난하여 이리저리 떠돌아다니는 한 여인이, 매사추세츠 주에 사는 퇴역 해군 대령의 집 문을 두드렸다. 문을 연 웹스터 대령의 아내는 뼈만 남은 것 같은 가냘프고 초라한 여인을 보았다. 그로버 부인이라는 그 여인은 밤낮 자기를 괴롭히고 있는 어떤 문제를 해결할 집을 찾고 있다고 했다.

"그렇다면 우리 집에 머물면 어떻겠어요? 난 이렇게 큰 집에 혼자 살고 있으니까."

웹스터 부인은 이렇게 말했다.

그로버 부인이 얼마 동안 웹스터 부인과 함께 살았는지 모르지만, 그때 웹스터 부인의 사위인 빌 에리스가 뉴욕에서 휴가를 받아 찾아왔다. 그는 그로버 부인을 만나자 "이 집에 거지는 둘 수 없다"고 떠들어 가엾은 여인을 쫓아냈다.

그날은 비가 억수같이 쏟아지고 있었다. 쫓겨난 그녀는 갈 곳을 몰라 비를 맞으면서 떨고 서 있다가, 비를 피할 곳을 찾아서 어디론가 사라지고 말았다.

빌 에리스가 밖으로 내쫓아버린 이 여인이 훗날 사상계에 큰 영향을 끼치게 될 운명을 지니고 있었다. 그녀는 크리스천 사이언스의 창시자인 메리 베이커 에디로 수백만 신도의 숭배를 받고 있다.

그때까지만 해도 그녀는 질병, 비애, 비극 이외에는 인생에 대해서 아는 것이 하나도 없었다.

그녀의 처음 남편은 결혼 직후 죽어버렸다. 두 번째 남편은 그녀를 버리고 유부녀와 바람을 피우다가 빈민 구제소에서 죽었다. 그 무렵 그녀한테는 네 살짜리 아들이 있었는데 이 아들을 버리지 않을 수가 없었다. 그녀는 아들의 소식을 모르고 살았으나, 31년 후 다시 아들과 만날 기회가 있었다. 그녀는 본래 병약해서 오래전부터 '정신 요법의 과학'에 흥미를 느끼고 있었다. 그러나 그녀 생애의 극적인 전환은 매사추세츠 주에서 일어났다.

어느 추운 아침, 빈민촌 거리를 걷다가 그녀는 얼어붙은 길 위에 넘어져 의식을 잃고 말았다. 그녀는 척추를 몹시 다쳤기 때문에 발작적인 경련을 일으켰다. 의사는 그녀를 보더니 가망이 없으며, 만일 살아난다고 해도 두 번 다시 걸을 수 없을 것이라고 말했다.

메리 베이커 에디는 죽음의 침대라고 생각되는 병상에 누워 성경을 펼쳐 들고 마태복음의 한 구절을 읽었다.

예수, 거룻배를 타시고 건너시어 본읍에 오시니, 문득 침상에 누운 반신불수 하나를 메어 오는지라. 예수께서…… 반신불수 사람에게 이르기를 '아들아, 안심하라. 네 죄를 사하느니라' 하시니…… '일어나 네 침상을 들고, 집으로 돌아가라' 하거늘, 일어나 그의 집으로 돌아가니라.

예수의 이 말씀은 그녀의 체내에 큰 힘과 위대한 신앙으로 인한 회복력을 불러일으켰고, 그녀는 곧 침대에서 일어나 걸을 수가 있었다.

메리 베이커 에디는 언제나 이런 말을 했다.

"그 경험은, 자신을 건전하게 하는 방법일 뿐 아니라 다른 사람까지도 건전하게 하는 방법을 발견하는 기회가 되었다. …… 모든 문제의 원인은 마음에 달렸으며 모든 결과는 정신적 현상이라는 과학적 확증을 얻었다."

이렇게 해서 메리 베이커 에디는 새로운 종교의 창시자 겸 사제장이 되었다. 지금 그녀가 창시한 크리스천 사이언스는 전 세계에 널리 퍼지고 있다.

혹시 여러분 중에는 "이 카네기라는 사나이는 크리스천 사이언스를 선전하고 있구나" 하고 말하는 분이 있을지 모르지만 결코 그런 것은 아니다.

나는 분명히 크리스천 사이언스의 신자는 아니다. 그렇지만 해가 거듭되면서 생각하는 힘의 위력을 확신하게 되었던 것이다.

35년 동안 성인을 대상으로 한 교육에 종사해온 결과, 나는 누구나 자신의 생각을 바꿈으로써 걱정이나 공포, 기타 모든 종류의 질병을 쫓아내고 자신의 생활을 재건할 수 있다는 것을 알게 되었다.

나는 알고 있다! 알고 있다! 알고 있다! 믿기 어려운 변화가 일어나는 것을 수백 번이나 목격해왔다. 그래서 나는 조금도 의심하지 않는다.

우리 반 학생에게서 일어났던 믿기 힘든 실례를 들겠다. 그는 심한 신경 쇠약으로 괴로워하고 있었는데 바로 걱정 때문이었다. 이 학생은 나에게 다음과 같은 이야기를 들려주었다.

나는 모든 일 때문에 걱정했다. 자신이 너무 말랐다든가, 머리카락이 빠진다든가, 결혼할 만큼 돈을 모을 수 없다든가, 좋은 아빠가 될 수 없다든가 아니면 실연을 당하지 않을까, 선량한 생활을 하지 못하고 있는 것이 아닌가 등등 마음속으로 괴로워하고 있었다.

나는 또 남에게 나쁘게 인식되지 않는가 하고 걱정하고, 어떤 때는 위암에 걸렸다고 생각하며 스스로를 괴롭혔다. 그러다가 나는 일이 손에 잡히지 않아 그만두고 말았다.

나는 체내에 긴장을 가득 채워, 점점 압력이 증가되어 마침내는 폭발하고 만 보일러처럼 되었다. 즉 격심한 신경 쇠약증에 걸렸다. 만일 당신이 지금까지 심한 신경 쇠약증에 걸린 일이 없다면, 결코 이 병에 걸리지 않도록 조심하라. 왜냐하면 어떠한 육체적인 고통도 걱정으로 괴로워하는 마음의 고통에 비하면 문제가 되지 않기 때문이다.

나의 신경 쇠약 증세가 그토록 심했기에 가족 누구와도 말을 주고받을 수조차 없었다. 말하자면 나의 생각과 감정을 조절할 수가 없었다. 또 나는 공포로 가득 차 있었으며, 사소한 소리에도 깜짝 놀라 일어나게 되고, 사람을 피하게 되었다. 그리고 아무 이유 없이 울부짖는 일도 있었다. 고뇌에 가득찬 나날이 계속되었다.

나는 하느님한테까지도 버림받았던 느낌이 들었다. 심지어 강에 몸을 던져 죽고 싶다는 충동을 느끼기까지 했다. 그러다가 플로리다로 여행 갈 생각을 하게 되었다. 여행을 하면 기분도 바뀌지 않을까 싶어서였다.

내가 기차에 올라탔을 때, 아버지는 한 통의 편지를 건네주면서 플로리다에 도착하기 전까지는 펴 보지 말라고 부탁하는 것이었다. 나는 휴가철이 한창인 때 플로리다에 닿았다. 그곳 호텔이 만원이었기 때문에 어떤 차고를 빌렸다. 나는 마이애미에서 출발하는 부정기 항로 화물선 회사에서 일자리를 구하려 했지만 얻지 못했다. 그래서 해변가에서 시간을 보내고 있었는데 그곳의 생활이 고향에 있을 때보다 조금도 나은 것이 없었다. 그때 나는 아버지의 편지를 뜯어 보았다.

내 아들아, 너는 네 집으로부터 1,500마일이나 떨어진 고장에 있지만 별로 달라진 느낌은 없을 것이다. 나는 그걸 안다.

왜냐하면 너는 네 걱정의 유일한 '원인'을 몸에 지니고 갔기 때문이다. 그것은 바로 네 자신이다. 네 몸과 마음은 별 이상이 없다. 네가 당면한 사태가 너를 괴롭히는 것이 아니라, 이런 일들에 대한 너의 생각이 너를 해쳤던 것이다.

'스스로의 마음속에 생각하고 있는 것이 바로 그 자신이다.'

네가 이 사실을 깨달았다면 집으로 돌아오너라. 네 병은 이미 나았을 것이다.

그러나 나는 그 편지를 읽고 분개했다. 내가 갈구하고 있었던 것은 동정이었지 교훈은 아니었기 때문이다.

나는 몹시 흥분했기에 그때 다시는 집으로 돌아가지

않겠다고 결심했다. 그날 밤, 마이애미의 어떤 골목길을 걷다가 예배를 드리고 있는 교회 앞을 지나게 되었다. 나는 별로 갈 데도 없고 해서 교회 안으로 들어갔다. 그리고 "마음을 극복하는 자는 거리를 정복하는 자보다 강하다"라는 성경 구절에 대한 설교를 듣게 되었다. 신성한 하느님의 집인 교회 안에 앉아서, 아버지가 편지에 쓴 것과 똑같은 생각을 목사로부터 듣고 있노라니, 나의 뇌리에 쌓여 있던 먼지나 쓰레기가 제거되는 느낌이었다. 나는 자신이 어리석었다는 것을 깨달았고, 참된 빛에 비친 나의 모습을 보고 놀라지 않을 수 없었다. 나는 지금까지 온 세계와 온 인류를 바꿔버리려고 생각하고 있었는데, 바꾸지 않으면 안 되었던 유일한 것은 나의 마음이라고 생각을 돌렸다.

이튿날 아침 짐을 챙겨 들고 고향으로 돌아왔다. 그리하여 1주일 후에는 본래의 일자리로 돌아갔고, 4개월 뒤에는 실연할지도 모른다고 걱정했던 애인과 결혼을 했다. 우리는 현재 5남매의 부모이며 행복하게 살고 있다. 말하자면 물질적으로나 정신적으로 하느님의 은총을 받고 있는 것이다. 지난날 신경 쇠약에 걸려 있던 때에는 18명의 부하직원을 거느린, 어느 백화점의 경비

주임이었는데, 현재는 450명의 종업원을 가진 종이 공장의 이사로 근무하고 있다. 이제 내 생활은 순조롭고 사회생활도 원만한 편이다. 그래서 지금 인생의 참된 가치를 마음껏 누리고 있다고 믿는다. 때때로 불안한 마음에 사로잡히게 되면(이것은 그 누구도 피할 수 없는 일이지만), 나는 즉시 "마음의 초점을 잘 맞춰!" 하고 나 자신에게 타이르곤 한다. 그것으로 만사는 순조롭게 해결되는 것이다.

나는 신경 쇠약에 걸렸던 것을 진심으로 다행이라고 생각한다. 인간의 사고력이 우리의 마음과 육체에 어떻게 강한 힘을 미치는가를 똑똑히 알 수 있었기 때문이다. 지금은 나의 생각을 스스로 거슬리지 않게 조절할 수가 있다. 일찍이 아버지가 나의 모든 걱정의 원인은 외부의 사태가 아니라 내가 그 사태에 대해 생각하는 그 자체라고 하신 말씀은 옳았다. 비로소 이 사실을 알게 된 순간, 신경 쇠약증이 완쾌되었다.

생활에서 얻을 수 있는 마음의 평화나 기쁨은 우리가 어디에 있는가, 무엇을 가지고 있는가, 우리가 누구인가에 의해 좌우되는 게 아니고, 단순히 우리의 정신 태도에 달려 있다. 외부의 조건은 거의 관계가 없다.

하퍼스 페리에서 미국의 병기 창고를 습격하고, 노예들에게 반란을 일으키게 한 죄로 교수형을 받게 되었던 굿 브라운의 경우가 바로 그것이다. 그는 처형장으로 끌려갔다. 그의 곁을 따르던 간수는 두려움에 벌벌 떨며 안절부절 못했지만 브라운은 여전히 태연자약했고 냉정했다. 그는 버지니아의 산들을 바라보면서 감탄했다고 한다.

"얼마나 아름다운 미국인가! 지금까지 마음 놓고 천천히 구경할 기회가 없었던 것이 무척 아쉽군."

이것은 남극을 처음 탐험한 영국인 로버트 팰콘 스코트와 그의 대원들의 경우도 마찬가지였다.

그들의 귀로는 처음 겪는 온갖 고난으로 가득했다. 식량은 떨어지고 연료도 없었다. 그들은 한 발짝도 앞으로 내딛을 수가 없었다. 폭설이 11일 동안이나 밤낮으로 휘몰아쳤고 빙판 위에는 융기와 균열이 생겼기 때문이었다.

스코트와 그 대원들은 이제 죽음에 직면하고 있다는 사실을 깨달았다. 그들은 만일의 사태에 대비해서 상당량의 아편을 휴대하고 있었다. 그것을 복용하기만 하면 두 번 다시 눈을 뜰 수 없는 꿈나라로 들어갈 수가 있었다. 하지만 그들은 아편을 사용하지 않았다. 오히려 그들은 '명랑한 노래'를 부르면서 죽어갔다.

우리는 이러한 사실을 8개월 후 수색대가 그들의 동사체에서 발견해낸 유서에 의해 알 수가 있었다.

우리가 용기와 평온이라는 창조적 사고를 가슴 깊이 간직하고 있다면, 형장으로 끌려가면서도 자연의 경치를 감상할 수 있으며, 기아와 추위로 죽어가면서도 '명랑한 노래'로 텐트를 가득 채울 수 있었을 것이다.

앞을 볼 수 없는 밀턴은 300년 전에 이미 이 진리를 발견했다.

마음은 나의 고향이어라
그 가운데
지옥을 천국으로
천국을 지옥으로
만들 수 있다니

나폴레옹이나 헬렌 켈러도 밀턴의 이 말을 충분히 실증했다. 나폴레옹은 모든 인간이 열망하는 영광, 권력, 부귀를 누릴 수 있었으나 세인트 헬레나의 유배지에서 이런 말을 했다고 한다.

"나의 일생에서 행복했던 날은 단 엿새에 불과했다."

이와는 대조적으로, 장님이면서 귀머거리에다 벙어리인 헬렌 켈러가 한 말을 들어보자.

"나의 인생은 참으로 아름답다고 생각합니다."

내가 반세기 이상 살아오면서 배운 것은 '인간에게 행복을 가져다 주는 것은 그 자신밖에 없다'는 진리이다. 다음은 에머슨이 '자신'이라고 제목을 붙인 논문의 결론 가운데서 말하고 있는 내용을 되풀이한 것이다.

정치적 승리, 땅값 인상, 병자의 회복, 오랫동안 떠나 있던 친구와의 만남, 기타 외부적인 사건은 인간을 흥분시키고 행복하게 한다. 그러나 그것을 믿어서는 안 된다. 그런 일은 절대 있을 수 없다. 인간에게 평화를 가져다 주는 것은 자기 자신 이외에는 아무것도 없으니까 말이다.

스토아 학파의 철학자 에픽테토스는 말했다.

이렇게 우리는 육체의 종양이나 농창을 제거하는 것보다는 마음속의 나쁜 생각을 제거해버리는 데 신경을 써야 할 것이다.

오래전 고대의 철학자 에픽테토스는 이렇게 말했지만, 현대 의학자들도 그 말에 동의할 것이다.

G. 캔비 로비슨 박사는 존스 홉킨스 병원에 수용되어 있는 환자 5명 중 4명이 감정적 긴장이나 압박감으로 인한 병 때문에 괴로움을 당하고 있다고 말했다.

또한 그는 기질성 질환도 생활이나 자신의 문제에 대한 통제 불능 때문에 발생한다고 했다.

프랑스의 대철학자 몽테뉴는 다음과 같은 말을 그의 좌우명으로 삼고 있었다.

인간들은 일단 저질러진 일 때문에 상처를 입는 것 이상으로, 그 일에 대한 의견 때문에 상처를 입는다.

그런데 이미 일어난 일에 대한 의견을 어떻게 받아들이느냐는, 오로지 우리의 마음에 달려 있다. 이것은 도대체 무슨 뜻인가? 당신이 걱정으로 괴로워하고, 신경이 바늘 끝처럼 날카로와졌을 때에는 의지의 힘으로 삶의 태도를 바꿀 수 있다는 뜻일까?

그렇다, 바로 그렇다! 나는 그 방법까지도 당신에게 가르쳐줄 작정이다. 실천하기 위해서는 노력이 필요하겠지만 그 비결은 매우 간단하다.

　응용 심리학의 최고 권위자인 윌리엄 제임스는 이렇게
말했다.

　행동이란 어떤 감정에 따르는 것같이 생각되는데, 실
제적으로 행동과 감정은 동시에 작용한다. 의지의 직접
적인 지배를 받는 행동을 규제함으로써, 우리는 의지의
직접적인 지배 하에 있지 않은 감정을 간접적으로 규제
할 수가 있다.

　바꿔 말하면, 윌리엄 제임스는 다음과 같이 말하고 있
는 것이다. 즉 우리는 '단순히 결심하는 것'만으로는 우
리의 감정을 곧바로 바꿀 수 없지만 행동은 바꿀 수 있
다. 그리고 행동을 바꾸면 자동적으로 감정도 바뀐다는
뜻이다.

　그는 또 이렇게 말하고 있다.

　즐거움을 잃었을 때 자기의 힘으로 그것을 되찾는 방
법은 쾌활한 마음으로 이제는 즐거움을 회복한 듯 유쾌
하게 행동하는 것이다.

그렇다면 이 간단한 비결은 과연 도움이 될 것인가? 시험해보라. 얼굴 가득 웃음을 띠고, 어깨를 펴고, 크게 숨을 들여마시고, 노래를 흥얼거린다. 그것도 어렵다면 흉내만이라도 좋다.

그렇게 하면 윌리엄 제임스가 말한 바를 터득할 것이다. 즉 겉으로는 행복한 듯이 행동하면서 속으로 걱정한다는 것은 육체적으로 도저히 불가능함을 알게 될 것이다. 두 가지 감정을 동시에 표현하지 못하기 때문이다.

이것은 사소한 자연의 진리 중 하나지만 우리 생활의 모든 면에서 기적을 일으킬 수 있다.

나의 친지인 어느 부인도 일찍 이 비결을 알았더라면, 그녀의 걱정 모두를 하루 만에 제거해낼 수 있었을 것이다. 그녀는 늙은 미망인이었는데, 남편을 먼저 떠나보냈다는 것은 가슴 아픈 일임에 틀림없다. 그런데 그녀는 행복스럽게 보이려고 했느냐 하면 그렇지 않았다. 그녀는 내가 어떻게 지내냐고 물으면 이렇게 대답하는 것이다.

"뭐 여전하답니다."

그러나 그녀의 얼굴 표정이나 우는 것 같은 말투는 마치 "아! 아! 내가 얼마나 가슴 아파하는지 당신이 알 수 있다면……"이라고 호소하는 것 같았다.

그래서 그녀 앞에서는 내가 무척 행복하다는 것을 나타내기가 오히려 거북해진다.

세상에는 그녀보다 더 불행한 부인도 많다. 그런데 그녀의 남편은 그녀가 살기에 부족함이 없을 만큼의 보험금을 남겨놓았고, 결혼한 자녀도 있어서 언제라도 그녀를 모실 수 있었다. 그런데도 나는 그녀의 웃는 얼굴을 본 적이 없다. 그녀는 세 명의 사위가 모두 인색하고 이기적이라고 불평을 늘어놓았다. 그들의 집에서 몇 달씩이나 신세를 지면서도 말이다. 또한 딸들은 좀처럼 무엇을 주려고 하지 않는다고 불평을 했다. 그러면서도 자기는 노후에 대비한다면서 돈을 모아두는 것이다.

이런 상황들로 볼 때 그녀는 불행해야 하는 것일까? 거기에 문제가 있는 것이다. 그녀가 그렇게 하려고 생각하기만 한다면, 불행한 처지에서 벗어나 온 가족들의 존경과 사랑을 받는 존재로 변화할 수 있었을 것이다. 무엇보다도 먼저 쾌활하게 행동하고, 그녀가 지금까지 자신에게만 쏟고 있던 관심이나 애정을 타인에게 쏟는다면 그것으로 족한 것이다.

나의 친구 중에 인디애나 주에 사는 H. J. 잉글러트라는 사람이 있는데, 그는 이 비결 덕택에 지금은 잘살고 있다.

그는 10년 전에 성홍열에 걸렸다. 그런데 병이 낫자 이번에는 신장염에 걸려 의사라는 의사, 심지어는 돌팔이 의원에게까지 진찰을 받았지만, 좀처럼 완쾌되지 않았다.

게다가 얼마 안 가서 고혈압까지 더해진 것이다. 그를 진찰한 의사는 최고 혈압이 214나 된다고 하면서 매우 치명적이니 더욱 악화되기 전에 신변을 정리하는 편이 좋다고 충고했다.

친구는 그때의 심정을 이렇게 말하고 있다.

"나는 집으로 돌아와 보험료를 모두 납입했는지를 확인했다. 그리고 하느님께 나의 죄를 고백하고 참회했다. 나는 앞이 캄캄했다. 가족들의 슬퍼하는 모습은 실로 비참할 지경이었다. 나 자신도 우울증에 빠져버리고 말았다. 그러나 일주일 정도 자기 연민에 빠져 있다가 나 자신에게 이런 말을 했다. '너는 참 못나기도 했구나. 아직도 일 년 정도는 살 수 있을지 모른다. 왜 살아 있는 동안이나마 즐기려 하지 않는 거지?' 나는 어깨를 펴고, 얼굴에는 미소를 띠고, 만사가 순조롭다는 듯이 행동하려고 했다. 처음에는 어쩐지 어색했으나, 차차 익숙해지면서 자연스럽게 행동할 수가 있었다. 가족들을 슬픔에서 구출한 것은 물론, 나 자신도 구원받았던 것이다. 우선 나 자신이 예상했던 것 이상으로 기분이 퍽 좋아졌다. 그래서 나의 병세는 하루가 다르게 차도를 보이기 시작했다. 몇 개월 후에는 무덤 속에서 잠을 자고 있어야 했던 내가 완전히 건강하고 행복하게 되었고 혈압도 내려갔던 것이다. 만약 계속 걱정하고 우울해 하는 상태였다면, 의사의 말대로 돼버렸을 것이 틀림없다. 그러나 스스로 마음가짐을 바꿈으로써 자신에게 기회를 부여했다."

그럼 여기서 한 가지 질문을 하기로 하자. 만일 우리가 단순히 쾌활한 행동, 건강과 용기에 대한 긍정적인 생각만으로 한 사람의 생명을 구할 수 있다면, 왜 우리는 사소한 우울증이나 의기소침으로 괴로워하는가? 또 쾌활하게 행동함으로써 행복을 얻을 수 있는데, 왜 우리는 자신뿐만 아니라 주위 사람들까지 불행하게 만드는가?

나는 오래전에 한 작은 책자를 읽고 매우 깊은 감명을 받았다. 그것은 제임스 알렌의 『생각하는 대로』라는 책이었는데, 다음과 같은 구절이 있었다.

인간이 타인이나 어떤 사물에 대한 자기의 생각을 바꾸면, 타인이나 어떤 사물도 그에 대한 생각을 바꾼다는 사실을 알게 될 것이다.

그가 갑자기 생각을 바꾸면 그것이 생활의 외적 조건을 급속도로 변화시키는 것을 보고 놀라게 된다. 인간은 스스로 원하는 것을 유인하는 것이 아니라, 있는 그대로의 현상만을 받아들인다. …… 우리의 목적을 형성하는 신성(神性)은 우리의 내부에 존재한다. 따라서 인간이 성취하는 온갖 것은 생각의 직접적인 결과다. …… 인간은 생각함으로써 존재하며 정복하고 성취할 수 있다. 그런데 만일 우리가 적극적인 생각을 거부한다면 약하고 비참한 상태에서 벗어날 수 없게 된다.

구약 성경의 창세기에 의하면 하느님은 인간에게 전 세계를 지배하도록 권한을 부여했다고 한다. 그것은 실로 커다란 선물이었다.

그러나 나는 그러한 초국가적 특권에는 흥미가 없다. 내가 바라는 모든 것은 자기 자신을 지배하는 능력뿐이다. 즉 자기 생각을 지배하는 것, 자기의 공포를 지배하는 것, 자기의 마음이나 정신을 지배하는 것이다.

내가 스스로 행동을 조절할 수 있다면 나의 반응을 억제할 수도 있어서, 내가 좋을 때 언제라도 이런 상태에 다다를 수가 있을 것이다.

그러므로 윌리엄 제임스의 다음과 같은 말을 기억해 두자.

이른바 악의 대부분은, 걱정하고 있는 사람의 마음을 공포에서 투지로 바꿈으로써 축복받는 선으로 바꿀 수 있다.

이제 우리는 행복을 위해서 싸우자. 쾌활하고 건설적인 계획에 따라 우리의 행복을 위해 싸우도록 하자. 여기에 그 투쟁을 위한 '오늘만은'이라는 제목의 계획이 있다.

나는 이 프로그램이 사람들의 의욕을 북돋아주는 데 큰 도움이 된다고 생각하기 때문에, 수백만 부를 인쇄해서 나누어 주었다. 이것은 시빌 F. 패트리지가 쓴 글이다. 만일 우리가 그 내용을 실천한다면 걱정은 대부분 제거되고, 그가 말하는 '생의 기쁨'을 누릴 수 있게 될 것이다.

오늘만은, 행복하도록 하자. 링컨은 "대부분의 사람들은 자기가 행복하게 되려고 결심한 만큼 행복하다"라고 말했는데 그 말은 진리이다. 사실 사람의 행복은 내부에서 온 것이지 외부의 사항은 아니다.

오늘만은, 자신을 모든 일에 맞추도록 하자. 사물을 내 뜻대로 만들지는 않겠다. 가정이나 직장에서의 일을 있는 그대로 받아들이고 나를 적응시키자.

오늘만은, 몸을 조심하자. 운동을 하며 조심하고 영양을 취하자. 혹사하거나 무리하지 말도록 하자. 그렇게 한다면 몸은 나의 명령에 따르는 단순한 기계가 되고 말 것이다.

오늘만은, 마음을 굳게 가지리라. 무언가 유익한 것을 배우자. 정신적인 게으름뱅이는 되지 말자. 노력이나 집중이 필요한 책을 읽도록 하자.

오늘만은, 세 가지 방법으로 내 영혼을 운동시키자. 다른 사람이 모르도록 어떤 좋은 일을 하자. 윌리엄 제임스가 말한 대로, 수양을 위해 자기가 하고 싶지 않은 일을 적어도 두 가지 정도 하자.

오늘만은, 좀더 유쾌하게 지내자. 가능한 한 활발하게 보이고 어울리는 복장을 하며, 조용히 이야기하고 예의 바르게 행동하고, 아낌없이 남을 칭찬하자. 남을 비판하지 말고, 무슨 일이든지 꾀를 부리지 않으며 남의 결점을 찾지 말자. 남을 깔보거나 꾸짖지 않도록 하자.

오늘만은, 열심히 살아보자. 인생의 모든 문제를 단번

에 해결하려고 하지 말자. 그러나 일생 동안 도저히 감당할 수 없는 문제일지라도 12시간 내에 해결하도록 하자.

오늘만은, 하루의 프로그램을 작성해서 매시간 할 일을 적어두도록 하자. 비록 그대로는 되지 않을망정 어쨌든 해보자. 그러면 주저하는 버릇이나 무턱대고 시작하고 보는 버릇이 없어질지도 모른다.

오늘만은, 12분이라도 혼자서 조용히 휴식하는 시간을 갖자. 그동안 하느님을 생각해보자. 자신의 인생에 대한 올바른 인식을 얻을 수 있기 때문이다.

오늘만은, 두려워하지 말자. 특히 행복해 하며 아름다운 것들을 만끽하자. 사랑 앞에 겁내지 말자. 내가 사랑하고 있는 사람들이 나를 사랑한다고 믿자.

쾌활하게 생각하고 행동한다면
유쾌함을 느낄 것이다.

적게 주고 **많이** 받는 방법

여러 해 전에 내가 옐로스톤 국립공원을 여행하고 있을 때의 일이다. 어느 날 밤, 나는 다른 여행객과 같이 울창한 산림이 바라보이는 야외에 앉아 있었다. 그러자 우리가 보고자 원했던 동물인, 이 숲 속에서 공포의 대상인 큰 회색곰이 밝게 빛나는 불빛 밑에 모습을 드러냈다. 그러더니 호텔의 주방에서 나오는 찌꺼기를 먹기 시작했다.

그런데 마침 곁에 있던 산림 간수인 마틴 소령은 이 광경을 보고서 흥분한 여행객들에게 곰에 대한 이야기를 해 주었다.

그의 이야기에 의하면, 회색곰은 서부의 어떤 동물보다도 강하며 맞설 수 있는 상대는 들소와 코디아크곰 정도라는 것이었다. 그런데 그날 밤, 회색 곰이 숲에서 나온 다른 한 마리의 동물에게만 잠자코 먹이를 나누어 주는 광경을 볼 수 있었다. 그 짐승은 스컹크였다. 곰은 앞발로 한 번만 치면 스컹크를 해치울 수 있다는 것을 알 텐데, 왜 그렇게 하지 않았을까?

곰은 지금까지의 경험으로, 그러한 행동은 타산이 맞지 않는다는 것을 알았기 때문이다.

내가 어렸을 때 농장에서의 일인데 미주리 주에서는 네 발짐승을 덫으로 잡곤 했다. 또 어른이 되어서는 뉴욕의 거리에서 가끔 스컹크를 본 일이 있다.

어쨌든 나는 경험에 의해 스컹크를 건드리면 손해뿐이라는 것을 알고 있다. 사실 우리가 적을 미워하면 할수록 적에게 힘을 주게 된다.

그것은 바로 우리의 수면, 식욕, 혈압, 건강, 행복에 관한 힘이다.

우리의 적은 그들이 우리들을 괴롭히고 있다는 것을 알면 틀림없이 기뻐할 것이다.

말하자면, 우리의 증오는 그들에게 조금도 상처를 입히지 않고 오직 우리 자신에게만 밤낮 지옥 같은 괴로움을 맛보게 한다.

만일 어떤 이기적인 인간이 억지로 당신에게서 무언가를 얻으려 한다면, 그 사람과 맞서지 않는 것이 상책이다. 그러나 보복을 하려 해서는 안 된다. 보복을 하려 든다면, 상대방을 해치기보다는 오히려 자신이 상처를 입게 될 것이다.

당신은 이 말을 몽상가의 헛소리로 생각할지 모르나, 밀워키의 경찰 본부에서 발간하는 경찰 홍보 책자에 실려 있던 글이다.

그렇다면 보복은 어떻게 당신을 해치는 것일까? 그것은 당신에게 여러 가지 해를 끼치는데 〈라이프〉지에 의하면 건강까지도 해친다는 것이다.

'고혈압' 증세로 고민하는 사람들의 개인적인 특징은 원한이다. 원한이 습관화되면 만성적으로 지나친 긴장과 심장병이 생긴다고 한다.

그렇기 때문에 예수께서 "네 원수를 사랑하라"고 한 교훈은 단순히 올바른 도덕만을 강론한 것이 아니라, 20세기의 의학으로도 증명된 사실인 것이다.

그분이 "7번씩 70번까지 용서하라"고 말했을 때 우리가 앓고 있는 고혈압, 심장병, 위암 등의 예방법에 대해서 말하고 있었던 것이다.

최근에 나의 친구 한 사람이 심한 심장병에 걸렸다. 의사는 그녀를 침대에 눕히고 어떤 일이 있더라도 절대로 화를 내지 말라고 경고했다. 의사는 심장이 약한 사람이 노여움으로 인해 발작을 일으키면 죽을 수도 있다는 것을 알고 있었다. 여기서 나는 '죽을 수도 있다'고 했는데, 수년 전 어느 레스토랑 주인은 분노해서 발작을 일으켰고 결국 생명을 잃고 말았다.

여기에 그 실증으로서 워싱턴 주의 스포건 경찰 본부장인 제리 스워타웃 씨의 편지가 있는데, 그 내용은 다음과 같다.

수년 전, 이곳에서 카페를 경영하고 있던 윌리엄 퍼케이버(68세)라는 사람은 요리사가 접시로 커피를 마시겠다고 고집을 부려 노여움이 폭발했다.

퍼케이버는 그것이 원인이 되어 죽고 말았다. 그는 너무도 화가 나서 권총을 들고 요리사의 뒤를 쫓았지만, 총을 쥔 채 심장마비로 쓰러지고 말았다.

검시관은 노여움을 견디지 못해 발생한 심장마비라고 단정했다.

일찍이 예수께서 "원수를 사랑하라"고 했을 때, 그는 어떻게 하면 우리의 얼굴 표정을 좋게 할 수 있느냐에 대해서도 설파했던 것이다.

나는 증오와 원한 때문에 주름이 많고 굳은 표정의 얼굴을 하고 있는 부인들을 보아왔다. 그러므로 훌륭한 미용술도 관용이나 친절, 애정에 의하지 않으면 그들의 용모를 아름답게 할 수는 없을 것이다.

한편 증오는 미각까지도 파괴해버린다. 성서에도 이렇게 씌어 있다.

사랑이 깃든 가난한 야채 요리는 증오에 찬 훌륭한 고기 요리보다 낫다.

우리의 적은, 우리가 그들에 대한 증오로 피로해지고 신경 쇠약이 되며, 인상이 험해지고 심장병에 걸려 생명까지도 위태롭게 된다는 사실을 안다면, 얼마나 기뻐할 것인가.

비록 우리가 원수를 사랑할 수는 없을지라도 자신만은 사랑할 수 있지 않을까.

적에게 우리의 행복이나 건강, 용모의 지배권을 부여하

지 않을 정도로, 자신을 사랑해야 할 것이다.

셰익스피어는 이렇게 말하고 있다.

너의 원수로 해서 난롯불을

너무 뜨겁게 지피지 말라.

오히려 그 불이 너 자신을 태우리라.

예수께서 우리의 적을 "7번씩 70번까지 용서하라"고 했을 때, 그분은 건실한 사업에 대해서도 설명했던 것이다. 그 실례로 스웨덴 웁살라의 게오르규 로나로부터 받은 편지가 있다.

그는 비엔나의 변호사였는데 2차 세계대전 중 스웨덴으로 피난했다. 그러나 무일푼이었으므로 일자리를 구해야만 했다.

그는 여러 나라 말에 능통했으므로 무역 회사의 통역원으로 취직하려 했다.

그러나 무역 회사 측은 전쟁 중이어서 그런 일자리가 없으니, 구직자 명단에 올리겠다고 대답할 뿐이었다. 어느 회사를 찾아가도 똑같은 말을 했다.

그런데 어떤 회사에서 다음과 같은 회신을 보내왔다.

일자리에 대한 당신의 생각은 잘못되었습니다. 저희 회사는 통역원을 구하지 않으며, 필요하더라도 당신을 고용할 생각은 없습니다. 당신은 스웨덴 말을 능숙하게 하지 못하며 당신의 편지는 오자투성이였습니다.

게오르규 로나는 이 편지를 읽고 노발대발했다.

"오자투성이라니, 무슨 소리야. 이런 무례한 것들, 제 놈들의 편지는 오자투성이가 아닌가?"

게오르규 로나는 이런 촌놈들을 보기 좋게 혼내줄 양으로 펜을 들었다. 그런데 문득 자신이 너무 감정에 치우쳤다는 생각이 떠올랐다. 그래서 마음을 가다듬었다.

"잠깐만, 어쩌면 이 사람의 말이 맞는지 모른다. 내 딴에는 스웨덴 어를 공부하기는 했지만 모국어가 아니기 때문에 내가 미처 몰랐던 잘못을 범했는지 모른다. 그렇다면 취직하기 위해서는 좀더 스웨덴 말을 배워야 하지 않겠는가. 이 사람은 나에게 좋은 충고를 해주었는지 모른다. 말투가 좀 고약하긴 하지만, 그의 호의에는 감사해야 할 것이다. 그러면 한 번 인사 편지를 보내도록 하자."

그는 처음에 썼던 편지를 찢어버리고 차분히 다음과 같은 편지를 썼다.

귀사에는 통역원이 필요치 않은데도 일부러 회답까지 주셔서 감사하기 이를 데 없습니다. 더구나 제가 그 점을 몰랐던 데 대해서는 용서를 빕니다. 귀사에 편지를 보낸 이유는 귀사가 무역업계를 대표한다고 생각했기 때문입니다.

제 편지의 문법적인 잘못에 대해서는 부끄럽기 한이 없습니다. 이후로는 더한층 스웨덴 어를 공부해서 다시는 과오를 범하지 않도록 노력하겠습니다.

제게 친절히 지도해주신 데 대해 진심으로 감사를 드리는 바입니다.

며칠 후 게오르규 로나는 편지를 보낸 장본인으로부터 회사로 한번 찾아오라는 편지를 받고 찾아갔다가 일자리를 구하게 되었다.

말하자면 게오르규 로나는 '부드러운 해답은 노여움을 푼다'는 진리를 알게 되었다.

우리는 원수를 사랑할 만큼 성자는 아닐지 모른다. 그러나 자신의 행복과 건강을 위해서 적을 용서하고 잊어버리기로 하자. 그것이 바로 '현명함'이다. 공자는 이렇게 말하고 있다.

도둑을 맞거나 욕설을 듣는다는 것은, 그것을 잊어버리는 한 아무것도 아니다.

나는 언젠가 아이젠하워 장군의 아들 론에게 부친이 지금까지 남을 원망한 적이 있었느냐고 물어보았다. 그는 미소를 지으며 대답해주었다.

"아니오. 아버지는 자기가 좋아하지 않는 사람에 대해 생각할 시간이 단 1분도 없습니다."

"노여워할 줄 모르는 사람은 바보, 노하지 않는 사람은 영리한 사람"이라는 옛 격언이 있다.

그런데 전에 뉴욕 시장을 지냈던 윌리엄 J. 게이너의 정책이 바로 그것이었다. 그는 황색 신문의 미움을 사서, 광인의 저격을 받고 생명이 위험했었다. 그는 병상에 누워 이런 말을 했다.

매일 밤 나는 모든 것과 모든 사람을 용서한다.

이 말은 이상주의자들만의 말일까? 아니면 온화와 여유가 넘쳐 한번 해본 말일까? 만일 그렇다면 『염세주의의 연구』의 저자인 독일의 대철학자 쇼펜하우어의 의견을 들어보도록 하자.

그는 인생을 가리켜 무익하고 끝없이 괴로운 경험이라고 했다. 그가 길을 걷고 있으면 마치 우울이 그를 휩싸는 것 같았다. 하지만 그는 그 절망에서도 마음을 다잡으며 이렇게 부르짖었다.

가능하다면 어떤 사람에 대해서도 원한을 품지 말자.

나는 윌슨, 하딩, 쿨리지, 후버, 루스벨트, 트루먼 등 여섯 대통령에게서 신임을 받고 있는 고문인 버나드 바루치에게, 지금까지 정적의 비난 때문에 괴로움을 당한 적이 있었느냐고 물어보았다. 그의 대답은 이러했다.

"아니. 누구도 나를 기 죽게 한다든가 난처하게 만들지는 못했지. 애당초 나는 그런 일을 만들지 않았으니까. 몽둥이나 돌은 나의 뼈를 부숴버릴지 모르지만 말로는 결코 나를 상처 입힐 수 없어."

우리도 처음부터 그런 일을 만들지 않는다면, 기가 죽거나 곤경에 처할 까닭이란 조금도 없다.

자고로 인간은 자기 원수에게 아무런 악의도 품지 않

는, 예수와 같은 사람을 존경해왔다.

나는 캐나다의 재스퍼 국립공원을 산책하면서 서양에서 가장 아름다운 산경을 바라본 일이 있다. 그런데 이 산은 1915년 10월 12일 독일군 앞에서 성자와도 같이 죽어간 영국의 간호사, 에디스 카벨의 이름을 따서 카벨 봉우리라고 명명되었다.

대체 그녀는 어떠한 죄를 저질렀던가? 그녀는 벨기에에 살면서 영국, 프랑스의 부상병을 간호하고, 식사를 제공했으며, 그들을 폴란드로 도망시켰다.

10월의 어느 아침, 그녀가 갇혀 있는 브뤼셀의 군사 교도소 감방으로 종군 목사가 찾아와서 죽음을 준비시켰을 때, 에디스 카벨은 다음과 같이 말했다.

나는 애국심만으로는 충분하지 않다는 것을 절실히 느꼈습니다. 나는 어느 누구에게도 증오심을 품지 않으렵니다.

이 말은 지금도 카벨의 동상 앞의 돌에 새겨져 있다.

그로부터 4년 후, 그녀의 유해는 영국으로 옮겨지고 웨스트민스터 사원에서 추도식이 거행되었다.

나는 얼마 전 런던에서 1년간 지냈었다. 그때 국립 초상화 미술관을 향해 서 있는 그녀의 동상 앞에 서서, 화강암에 새겨져 있는 불후의 명언을 읽었다.

우리의 원수를 용서해주고 그 사람에 대해 잊어버리는 확실한 방법은, 포용력이 큰 어떤 사상에 몰두하는 일이다. 그렇게 하면 우리가 직면하게 되는 모욕이나 적의는 문제가 되지 않는다. 왜냐하면 우리는 자신이 확신하는 사상 이외에는 신경쓰지 않기 때문이다.

1918년 미시시피의 산속에서 극적인 린치 사건이 있었다. 로렌스 존스라는 흑인(목사 겸 교사)이 처참한 린치를 당했다. 수년 전 나는 로렌스 존스가 창립한 학교를 방문해서 학생들에게 강연한 적이 있었다.

이 학교는 오늘날 전국에 널리 알려져 있지만 내가 말하고자 하는 사건은 훨씬 이전의 일이다. 모든 사람의 신경이 날카롭던 1차 세계대전 중의 일인데, 미시시피 중부 지방에 독일인이 흑인을 선동해서 반란을 일으키려고 한다는 소문이 자자했다. 그런데 로렌스 존스가 그 장본인이라는 것이었다.

한 무리의 백인들이 그의 교회 앞에 서 있었고 목사는 그들을 향해 이렇게 외쳤다.

"인생은 싸움이다. 그러므로 인생과 싸워 이겨내자면 우리 흑인은 모두 갑옷을 입고 용감하게 싸우지 않으면 안 된다."

'싸우자', '갑옷'이라는 말만 듣고도 흥분한 청년들은 밤의 어둠을 틈타 폭도들을 동원해서 교회를 포위하고는 목사의 목에 밧줄을 감았다. 그들은 목사를 1마일이나 끌고 가서 쌓아놓은 장작 위에 세운 후, 불을 붙여 그를 화형시킬 준비를 했다.

그때 누군가가 외쳤다.

"태워 죽이기 전에 그 빌어먹을 설교나 한번 지껄이게 해보자. 떠들어라! 떠들어!"

로렌스 존스는 쌓아놓은 장작 위에 서서 목에 밧줄을 건 채 그의 생명과 사상을 위해 연설을 시작했다.

그는 1907년 아이오와 대학을 졸업했다. 그의 훌륭한 인품, 학업 성적, 음악적 재능은 학교 당국이나 학생들에게 유명했다. 그가 졸업했을 때, 어떤 호텔 경영자가 일자리를 제공해주었으나 그는 이것을 거절하고 말았다. 또 어떤 돈 많은 사람이 음악 수업을 위한 학자금을 내주겠다고 제의했지만 그것 역시 거절해버렸다. 왜냐하면 그는 자기 나름의 어떤 '사상'을 간직하고 있었기 때문이었다.

그는 부커 T. 워싱턴의 전기를 읽고 감명을 받아, 빈곤에 시달리고 배우지 못한 동포들의 교육에 일생을 바치겠다고 결심했던 것이다.

그래서 그는 남부에서도 가장 벽지인 미시시피 주 잭슨 남부로 갔다.

그는 회중시계를 1달러 65센트에 전당포에 맡기고 숲속의 빈터에서 나무 그루터기를 책상 삼아 학교를 시작했던 것이다.

로렌스 존스는 죽음을 눈앞에 둔 채 린치를 가하려고 하는 격분한 군중에게 그가 소년 소녀를 가르쳐 선량한 농부나 공장 근로자 그리고 요리사나 가정부로 만들어내기 위해 얼마나 분투하였나를 설명했다.

그는 또 학교를 세우겠다고 노력하는 그를 도와준 백인들을 비롯하여, 그의 교육 사업을 돕기 위해 토지, 재목, 가축, 금전 등을 기부한 수많은 백인들에 대한 찬사를 아끼지 않았다.

훗날 로렌스 존스에게 이렇듯 그를 화형시키려고 한 사람들을 증오하는지 물었다.

그는 사상으로 머릿속이 가득 차 있었기 때문에 증오할 여유가 없었다고 대답했다.

나에게는 남과 다툴 여유 따위는 없다. 후회할 틈도 없다. 어느 누구도 내가 증오하지 않고서는 못 견딜 정도로 나를 굴복시킬 수는 없다.

로렌스 존스가 감동적인 열변으로 자신을 위해서가 아니라 사상을 위해 호소하는 것을 듣고 폭도들의 마음이 차츰 누그러졌다.

그러자 군중 속에 끼어 있던 남군의 노병이 이렇게 말했다.

"이 친구의 말은 정말인지 모른다. 방금 말한 백인들은 모두 내가 알고 있는 사람들이다. 이 친구는 훌륭한 일을 하고 있었다. 우리가 잘못 생각하고 있었다. 죽이기는커녕 오히려 도와주어야 할 일 아닌가."

노병은 모자를 벗어 돌려, 흑인을 위한 학교의 창립자를 불태워 죽이기 위해 모였던 사람들로부터 54달러의 기부금을 모았다. 상대의 마음을 헤아리는 진실된 연설로 인해 팽팽했던 갈등이 해소된 것이다.

에픽테토스는 이미 19세기 전에 우리는 스스로 뿌린 씨를 거둬들이며, 운명은 어떻게 해서든지 우리가 저지른 악행에 꼭 보답한다고 지적했다.

결국, 인간은 자신의 비행에 대해서 보상받는다. 이런 사실을 깨닫고 있는 사람은 누구에게도 화를 내지 않으며 누구에게도 분개하지 않는다.

또한 누구도 꾸짖지 않고, 누구에게도 노엽게 하지 아니하며, 누구도 증오하지 않을 것이다.

아마도 미국 역사상 링컨만큼 나쁘게 평가되고 미움받고 배반을 당한 사람도 드물 것이다.

그러나 하든이 쓴 유명한 전기에 의하면 링컨은 결코 '좋고 나쁨으로 사람을 판단하지는 않았다'고 한다.

어떤 일을 꼭 해야만 했을 경우, 그는 자기의 정적도 그것을 해낼 수 있다는 사실을 알았다.

어떤 사람이 자기에게 악의를 품고 부당한 행동을 했어도, 특정한 지위에 적합한 인물이라면 링컨은 망설임 없이 그를 채용했다.

링컨은 그가 임명하고 권력을 부여한 많은 사람들, 맥클레런, 시워드, 스탠튼, 체스 등으로부터 탄핵받고 모욕당했다.

그러나 하든의 전기에 의하면, 링컨은 담담하게 말했다고 한다.

인간은 이미 한 일로 인해 칭찬받아서는 안 된다. 그렇다고 남이 한 일, 또 하지 않은 일에 대해서 비난해서도 안 된다. 왜냐하면 인간은 조건, 환경, 교육, 습관 및 현재에서 미래에 걸쳐 인생을 형성하는 한낱 유전의 소산에 불과하기 때문이다.

링컨의 이 말은 옳다. 만일 우리가 원수와 동일한 육체적·정신적·감정적 특질을 계승받았다면, 만일 우리가 원수와 같은 인생을 보낸다면, 우리는 그들과 똑같이 행동할 것이다. 아니 그렇게 하지 않을 수가 없을 것이다.

인디언의 기도문처럼 "오! 위대한 신이여, 제가 2주간 그의 가죽신을 신기 전에는 그를 판단하거나 비판하지 않도록 나를 지켜주시옵소서"라는 말에 동조할 수 있을 만큼의 관대함을 지녀야 한다.

그러므로 우리는 원수를 미워하는 대신에 우리가 그들이 아님을 하느님께 감사해야 할 것이다. 우리는 원수에게 비난이나 원한을 퍼붓는 대신 이해와 동정, 원조와 관용을 베풀어야 하지 않겠는가.

나는 매일 밤, 성서 구절을 되풀이하면서 온 가족이 무릎을 꿇고 '가정 예배'를 드리는 가정에서 자랐다. 나는 지금도 아버지가 다음과 같은 예수의 말씀을 되풀이한 것을 기억하고 있다.

네 원수를 불쌍히 여기고, 너희를 저주하는 사람을 축복하고, 너희를 미워하는 자를 용서하고, 괴롭히는 자를 위해 기도하라.

나의 부친은 이러한 예수의 말씀을 몸소 실천하려고 노력했으며 무엇과도 바꿀 수 없는 마음의 평화를 얻었다. 지상의 왕이나 군주가 감히 구하지 못했던 그러한 마음의 평화 말이다.

적에게 보복하려고 하지 말라.
왜냐하면 그들에게 상처를 입히기보다는
오히려 자신만 다치기 때문이다.
아이젠하워의 비결에 따르라. 즉 싫어하는 사람에 대한 생각으로 단 1분도 시간을 낭비해서는 안 된다.

은혜를 저버렸다는
가책에서 벗어나는 방법

　　　　최근 나는 몹시 분개하고 있는 한 경영자를 만났다. 그는 벌써 11개월 전의 일에 대해 화를 내고 있었다. 그는 나를 만나서도 그 이야기만 했다. 35명의 고용인들에게 크리스마스 보너스로 평균 300달러씩 주었는데, 누구 하나 고맙다는 인사 한마디 없더라는 것이었다.

　그는 그럴 줄 알았다면, 한 푼도 주지 말 걸 잘못했다고 투덜대고 있었다.

　노한 사람은 독이 가득하다고 공자도 말했듯이, 이 사람은 전신에 독을 가득 품었기 때문에, 나는 오히려 그가 가련하게 생각되었다.

그의 나이는 60세 전후였는데, 이미 지나간 일을 잊지 못하고 후회하고 원망하고 걱정함으로써 남은 인생을 헛되게 보내는 셈이었다. 그런 그가 나는 안타깝고 불쌍해 보였다.

그는 원한과 자기 연민에 빠져버리는 대신에 왜 종업원들이 감사하는 마음을 가지지 않았는가 자문했어야 한다. 그는 종업원들을 싼 임금으로 마구 혹사해왔는지도 모른다.

혹은 종업원들이 크리스마스 보너스를 선물로 생각하지 않고 급료의 일부로 생각하고 있는지도 모른다. 그렇지 않으면, 고용주가 너무 잔소리가 많아 가까이 하기가 거북해, 감사하다는 말을 망설이다가 잊어버렸는지도 알수 없다. 아니면 어차피 세금으로 빼앗기니까 내준 돈이라고 생각했을지 모른다.

한편 종업원들은 이기적이고 비열하며 버릇이 없었는지도 모른다. 어쨌든 나로서는 확실한 내막을 모르겠다. 그러나 나는 사무엘 L. 존슨 박사의 말을 기억하고 있다.

감사하는 마음은 교양의 결과이므로 비천한 사람에게서는 찾아볼 수 없다.

내가 말하고자 하는 것은 바로 이 점이다. 앞에서 말한 이 사람은 감사받기를 기대하는 인간에게 흔한 과오를 범한 것이다. 말하자면 그는 인간의 본성을 잘 몰랐다.

만일 당신이 남의 생명을 구해주었다고 하자. 당신은 아마 감사의 말을 기대할 것이다. 그런데 판사가 되기 전까지 유명한 형사 변호사였던 사무엘 라이보위츠는 78명의 피고를 전기 의자(사형 선고)로부터 구해냈다. 당신은 그중 몇 명이 그에게 고맙다는 인사를 하고 크리스마스 카드라도 보냈다고 생각하는가? 한번 맞혀보라. 단 한 사람도 없었다!

예수는 어느 날 오후, 열 명의 나병 환자를 고쳐주었다. 그중에서 몇 명이 고맙다는 인사를 했을까? 한 사람뿐이었다. 누가 복음을 보면 예수가 그의 제자들에게 "나머지 아홉 사람은 어디 있는가?" 하고 물었을 때, 환자들은 모두 도망쳐버리고 그 자리에 없었다. 한마디 인사도 없이 사라져버렸던 것이다.

여기서 당신에게 질문하겠는데, 우리가 행한 사소한 친절에 예수에게 했던 이상으로 감사를 표현하는 사람을 기대할 수 있겠는가.

그런데 감사가 금전상의 문제가 되면 더욱 기대하기 어

려워진다. 언젠가 찰스 슈바프에게서 들은 이야기인데, 그가 한번은 은행 돈으로 주식장사를 한 지배인을 구해준 일이 있었다. 그는 돈을 꿔주면서까지 지배인이 교도소에 가지 않도록 도와주었다. 물론 그 당시에는 지배인도 그에게 감사했지만 나중에는 그에게 반감을 갖고 자기를 구해준 은인을 헐뜯게 되었다고 한다.

만일 당신이 친척에게 백만 달러를 주었다면, 그 사람으로부터 감사를 기대할 것인가? 앤드류 카네기가 바로 그러했다. 그러나 카네기가 만일 무덤에서 이 세상으로 다시 돌아온다면, 친척이 그를 형편없이 비난하는 것을 보고 이맛살을 찌푸릴 것이다.

왜냐하면 그 친척은 카네기가 자선 사업에 3억 달러나 기부를 하면서도, 친척인 자신에게는 겨우 백만 달러라는 하찮은 돈밖에 주지 않았다고 주장하기 때문이다.

매사가 다 이런 식이다. 인간성이란 항상 비슷하므로 우리가 살고 있는 동안에는 그것이 변하지 않을 것이다. 그러므로 사실을 받아들이는 도리밖에 없지 않겠는가.

옛날 로마 제국을 통치했던 마르쿠스 아우렐리우스와 같이 왜 현실적이지 못한단 말인가. 그는 일기에 이렇게 쓰고 있다.

나는 오늘 지나치게 수다스런 사람, 이기적이고 자기 중심적이며 은혜를 모르는 사람을 만나려 하고 있다. 그러나 나는 별로 놀라거나 불안해 하지 않는다. 원래 그런 족속이 없는 세상을 상상할 수 없기 때문이다.

이것은 도리에 맞는 이야기다. 만일 우리가 배은망덕에 대해 구구절절하게 불평을 늘어놓는다면, 도대체 그것은 누구의 잘못이란 말인가. 그것은 인간성 탓인가, 아니면 인간성에 대한 무지 탓인가. 어쨌든 감사를 기대해서는 안 된다. 기대하지 않았다가 감사해 하는 말을 듣게 되면 놀라운 기쁨을 느낄 것이다. 또한 우리가 감사의 말을 듣지 못한다 해도 별로 실망하지 않을 것이다.

여기에 내가 밝히고자 하는 첫 번째 핵심이 있다. 즉 인간이 감사함을 잊어버린다는 것은 극히 자연스러운 일이다. 그러므로 감사를 기대해서 마음을 괴롭힌다면 자진해서 괴로움을 찾고 있는 것과 같다.

나는 뉴욕에 사는 한 부인을 알고 있는데 그녀는 항상 고독하다고 호소했다. 그런데 그녀의 친척은 누구 하나 그녀를 가까이 하지 않았다. 그것은 당연한 일이었다. 그녀는 누가 찾아가기만 하면, 몇 시간씩 앉혀놓고 어린 조카딸을 키우던 이야기를 늘어놓았다. 그들이 병에 걸렸을 때, 그녀가 얼마나 극진히 간호해주었는지와 오랫동안 그들을 돌봐주었다는 이야기를 계속 해댔다. 또한 조카 중 하나를 실업 학교에 넣어주었다는 것과 다른 조카의 결혼까지 도와주었다는 등 넋두리를 늘어놓은 것이다.

그렇다고 지금에 와서 그 조카들이 그녀를 찾아올 것이라고 생각하는가? 물론 때로는 인사하기 위해 찾아오기도 하겠지만 그런 방문을 두려워하고 있는 것이 사실이다. 왜냐하면 장시간의 넋두리에 진절머리를 낼 것은 뻔한 일이기 때문이다. 더구나 조카들을 위협하거나 꾸짖고 잔소리하는 바람에 발걸음이 뜸해지면, 거짓말을 하게 된다. 말하자면 심장 발작을 일으키는 것이다.

이 심장 발작은 사실이었을까? 확실히 그렇다. 의사는 그녀의 신경질 때문에 심장이 불규칙하게 뛴다고 진단했다. 그렇지만 발작은 순전히 감정적인 것이기 때문에 치료할 방법이 없었다.

그런데 이 부인이 진실로 구하고 있는 것은 애정과 친절이다. 그녀는 그것을 '보은(報恩)'이라고 부르고 있으나 결코 감사나 애정을 얻을 수 없을 것이다. 그녀는 애정과 친절을 당연한 권리로 생각하고 있기 때문에 요구한다.

세상에는 이렇듯 배은망덕, 고독, 체념 때문에 괴로워하는 부인들이 무수하다. 그녀들은 한결같이 애정을 찾고 있다. 그러나 사랑을 받기 위해서는 그것을 요구해서는 안 되며, 보답은 기대하지 말고 애정을 쏟는 데 전념해야 할 것이다. 아마 비현실적인 이상주의라고 생각할지 모르나 그렇지는 않다. 세상의 보편적인 상식이며, 우리가 끊임없이 찾고 있는 행복을 발견하는 좋은 방법이다.

나의 가정에서도 이러한 사례를 볼 수 있었다. 나의 부모님은 남을 돕는 것을 낙으로 삼고 있었다. 비록 가난했지만 부모님은 매년 아이오와 주의 한 고아원에 기부하고 있었다. 부모님은 그 고아원에 가본 적이 없었고, 편지 이외의 방법으로는 누구한테서도 고맙다는 인사를 받은 적이 없었다. 하지만 그들은 충분히 보답을 받고 있었다. 어떤 보상도 바라지 않고 어린애들은 돕고 있다는 기쁨이 바로 보답이었다.

나는 독립한 후, 매년 크리스마스에는 부모님에게 약간의 돈을 보내서 그분들의 어떤 즐거움을 위해 써주기를 바랐다. 그러나 부모님은 결코 그렇게 하지 않았다. 내가 크리스마스를 앞두고 집에 가면, 아버지는 거리의 가난한 미망인에게 연탄이나 식료품을 사주었다고 이야기했다.

부모님들은 이러한 선물에서 큰 기쁨을 느끼고 있었다. 아무런 답례도 기대하지 않으며 선물을 베풀어주는 기쁨이었다. 우리 아버지는 아리스토텔레스가 말하는 이상인이 될 자격을 갖추었다고 생각한다.

아리스토텔레스는 이렇게 말하고 있다.

이상인은 남에게 친절을 베푸는 데서 기쁨을 느낀다. 그리고 반면에 남에게서 친절을 받는 것을 무척 부끄럽게 생각한다.

왜냐하면 도움을 베푼다는 것은 우월의 상징이고, 도움을 받는다는 것은 열등의 상징이기 때문이다.

내가 여기에서 설명하고자 하는 두 번째 핵심은 바로 이것이다. 만일 우리가 행복을 찾으려고 한다면, 감사는 기대하지 말고 마음의 기쁨을 위하여 주도록 해야만 한다.

오래전의 옛날로 거슬러 올라가면, 인간의 어버이는 은혜를 잊어버리는 자식들 때문에 항상 분개하며 살아왔다. 셰익스피어의 리어 왕까지도 "은혜를 모르는 자식을 갖는다는 것은 뱀에게 물리는 것보다 더 고통스럽다"라고 외치고 있다.

그러면 왜 자식들은 부모에게 감사하는 마음을 가져야만 한다는 말인가. 부모가 그렇게 가르치기 때문이 아닐까? 망은(忘恩)은 잡초와 같이 극히 자연스러운 것이다. 감사하는 마음은 장미와 같은데, 비료와 물을 주어 사랑하고 보호해주지 않으면 안 된다.

가령 우리 자녀들이 은혜를 모른다 하자. 이것은 도대체 누구의 책임인가? 다분히 그 책임은 우리들에게 있다. 만일, 우리가 남에게 감사하는 것을 가르쳐주지 않았으면, 당연히 자식들에게 감사의 인사를 기대해서는 안 될 것이다.

내가 알고 있는 시카고의 어떤 사람은 그 의붓자식의 망은에 대해 불평을 터뜨릴 만했다. 그는 상자 제조 공장에서 일하고 있었는데 주급 40달러가 고작이었다. 그러던 중에 어느 미망인과 결혼했다. 그녀는 남편을 설득해서 돈을 빌려 자신이 데리고 온 두 아이를 대학에 보냈다.

그는 주급 40달러 중에서 식료품비, 집세, 연료비, 피복비, 빚의 이자까지 지불해야만 했다. 그는 그런 생활을 4년간이나 계속했다. 개미처럼 열심히 일하면서도 그는 불평 한마디 터뜨리지 않았다.

그는 고맙다는 인사를 받았을까? 아니다. 도리어 아내나

의붓자식들은 그의 희생을 당연하다고 느꼈다. 그들은 의붓아버지에게 폐를 끼치고 있다고 꿈에도 생각지 않았다.

고맙다고 말할 필요가 없다니! 그렇다면 도대체 누가 나쁜가? 의붓자식? 그러나 어머니 쪽이 보다 더 비난을 받아야 마땅할 것이다. 그녀는 아들들에게 '채무감'을 지우는 것을 수치로 생각하고 있었으며 '빚진 출발'을 시키고 싶지 않았던 것이다.

그녀는 아들들에게 '대학에 보내주다니, 아버지는 정말 고마운 분'이라고 일러주지 않고 '그런 것쯤은 아무것도 아니지'라고 말했다.

그녀는 물론 아들들을 사랑해서 그렇게 했겠지만, 현실적으로는 아들들에게 '사회는 자신들의 생활을 책임져줄 의무가 있다'는 식의 위험한 생각을 갖게 하여 사회로 내보냈던 것이다. 그것은 참으로 위험한 생각이었다. 그들 중 한 명은 고용주한테 돈을 뜯어내려고 했다가 교도소로 가게 되었다.

우리는 자식들의 장래가 가정 교육에 달렸다는 것을 잊어서는 안 된다. 예를 들어 미니애폴리스에 사는 우리 이모는 자식의 배은망덕함과는 거리가 먼 분이다. 내가 어렸던 시절, 이모는 친정 어머니를 돌보기 위해 자기 집에 모셔 왔으며 또 시어머니도 한집에 계시게 했다.

나는 지금도 이 두 노부인이 이모네 난롯가에 앉아 오순도순 이야기하는 광경이 머리에 떠오른다. 이모에게는 이 두 노부인들이 귀찮은 존재가 아니었을까? 때로는 그랬을지도 모른다. 그러나 이모는 좀처럼 그런 내색을 한 적이 없다. 그녀는 그들을 사랑했기에 마음 편하게 모셨던 것이다.

더욱이 이모에게는 6명의 자녀가 있었는데, 자기가 어떤 훌륭한 일을 하고 있다는 생각을 전혀 드러내지 않았다. 말하자면 이모는 두 노부인들을 맡은 것을, 마땅히 할 일이며, 올바른 일이고, 하고 싶어 한 일이라고 생각했다.

그런데 지금 이모는 어떻게 지내는가. 그녀는 벌써 21년이나 미망인 생활을 해왔다. 다섯 명의 자녀는 성인이 되어 독립했고, 서로 어머니를 자기 집으로 모셔가려고 야단들이다.

그들은 어머니를 극히 사랑하며 떠받들고 있다. 그렇다면 이는 감사하는 마음 때문일까? 천만의 말씀이다. 그것은 사랑이며 순수한 애정이다. 즉 자녀들이 어린 시절 아름답고 온정에 찬 부드러운 분위기 속에서 자라났기 때문이다.

그래서 입장이 뒤바뀐 오늘날, 옛날에 받았던 애정에 보답하고 있는 것이다.

감사하는 마음을 지닌 자식으로 기르기 위해서는, 우리가 먼저 감사하는 마음을 돈독히 해야 한다는 것을 잊어서는 안 된다. "어린이의 귀는 밝다"는 옛날 격언을 마음에 새겨서 애들 앞에서는 말조심을 해야 할 것은 물론이다. 아이들 앞에서는 남의 친절에 대해 빈정거리지 말고 입을 다물어야 하는 것이다.

"수가 크리스마스에 보내준 이 수건을 봐라. 그 애가 만든 거라는데, 돈은 한 푼도 안 들었겠는 걸."

이렇게 말해서는 절대 안 된다. 그 말이 우리들에게는 아무렇지 않게 들릴지 모르지만 아이들은 의아해 할 수 있다. 그러므로 이렇게 말하면 좋을 것이다.

"수가 이걸 만드느라고 무척 애를 썼겠어. 정말 고맙군. 곧 감사하다는 편지를 쓰자."

이와 같이 말하면, 아이들은 은연중에 칭찬과 감사하는 습관을 지니게 된다.

일상에서 환희를 느끼는 방법

나와 해럴드 아보트는 이전부터 서로 잘 아는 사이다. 그는 미주리 주 웨브 시티에 살고 있는데, 오랫동안 나의 강연 사업의 매니저를 맡아왔다.

어느 날 나는 우연히 캔자스 시티에서 그를 만났다. 그는 나를 미주리 주 벨턴에 있는 우리 농장까지 바래다주었는데, 그 길에 나는 어떻게 걱정을 제거하고 있는가를 그에게 물어보았다. 그때 그에게 들은 이야기는 실로 감명적이었다.

"나는 곧잘 걱정하곤 했다. 그런데 1939년의 어느 봄날 거리를 걷다가 어떤 광경을 목격했다. 그 사건이 바로 나의 걱정을 단번에 깨끗이 씻어준 것이다. 불과 10초 동안의 사건이었다. 그 10초 동안에 나는 10년 동안 배운 것

이상으로 어떻게 살아야 할지에 대해 배웠다. 2년 동안, 나는 웨브 시티에서 식료품점을 경영하고 있었는데, 장사에 실패해서 그동안 저금했던 돈도 날리고 빚까지 지게 되어 갚는 데 7년이나 걸렸다. 상점은 지난 토요일에 폐점해버렸고 캔자스 시티로 일자리를 찾으러 갈 여비조차 없어 은행으로 돈을 꾸러 가는 도중이었다. 나의 모습은 말할 수 없이 초라했으며 의기소침해 있었다. 그때였다. 맞은 편에서 두 다리가 없는 사람이 다가오고 있는 것이 눈에 띄었다. 그 사람은 롤러스케이트용의 바퀴를 붙인 조그마한 나무판자 위에 앉아서, 양손에 쥐고 있는 나무 토막으로 땅을 짚으며 움직였다. 내가 그 사람을 자세히 보고 있을 때, 그는 거리를 횡단해서 보도로 올라오기 위해 자기 몸을 간신히 끌어 올리더니 판자를 잡아 올렸다. 순간, 나와 그의 눈이 마주쳤다. 그는 싱긋 웃으며 쾌활한 목소리로 나에게 인사를 하는 것이 아닌가. '안녕하십니까, 참 좋은 날씨군요.' 그 사람을 물끄러미 바라보고 있는 동안에 나 자신이 얼마나 축복받은 존재인가를 깨달을 수 있었다. 나는 두 발이 있고 걸을 수도 있다. 그때 나의 자기 연민을 부끄럽게 생각했다. 이 사람은 다리가 없지만 저렇게 명랑하고 행복하게 자신을 잃지 않고 있는데,

하물며 사지가 멀쩡한 내가 그럴 수 있느냐는 생각을 하자 용기가 저절로 생겼다. 처음엔 은행에서 100달러를 꿀 작정이었는데 200달러를 빌릴 자신이 생겼다. 일자리를 찾으러 갈 예정이었지만, 은행에 가서 직장을 구했으니 일하러 간다고 똑똑히 말했다. 그러자 은행에서는 돈을 꿔주었으며 캔자스에서의 취직에도 성공했다. '신발이 없다고 풀이 죽거든 길에서 만난 다리가 없는 사람을 기억하라.' 나는 이 구절을 욕실 거울에 붙여놓고 매일 아침 면도할 때마다 읽고 있다."

나는 언젠가 에디 리켄베이커를 만났다. 나는 그에게 3주일 동안이나 뗏목에 매달려 표류하고 있을 때, 그가 배운 최대의 교훈은 무엇이었느냐고 물어보았다. 그러자 그는 서슴없이 대답했다.

그때의 경험에서 배운 최대의 교훈은, 신선한 물과 식료품만 충분하면 우리 삶에 아무런 부족함도 없다는 사실을 깨달은 것이지요.

언젠가 〈타임〉에 과달카날에서 부상당한 한 중사의 이

야기가 실린 적이 있다. 그는 포탄 파편으로 목에 부상을 입고 7회나 수술을 받았다. 그는 군의와 필담으로 다음의 대화를 나누었다고 한다.

"나는 살 수 있을까요? 나는 말을 할 수 있을까요?"
"당연하죠. 당신은 살 수도 있고 말할 수도 있는데 무엇을 걱정하고 있습니까?"

그렇다면 당신도 '왜, 도대체 무엇을 걱정하는 것인가?' 하고 반성해보지 않겠는가. 그렇게 한다면 지금의 걱정은 아무것도 아님을 깨닫게 될 것이다.

인생에 있어 거의 90퍼센트의 일은 올바르고 나머지 10퍼센트는 틀린 것이다. 그러므로 만일 우리가 행복하기를 바란다면, 90퍼센트의 올바른 일에 마음을 집중하고 10퍼센트의 틀린 것을 무시하면 된다.

만약 우리가 걱정에 휩싸이고 위암에 걸리고자 한다면, 마음을 10퍼센트의 틀린 것에 집중시키고 90퍼센트의 올바른 것을 무시해버리면 된다.

영국의 크롬웰 파에 속한 많은 교회에는 우리가 마음속에 새겨넣어야 할 글이 담긴 현판이 있다.

생각할수록 감사하라.

우리는 감사하지 않으면 안 될 모든 것을 생각하고, 우리가 받고 있는 혜택과 자비에 대해 하느님께 감사해야 한다.

『걸리버 여행기』의 저자인 조나단 스위프트는 영문학 사상 가장 과격한 염세주의자였다. 그는 이 세상에 태어났다는 것을 슬퍼하여 생일에는 상복을 입고 단식했다. 그러나 세상을 이렇듯 비관하는 그도 쾌활이나 행복을 찬미했다.

세계에서 가장 훌륭한 의사는 식사, 평안, 즐거움이다.

우리는 현재 소유하고 있는, 알리바바의 부귀보다 더한 행복에 주의를 기울임으로써 하루 종일 '즐거움'이라는 의사의 서비스를 받을 수 있다.

당신은 두 눈을 수천만 달러에 팔 것인가? 두 개의 다리를 무엇하고 바꾸겠는가? 두 손은 어떤가? 자식들은? 가족은? 온 재산을 집계해보라. 그러면 당신은 록펠러, 포드, 모건의 전재산을 갖는다 해도, 당신이 가지고 있는 것과 바꾸지는 않으리라는 사실을 발견할 수 있다.

그런데 우리는 이러한 것들의 참된 가치를 잘 알지 못한다. 쇼펜하우어는 이런 진리를 말했다.

우리는 이미 가지고 있는 것에 대해서는 생각하지 않고, 가지고 있지 않은 것만 생각한다.

'가지고 있는 것은 조금밖에 생각하지 않고, 가지고 있지 않은 것만 생각'하는 경향은 최대의 비극이다. 이것은 아마 역사상의 모든 전쟁이나 질병 이상으로 인간에게 불행을 안겨주었을 것이다.

자신이 소유한 것들의 가치를 알지 못해서 불평가로 늙어간 존 팔머의 이야기가 있다. 그는 자칫 가정까지 엉망으로 파괴할 뻔했다.

팔머는 뉴저지 주에 살고 있는데 이렇게 말했다.

"나는 군에서 제대하고 곧 장사를 시작했다. 밤낮을 가리지 않고 열심히 일했으며 만사가 뜻대로 되어 갔다. 그런데 뜻밖의 일이 생겼다. 내가 팔아야 할 부속품이나 재료를 구할 수 없게 되었던 것이다. 나는 상점을 닫아버리게 될지도 모른다고 너무 걱정하다가 늙어빠진 불평가로 변해버렸다. 성격이 우울해지고 까다로워져서 통 마음을 잡을 수가 없었다. 잘못하면 가정마저 파괴할 뻔했다. 그런데 어느날, 내 상점에서 일하고 있던 상이 군인 출신의 점원이 나에게 이렇게 말했다. '여보시오, 당신은 창피하지도 않습니까? 혼자만 고생한다고 생각하고 있는 모양인데 잠시 문을 닫는다고 해서 그게 어쨌다는 겁니까? 경기가 좋아지면 또 시작할 수가 있지 않습니까? 당신은 운이 좋은 편입니다. 그런데도 당신은 늘 투덜대고 있으니 나는 당신이 부럽습니다. 절 보세요. 팔은 한쪽밖에 없고 얼굴은 총상으로 반쪽이 아닙니까? 그러나 난 불평하지 않습니다. 당신도 투덜대고 불평만 하다가는, 장사는 장사대로 망쳐버리고, 당신 건강과 가정도 모두 파탄이 나고 말 것입니다.' 몰락을 향해 질주하던 나는 이 말을 듣고 구출되었다. 그때서야 비로소 내가 얼마나 행복했던가를 깨닫게 되었다. 그리고 옛날의 나로 돌아가리라고 결심했다."

나의 친구인 루실 블레이크는 한때 비극적인 상황에 부딪혔다. 그때 그녀는 자기에게 부족하거나 가지고 있지 않는 것에 대해 걱정하는 대신, 그녀가 가지고 있는 것에 대해 만족을 느껴 행복하게 되는 비결을 배웠다.

내가 루실을 알게 된 것은 벌써 오래전의 일이다. 그 당시 우리는 컬럼비아 대학의 신문학부에서 단편 소설 작법을 공부하고 있었다.

9년 전 애리조나에 살고 있던 그녀는 실로 놀라운 충격을 받았는데, 그녀는 그때의 일을 이렇게 말하고 있다.

"나는 눈이 핑핑 돌 정도로 분주한 나날을 보내고 있었다. 애리조나 대학에서는 오르간을 배우고 마을에서는 연설 강좌를 지도했다. 음악 감상반도 지도하고 있었다. 또한 파티, 댄스 심지어 야간 승마까지도 즐겼다. 그런데 어느 날 아침, 나는 졸도하고 말았다. 문제는 바로 심장이었다. 1년간 절대 안정이 필요하다고 의사가 진단을 내렸는데 내가 곧 다시 일할 수 있다고 위로하지는 않았다. '1년간의 병상 생활! 재기 불능으로 죽어갈지 모른다!' 나는 두려움에 몸을 떨었다. 왜 이런 일이 일어났을까? 내가 이런 벌을 받아야만 되는 죄라도 저질렀다는 것일까? 나는 절망감과 슬픔을 가눌 길이 없었으며 기분이 격앙되어 반항적으로 되었다. 그러나 의사의 말대로 치료는 받고 있었다. 이웃에 사는 화가인 루돌프 씨는 이런 내게 격려를 해주었다. '당신은 1년 동안 병상에 누워 있는 것이 비극이라고 생각하는 모양인데 결코 그렇지는 않소. 차분히 생각할 여유가 있으니 이런 기회에 자기를 다시 반성해보면 어때요? 수개월 동안에 지금까지의 생활 이상으로 정신적 성장을 이룩할 수가 있을 것이오.' 그때부터 나는 어느 정도 안정을 되찾고 새로운 가치관을 기르고자 노력했다. 그래서 영감에 대한 서적을 읽게 되었다. 어느 날 라디오에서 들은 한 평론가의 말이 가슴을 파고들었다. '인간은 자기가 의식하고 있는 것만을 표현할 수가 있다.' 나는 실천할 수 없다면 생각만이라도 가져보자고 결심했다. 즉 환희나 행복, 건강에 대한 생각이었다. 매일 아침 눈을 뜨자마자 감사해야 할 사항 모두를 생각하도록 노력했다. 괴롭지 않은 일, 귀엽고 젊은 아가씨, 나의 시력과 청력, 라디오에서 들려오는 아름다운 음악, 독서의 시간, 맛있는 음식, 친절한 친구들 등등. 내가 워낙 쾌활했고 위문객도 많아서 의사는 일정한 시간에 한 사람씩만 문병오도록 지시를 내렸다. 그때가 벌써 9년 전의 일이지만 나는 지금 충실하고 활달한 생활을 보내고 있다. 그리고 1년간의 병상 생활을 감사하게 생각하고 있다. 그것은 애리조나에서 보낼 수 있었던 가장 귀중하고 행복한 1년이었다. 나는 매일 아침, 자신의 행복을 헤아려보던 습관을 지금까지도 계속하고 있다. 이 습관은 가장 귀중한 나의 보배이니까 말이다. 어쨌든 나의 죽음에 직면할 때까지 참다운 인생을 살 줄 몰랐던 자신을 생각하면 부끄러운 생각이 든다."

친애하는 루실 블레이크! 당신은 200년 전에 사무엘 존슨 박사가 깨달은 교훈을 배웠던 것이다. 존슨 박사의 이런 말이 있다.

모든 사건의 가장 좋은 일면을 보는 습관은 1년에 1,000파운드의 소득을 얻는 것보다 낫다.

이러한 말은 열렬한 낙천주의자들의 말이 아니다. 20년간 불안과 누더기 그리고 기아에 허덕였으며, 그 시대의 가장 탁월했던 문학가의 한 사람이자, 고금을 통해 가장 유명했던 좌담가였던 인물의 말이다.

로건 피어셜 스미스의 다음과 같은 말은 짧지만 뜻깊다.

인생에는 목표로 삼을 만한 것이 두 가지 있다. 첫째는 자기가 가지고자 하는 것을 손에 넣는 일이며, 둘째는 그것을 즐기는 일이다. 인류 중에서 가장 현명한 사람만 둘째 목표를 성취할 수 있다.

당신은 접시 닦는 일이라 할지라도 즐겁게 할 수 있는 방법을 알고 싶지 않은가? 만일 알고 싶다면 버그힐드 달의 『나는 보기를 원한다』라는 책을 보라. 그 책에는 불굴의 용기와 감격이 있다.

이 책은 50년 동안 앞을 볼 수 없었던 한 부인이 썼다.

나에게는 한쪽 눈밖에 없다. 그 한쪽 눈도 심한 흉터로 덮혀 있어서, 눈 가장자리의 작은 틈새를 통해 볼 수 있을 뿐이다. 때문에 책을 볼 때에도 책에 얼굴을 바싹 대고, 될 수 있는 대로 왼쪽으로 기울이듯 하지 않으면 안 된다.

그러나 그녀는 남의 동정과 '특별 취급' 받는 것을 무척 싫어했다.

어렸을 때 그녀는 돌차기 놀이를 좋아했었다. 그러나 표적이 잘 보이지 않았다.

그래서 다른 아이들이 집으로 돌아가고 나면 땅바닥에 엎드려 표적을 찾아 헤매었다. 그녀는 자신이 놀았던 지면 구석구석을 완전히 외고 있었다. 그후부터는 놀이에서 누구한테도 지지 않게 되었다.

한편 그녀는 집에서 책 읽는 법을 배웠는데, 큰 활자로 씌어 있는 책을 눈썹이 닿도록 가깝게 가져가지 않으면 안 되었다.

그러면서도 미네소타 대학에서 문학사, 컬럼비아 대학에서 문학 석사 학위를 받았다.

처음 그녀는 미네소타 주 트와인 밸리의 조그마한 마을에서 교사가 되었다.

그러다가 마침내 사우스다코타 주의 오거스타 대학에서 신문학과 문학부 교수가 되었다. 그곳에서 13년간이나 강의를 했으며, 부인 클럽에서의 강연과 라디오에서의 책 소개 방송도 맡았다.

언제나 나의 마음 깊숙한 곳에는 아주 장님이 되지는 않을까 하는 공포가 잠재해 있었다. 그 공포를 극복하기 위해서, 나는 쾌활하고도 어쩌면 경박할지도 모르는 생활 태도를 지녔었다.

그런데 1943년, 그녀가 52세 때에 기적이 일어났다. 메이요 진료소에서 수술한 결과, 그녀는 지금까지보다 40배나 눈이 잘 보이게 되었다.

그녀 앞에 새롭고 아름다운 세계가 펼쳐졌다. 이제 그녀에게는 부엌에서의 접시 닦기마저 즐거운 일이 되었다.

나는 접시 위에 하얗게 엉키는 비누 거품을 만지작거린다. 그 속에 손을 넣고 비누 거품을 떠 올린다.
거품을 햇빛에 비추면 그 하나하나 속에서 작은 무지개의 찬란한 색채를 볼 수 있었다

또 그녀는 부엌의 창문을 통해서, 쏟아져 내리는 눈 속을 회색의 참새가 날개를 펄럭이면서 날아가는 것을 보았다고도 적고 있다.
비누 거품이나 참새를 보고도 이렇게 환희에 충만할 수 있었던 그녀는 저서의 마지막 페이지를 이 구절로 장식하고 있다.

사랑하는 하느님이시여, 하늘에 계신 우리 아버지시여. 나는 당신에게 감사드립니다.
나는 당신에게 감사하다고 속삭입니다.

접시를 닦을 수 있으니까, 거품 속의 무지개를 볼 수 있

으니까, 참새가 눈 속을 날아가는 모습을 볼 수 있으니까 하느님께 감사하다는 것이다.

자! 우리 자신을 되돌아 보면 부끄러움을 느낄 것이다. 우리는 태어나서 지금까지 너무나 아름다운 세상에서 살고 있으면서도, 눈이 먼 탓으로 그것을 보지 못하거나 싫증이 났기 때문에 감사와 환희를 느끼지 못하는 것이다.

걱정에 연연하지 말며, 당신이 받은 축복을 헤아려라.

to stop Worrying
and start Living

어떤 경우에도
자기 자신이 돼라

나는 사우스캐롤라이나 주에 살고 있는 에디스 얼렛 부인에게서 다음과 같은 편지를 받았다.

어렸을 때 나는 몹시 신경질적이고 부끄러움을 잘 타는 성격이었다. 나는 뚱뚱보였고 볼이 남달리 통통했기 때문에 한층 더 뚱보로 보였다. 더구나 어머니는 구식 습관에 젖어 있어서 옷을 차려 입는다는 것을 어리석게 생각했다. 어머니는 항상 말씀하셨다.

"큰 것은 입을 수 있지만 작으면 찢어져서 안 돼."

나는 항상 펑퍼짐하게 옷을 입고 다녔다. 나는 한 번

도 파티에 가보지 못했고 즐거운 일이란 도무지 없었다. 학교에서도 친구들과 어울려 과외 활동이나 운동을 해본 적이 없었다. 나는 병적일만큼 부끄러워했고 내가 남과는 다른 존재이며 모두가 나를 싫어한다고 생각했다.

성인이 되어 7세 위인 사람과 결혼했지만 나의 성격은 조금도 변하지 않았다. 남편의 친척들은 모두 당당하고 자부심이 강한 사람들이었는데 나는 그들을 부러워했다. 그들처럼 되려고 무척 애를 썼지만 허사였다. 그들이 내게 친근하게 다가올수록 나는 나의 껍질 속으로 숨고 마는 것이었다.

나는 신경 과민으로 작은 일에도 화를 발끈 내서 친구들이 모두 나를 피했다. 점점 이 증세가 심해지자 현관의 초인종 소리도 두려워하게 되었다. 나는 확실히 모자라는 사람이었다.

그래서 남 앞에서는 억지로 쾌활한 척하다가 과장된 행동을 하기도 했다. 그러고는 내 자신이 비참한 생각이 들어 어쩔 줄 모르곤 했다. 참담한 나머지 자살까지도 결심했었다.

그렇다면 무엇이 슬픔에 빠져 있던 이 부인의 생활을

변화시켰을까? 그것은 우연한 말 한마디였다. 얼렛 부인의 편지를 계속해서 읽어보자.

우연히 들은 어떤 말 한마디가 내 인생을 송두리째 바꿔놓았다. 어느 날 시어머니께서 어떻게 자식들을 길러왔는지를 이야기해주시다가 이런 말씀을 하셨다.

"어떤 경우에도, 자기는 자기여야 한다."

그 순간 나는 지금까지 내가 순응할 수 없는 어떠한 틀에 나를 맞추려다 불행해졌다는 것을 깨닫게 되었다.

나는 그날 밤부터 예전의 나를 버리고 달라지기 시작했다. 나 자신이 되기를 바랐던 것이다. 내 성격을 연구해서 자신의 사람 됨됨이를 알고자 했고, 내가 가진 장점에 대해서도 생각해보게 되었다. 색깔이나 스타일을 연구해서 알맞은 옷을 입었고, 친구도 애써 사귀려고 했다. 그래서 부인회에도 가입했는데 사람들 앞에 서서 몇 번씩이나 내 의견을 이야기해보는 과정에서 어느 정도의 자신감을 얻을 수가 있었다.

어쨌든 이렇게 되기까지 오랜 시간이 걸렸지만, 지금의 나는 전에는 상상조차 할 수 없었을 정도로 행복해졌다. 내 자식들에게도 그간의 쓰라린 경험을 통해서 간신

히 배운 교훈, 즉 "어떤 경우에도 자기는 자기여야 한
다"는 말을 가르쳐주고 있다.

제임스 고던 길키 박사는, 누구나 자기 자신이어야 한
다는 것은 오랜 역사와 함께 보편적인 문제로 전해왔다고
말했다. 자기 자신이 되지 못할 때 강박 관념에 사로잡히
고 신경증, 정신 이상 등의 증상이 나타난다.

아동 교육에 관해서 수많은 저서나 논문을 발표한 안젤
로 패트리는 이렇게 말했다.

자기의 마음과 육체를 저버리고, 자기 아닌 누군가나
어떤 것이 되려고 하는 인간만큼 비참한 것은 없다.

그런데 이처럼 자기가 아닌 것이 되려고 하는 욕망은
특히 할리우드에서 유행하고 있다. 유명한 감독의 한 사
람인 샘 우드의 말을 들어보자.

나에게 있어서 가장 골치아팠던 일은, 야심적인 젊은
배우들에게 자기 자신이 되라고 설득하는 일이었다.
그들은 모두 라나 터너나 클라크 케이블이 되고자 했

다. 세상은 무언가 다른 연기를 하는 배우를 기대하고 있는데 말이다.

우드는 '굿바이 미스터 칩스'나 '누구를 위해 좋은 울리나' 등의 영화를 감독하기 전에, 부동산 매매업에 종사했었다. 그러므로 세일즈맨으로서의 요령을 알고 있었다. 그는 원숭이 흉내는 아무 쓸데가 없으니 결코 앵무새가 되어선 안 된다고 말한다.

나의 경험에 의하면, 자기가 아닌 다른 것을 흉내내려고 하는 자들은, 하루 빨리 해고하는 편이 안전하다.

나는 최근에 한 석유 회사의 인사 담당자에게 구직자가 범하는 최대의 과오가 무엇인지 물어보았다. 그가 다룬 면접자 수는 거의 6만 명에 가까웠고 『일을 구하는 방법』이라는 저서까지 썼으니까, 그는 이 점에 대해 잘 알고 있을 것이다. 그의 대답은 이러하다.

구직자가 범하는 최대의 과오는 자기 자신이 아니라는 점이다. 침착하고 솔직해야 할 것임에도 불구하고 면접자의 비위에 맞는 대답만 하려고 한다.

타인의 눈치를 보며 행동하는 것은 아무런 도움도 되지 못한다. 왜냐하면 누구도 남을 속이려고 하는 것을 좋아하지 않기 때문이다. 위조 지폐를 탐내는 사람은 하나도 없는 법이다.

그러면 여기서 그 실례를 들어보자.

한 가수 지망생이 있었다. 그녀는 가수 못지않은 노래 실력이 있었으나 불행하게도 얼굴이 예쁘지 못했다. 입이 너무 컸고 윗입술로 뻐드렁니를 감추려는 버릇이 있었다. 나이트클럽에서 맨 처음 노래를 부르게 되었을 때 그녀는 매혹적이라고 생각되는 공연을 해보였지만 오히려 우스꽝스러웠다. 그녀는 좌절했다.

그런데 그녀의 노래를 들은 어떤 신사가 그녀의 재능을 발견하고 말을 건넸다.

"나는 댁의 노래를 듣고 있었는데 댁이 감추려고 한 것이 무엇인가 알아냈소. 이가 마음에 거슬리는 거죠?

소녀는 당황했지만 상대방은 아랑곳하지 않고 말을 이었다.

"그것이 어떻단 말이오. 뻐드렁니라고 해서 감출 건 없어요. 속시원하게 입을 벌려봐요. 모두들 당신의 당당함에 찬사를 보낼 것이고, 지금 당신이 감추려고 애쓰는 그 이 덕택으로 당신의 운이 트일지도 모릅니다."

캐스 다레이는 그 신사의 충고에 따라 삐드렁니에 신경을 쓰지 않게 되었다. 오직 청중에 대해서만 주의를 기울이게 되었다. 그녀는 마음껏 입을 벌리고 힘껏 소리를 내어 노래를 불렀다. 결국 그녀를 흉내내는 희극 배우까지 생겨날 정도로 인기 스타가 되었다.

윌리엄 제이즈는, 보통 사람이 그들의 잠재적 정신 능력의 10퍼센트 정도밖에 발휘시키지 못한다고 하지만, 그것은 자기 자신을 발견하지 못한 사람들의 이야기라고 쓰고 있다.

우리 속에 잠재해 있는 가능성에 비한다면, 우리 모두는 완전히 깨어나지 못한 상태에 있다. 우리는 육체적 자원의 극소한 부분밖에 이용하지 못하고 있다. 인간은 여러 가지 종류의 역량을 가지고 있지만, 대부분은 그것을 이용하지 못하고 있다.

당신과 나에게도 잠재된 능력이 있다. 이 능력을 발휘

하고 목표를 성취하는 과정이 남과 같이 순조롭지 않다는 이유로 걱정하고 포기하는 어리석은 행동은 그만두자! 당신은 이 세상에서 가장 새로운 존재이다. 이 세상이 시작된 이래 당신과 똑같았던 인간은 없었고, 앞으로도 당신과 똑같은 인간은 절대 나타나지 않을 것이다.

유전 과학은 우리들에게 당신이 아버지로부터 받은 24개의 염색체와 어머니로부터 받은 24개의 염색체로부터 탄생했다는 것을 가르쳐준다. 이 48개의 염색체에 포함되어 있는 것이 당신의 모든 것을 결정짓는 셈인 것이다.

이에 대하여 암람 샤인펠드는 아래와 같이 말한다.

염색체 하나하나에는 수십 혹은 수백 개의 유전자가 있다. 그중 어느 한 개라도, 당신의 인생을 변화시킬 수 있는 것이다. 인간이란 이렇듯 불가사의하게 만들어진 것이다.

당신의 아버지와 어머니가 결혼한 후에도, 당신이라는 독특한 인간이 태어나게 될 확률은 30조 명의 하나 정도이다. 바꿔 말해서 당신에게 30조 명의 형제자매가 있었다 하더라도, 모두 당신과는 다르다는 말이다. 그렇다면 이것은 한낱 추정일까? 아니다. 과학적 사실이다. 그것에 대해서 좀더 자세히 알고자 한다면, 암람 샤인펠드의 『인간과 유전』이라는 책을 읽어보라.

자기 자신이어야 한다는 문제에 대해서는 나도 확신을 가지고 이야기할 수가 있다. 거기에 대해서 나는 깊은 관심을 가지고 있을 뿐 아니라, 쓰디쓴 경험도 맛보았기 때문이다.

나는 미주리 주의 옥수수 밭에서 처음으로 뉴욕에 왔을 때, '아메리칸 아카데미 오브 드라마틱 아트'에 입학했다. 배우 지망생이었던 나의 생각으로는 이만큼 간단 명료하고 확실한 성공의 지름길은 없었다. 어째서 야심만만한 청년들이 이러한 사실을 깨닫지 못하는가 이상할 정도였다. 어쨌든 나의 계획은 이러했다. 우선 당대의 명배우 존 드류, 월터 햄프턴, 오티스 스킨너가 어떻게 연기를 습득했는가를 연구하는 것이었다. 그러고 나서 그들의 장점만을 흉내내서, 멋지고 빛나는 그들의 예술적 재능과 기술을 총체적으로 배워 익힌다는 것이었다. 지금 생각하면 어리석기 짝이 없는 생각이었다.

그래서 흉내를 낸다고 그 사람이 되는 것은 절대 아니며, 자기 자신으로 돌아가야 한다는 사실을 깨닫는 데 무척 오랜 세월이 걸렸던 것이다. 그동안 나는 내 자신을 잃어버리고 인생을 낭비하고 있었던 셈이다.

이러한 쓰라린 경험은 나에게 잊을 수 없는 교훈을 가르쳐주었지만, 나는 너무나 우둔했으므로 또 한 번 같은 실수를 되풀이했다.

수년간 나는 기업의 경영자들을 위해 공개 연설에 관한 멋진 저서를 내려고 벼르고 있다. 그런데 나는 이 책을 집필함에 있어서 배우 수업 때 범한 과오를 다시 범했다. 나는 다른 많은 저서의 아이디어를 따다가 그것을 정리한 후, 모든 아이디어를 담은 한 권의 책을 만들어보려고 했다. 그래서 공개 연설에 관한 서적을 수십 권 쌓아놓고, 그것을 이리저리 정리하는 데 1년 이상의 세월을 허비했다.

그러는 동안에 나는 내 자신의 어리석음을 깨닫게 되었다. 내가 만드는 책은 아이디어의 잡탕이었으며 너무나 종합적이라 재미가 없었다.

그래서 나는 1년간 수고해서 만든 노작(勞作)을 쓰레기통에 던져버리고 새로 시작했다. 그때 나는 스스로를 타일렀다.

"너는 데일 카네기가 돼라. 결점이나 한계에 신경 쓰지 말라. 네가 아무리 발버둥을 쳐도 너 자신 이외의 것은 될 수 없다."

나는 다른 사람들의 생각을 빌리는 것을 그만두고, 내가 처음부터 그랬어야 했을 방향으로 일을 시작했다. 나는 강연자 및 연설법 교사로서 내 자신의 경험을 토대로 해서 공개 연설에 관한 교과서를 쓰기 시작했다.

나는 옥스퍼드 대학의 영문학 교수였던 월터 러레이 경이 말했던 교훈을 마음속 깊이 새겼다.

나는 셰익스피어와 같은 양의 책은 써낼 수 없을지 모르지만, 나 자신의 책은 써낼 수가 있다.

너는 너 자신이어라! 어빙 벌린이 조지 거쉰에게 준 교훈에 따라 행동하라! 이 두 사람이 만났을 때, 벌린은 이미 유명해져 있었지만, 거쉰은 베를린 오막살이에서 주급 35달러의 생활에 허덕이는 젊은 작곡가였다.

벌린은 거쉰을 대하자, 그의 재능에 탄복해서 그가 받고 있는 급료의 3배를 줄 테니 자기의 음악 비서가 되지 않겠느냐고 제안했다. 그러면서도 벌린은 다음과 같은 충고를 했다.

"그러나 이 일은 맡지 않는 게 좋을 거야. 자네가 이 일을 맡게 되면, 벌린의 이급품이 될 우려가 있지. 그러나 자네가 언제까지나 자네 자신으로 있다면 일급품의 거쉰이 될 게 분명해."

거쉰은 그 충고를 진심으로 받아들여서 자신을 그의 세대에 있어서 특색 있는 아메리카의 작곡가로 차츰 연마해 갔던 것이다.

찰리 채플린, 윌 로저스, 메리 마거릿 맥브라이드, 진 오트리, 그 밖의 무수한 사람들은 내가 강조하고 있는 교훈을 나와 마찬가지로 무척 고난을 겪으면서 배웠다.

찰리 채플린이 처음으로 영화에 데뷔했을 때, 감독은 그에게 당시 인기있던 독일 희극 배우의 흉내를 내보라고 지시했다. 그러나 채플린은 자신만의 독특한 연기를 함으로써 유명해질 수가 있었다.

밥 호프도 같은 경험을 갖고 있다. 그는 데뷔 초기에 노래하고 춤추는 연기를 했었지만 사람들의 주목을 끌지 못했다. 그러나 만담을 시작하면서 개성 있는 화술로 인기 코미디언이 되었다.

윌 로저스는 몇 년 동안 극장에서 말 한마디 없이 밧줄만 꼬고 있었다. 그런데 우연히 사람들을 웃기는 재능을 발견하고 나서 밧줄을 요리조리 비비며 만담을 하기 시작했다. 그리고 모든 사람들이 인정하는 배우가 되었다.

메리 마거릿 맥브라이드는, 처음 방송에 나왔을 때 아일랜드의 희극 배우가 되려고 했지만 실패하고 말았다. 그녀가 있는 그대로 미주리 태생의 촌뜨기가 되었을 때, 비로소 뉴욕에서 가장 인기 있는 라디오 스타가 될 수 있었다.

진 오트리가 텍사스 사투리를 감추고 세련된 분장을 한 후 뉴욕 태생이라고 했을 때, 세상 사람들은 그를 비웃었다. 그런데 그가 밴조를 끼고 카우보이의 노래를 부르기 시작하자, 사람들은 그에게 열광했고, 그는 영화나 라디오에서 세계 제일의 카우보이로 군림하게 되었다.

그러므로 당신은 이 세상에서 새롭고 유일한 그 무엇인 것이다. 그러한 사실을 깨닫고 기뻐해야 한다. 자연이, 신이 당신에게 준 것을 최대한으로 활용해야 한다. 정신분석에 의하면, 모든 예술은 대개가 자전적이다. 당신은 당신의 것밖에는 노래할 수가 없는 것이다. 또 당신의 것밖에는 그릴 수 없는 것이다.

당신은 당신 자신만의 경험, 환경, 유전 등에 의해 만들어진 그런 것이어야 한다. 좋든 싫든 당신은 자신의 작은 뜰을 다듬어야 한다. 좋든 싫든 당신은 인생이라는 교향악에서 당신 자신의 작은 악기를 스스로 연주해야 한다.

애머슨은 『자신』이라는 책에서 이렇게 진술했다.

모든 사람을 다루는 교육에 있어서, 다음과 같은 확신에 도달하는 시기가 있다. 즉 질투는 무지이며, 모방은 자살이라는 것이다. 그러므로 좋든 싫든 자기 자신을 하늘로부터 부여받은 운명이라고 생각하고, 광대한 우주에는 좋은 것들이 충만하지만, 자신에게 주어진 곡식은 좁은 땅에서 자신의 노력에 의한 것 이외에는 없다는 것을 깨닫게 되는 것이다. 그의 마음속에 잠재해 있는 힘은 새로운 것으로서, 그것이 무엇을 할 수 있는가를 아는 사람은 그 자신뿐이며, 그것도 그가 직접 시험해보기 전에는 스스로 깨닫지 못하는 것이다.

시인이었던 더글러스 마로크는 이렇게 진술했다.

만일 네가 언덕 위의 소나무가 될 수 없다면
골짜기의 땔나무가 돼라.
그러나 여울가의 가장 좋고

귀여운 나무가 돼라.

만일 좋은 나무가 될 수 없다면 관목이 돼라.

만일 관목이 될 수 없다면, 작은 풀이 돼라.

그래서 길가를 아름답게 만들어라.

만일 네가 풀이 될 수 없다면, 갈대가 돼라

그러나! 호수가의 가장 싱싱한 갈대가 돼라!

우리 모두가 선장이 될 수 없으니 수병(水兵)이 되는 것도 좋겠지. 그러나 모두에게 할 일은 있다. 큰일도 있고 작은 일도 있다. 그것이 다 해야 할 일인 것은 똑같다.

만일 네가 큰길이 될 수 없다면 작은 오솔길이 돼라.

만일 네가 태양이 될 수 없다면 별이 돼라.

남의 흉내를 내지 말라.
자기 자신을 발견해서 자기 자신이 돼라.

레몬으로 레몬수를 만드는 법

이 책을 집필하고 있던 어느 날, 나는 시카고 대학의 총장인 로버트 메이나드 허친스에게 그만의 걱정 처리법을 물어보았다.

그는 이렇게 대답했다.

"나는 시어스 로버크 컴퍼니의 사장, 줄리어스 로젠왈드의 충고, 즉 '레몬이 있으면 레몬수를 만들라'라는 말에 따릅니다."

이것이 위대한 교육자가 실천하고 있는 좌우명이다. 그런데 어리석은 사람들은 그와는 정반대다. 가령 인생이 그에게 레몬을 주면 그것을 버려버리고 "나는 졌다, 이것도 운명이다. 기회는 없다" 하며 실망한다.

그러고는 세상을 원망하고 자기 연민에 빠지게 된다.

그런가 하면, 현명한 사람들은 레몬을 받으면 스스로에게 묻는다.

"이 불행에서 무엇을 배워야 할 것인가? 어떻게 하면 이 상황을 보다 좋게 할 수 있을까? 어떻게 하면 이 레몬을 레몬수로 만들어낼 수 있을까?"

일생을 인간과 인간의 잠재 능력과의 관계를 연구하는 데 바친 위대한 심리학자 알프레드 아들러는 말했다.

인간은 마이너스를 플러스로 바꿀 수 있는 위대한 능력을 가졌다.

내가 아는 델마 톰슨 부인은 이 능력을 멋지게 보여주었다. 그녀가 이야기해준 경험담은 다음과 같다.

"나의 남편은 전쟁 중에 캘리포니아의 모하비 사막 근처의 육군 훈련소에 배속되어 있었습니다. 나는 남편 가까이 있기 위해서 그곳으로 옮겼지만, 사실 그곳이 몹시 싫었습니다. 못마땅한 점은 이루 말할 수가 없었습니다. 남편이 훈련을 받는 동안 나는 오두막집에 혼자 남게 되었습니다. 선인장의 그늘이라 할지라도 110도를 오르내리는 극심한 더위 속에서 생활해야 했습니다. 말 상대란

멕시코 사람과 인디언뿐, 그것도 영어가 전혀 통하지 않아 사실상 아무도 없었습니다. 그런가 하면 항상 바람이 불어 음식물은 물론 숨쉬는 공기도 모래로 가득차 있었습니다. 나는 내 신세가 하도 딱해서 부모님께 편지를 써서, 도저히 견디어낼 도리가 없으니 차라리 집으로 돌아가겠다고 호소했습니다. 아버지의 회답은 단 두 줄이었는데, 그것을 결코 잊을 수가 없습니다. 그 글이 나의 생활을 완전히 변화시켰기 때문이죠. '두 사나이가 교도소의 창에서 밖을 바라보았다. 한 사람은 흙탕을, 다른 한 사람은 별을 보았다.' 이 글을 읽고 제 자신이 부끄러웠습니다. 나는 현재 처한 상황에서 무언가 좋은 것을 찾아내겠다고 결심했습니다. 별을 찾으려고 했습니다. 우선 나는 원주민들과 친구가 되고자 노력했습니다. 거기에 대해 그들이 보여준 태도는 나를 놀라게 했습니다. 내가 그들의 편물이나 그릇 등에 흥미를 보이자 그들은 여행자에게는 절대로 팔지 않는 귀중한 물건들을 이것저것 나에게 선물했습니다. 나는 선인장, 난초 등 식물들의 기묘한 형태를 연구하기 시작했습니다. 그리고 몇 백만 년 전, 사막이 바다 밑이었을 때에 그곳에 남겨진 조개류를 찾아보기도 했습니다. 도대체 무엇이 나를 그렇게 변화시켰을까요? 모하비 사막도 변함이 없고 인디언도 그대로인데, 나는 달라졌습니다. 나의 마음가짐이 변한 것입니다. 이렇게 해서 나는 참담했던 상황을 나의 생애에서 가장 재미나는 모험으로 바꿀 수 있었습니다. 나는 내가 발견한 새로운 세계에 대해 자극을 받고 흥분했습니다. 너무도 흥분한 나머지 그것을 소재로 해서 『빛나는 성벽』이라는 소설도 썼습니다. 나는 내가 만들었던 감옥에서 괴로워하다가 스스로 창문을 찾고, 그 창문을 통해서 별을 찾아냈던 것입니다."

델마 톰슨 부인은 예수가 태어나기 5백 년 전에 희랍인들이 가르친 오랜 진리를 따랐다.

바로 '가장 좋은 일은 가장 힘들다'는 진리를 발견한 것이다.

그런데 해리 에머슨 포스딕은 20세기에 그것을 되풀이하고 있다.

행복은 대개의 경우 쾌락은 아니다. 그것은 대체로 승인한 것이다.

참된 말이다. 성취, 성공, 레몬을 스스로의 힘으로 레몬수로 바꿈으로써 얻을 수 있는 행복, 승리인 것이다.

여기 또 자신만의 레몬수를 만들어 행복해진 한 농부가 있다. 그런데 처음에 그가 농장을 손에 넣었을 때는 좀처럼 일할 용기가 나지 않았다. 땅은 메말라서 과수를 심을 수도 돼지를 사육할 수도 없었다. 번성하는 것은 작은 가시나무와 방울뱀뿐이었다.

그때 그에게 새로운 생각이 떠올랐다. 이 유용한 것들을 자산으로 바꾸어보자는 것이었다. 즉 방울뱀을 이용하는 것이다. 그는 방울뱀 고기의 통조림 제조를 시작했다.

수년 전 내가 그곳을 방문했을 때, 이 방울뱀 농장을 구경하러 오는 여행자들은 1년에 20만 명에 달했다. 그는 이 사업에서 놀라운 성공을 거두고 있었다.

독사의 이에서 뽑은 독은 항독용 요소로서 각지 연구소에 보내졌다. 또한 가죽은 부인용 구두나 핸드백의 재료로서 비싼 값에 거래되었다. 고기 통조림도 세계로 수출되었다.

농부가 사는 지역에서는 메마른 땅에서 기적을 일궈낸 그의 성공을 기념하기 위해 플로리다 주 '방울뱀 촌'이라고 지역 이름을 바꾸기까지 했다.

나는 줄곧 미국 각지를 여행했기 때문에 '마이너스를 플러스로 바꾸는 힘'을 발휘한 사람들과 만나곤 했다.

『신들을 배반한 열두 사람』의 저자 윌리엄 보리스는 이러한 말을 했다.

인생에서 가장 소중한 것은, 이익을 자본으로 삼지 않는 일이다. 그러한 일은 바보라도 할 수 있다. 진정 중요한 일은 손실에서 이익을 얻는 일이다.

그러기 위해서는 지혜가 필요하다. 그것이 분별이 있는 사람과 그렇지 못한 바보와의 차이다.

보리스가 이렇게 말한 때는, 철도 사고로 한쪽 발을 잃어버린 뒤인데, 나는 그보다 더한 양쪽 다리를 잃고서도 마이너스를 플러스로 바꾼 사람을 알고 있다.

조지아 주 애틀랜타에 있는 어떤 호텔의 엘리베이터 안에서 처음 그를 만났다. 내가 엘리베이터에 오르자, 휠체어에 앉아 있던 두 다리가 없는 남자가 빙글빙글 웃으며 나를 쳐다보았다. 엘리베이터가 멎자 남자는 나에게 좀 도와달라고 부탁했다. 내가 거들어주었더니 그는 "감사합니다" 하고 쾌활하게 미소를 지었다.

나는 내 방으로 돌아와서도 이 쾌활한 불구자에 대한 생각이 자꾸 떠올라 그의 방을 찾아가 이야기를 들었다.

"그러니까 1929년에 일어난 일이었습니다. 뜰에 심은 콩에 말뚝을 세우려고 호두나무를 베러 갔었지요. 나무토막을 차에 싣고 돌아오는 도중에 갑자기 나무토막 하나가 차바퀴 밑으로 굴러 떨어졌습니다. 내가 급히 커브를 돌려고 하는데 핸들이 말을 듣지 않았습니다. 차는 언덕 밑으로 구르고 나는 나무에 부딪쳤지요. 나는 척추를 다쳐서 다리를 못 쓰게 되었습니다. 그때 내 나이가 24세였는데, 그후로 한 발짝도 걸어보지 못했지요."

한창 나이인 24세에 그렇게 되다니! 그런데도 어쩜 그렇게 쾌활하게 지낼 수 있는지 이유를 물어보았다.

그도 한때는 이성을 잃고 반항하며 운명을 저주했다고 말했다. 그러나 세월이 흐르면서 그러한 반항은 단순히 자신을 괴롭히는 데 지나지 않는다는 것을 깨달았다고 한다.

"나는 대부분의 세상 사람들이 나를 친절하게 보살펴 준다는 것을 알고, 나도 세상 사람들에게 마음의 문을 열기로 결심했죠."

오랜 시간이 경과한 지금도, 그때의 사고를 무서운 불행으로 생각하느냐고 물었더니, 고개를 저으며 대답했다.

"아니오. 지금은 오히려 기뻐하고 있습니다."

그는 사고의 충격과 원한으로부터 해방됨으로써 새로

운 세계에서 살기 시작했다. 그는 탁월한 능력을 발휘해 문학에 친숙하게 되었고 14년간 1,400권의 책을 독파했다. 책은 그의 시야를 넓혔고 생활을 풍부하게 만들었다. 또한 그는 음악에 취미를 갖게 되어, 전에는 지루하게 느끼던 교향악에도 심취하게 되었다.

그런데 무엇보다도 큰 변화는, 생각하는 시간이 생기게 되었다는 것이다. 그는 이렇게 말한다.

"생전 처음 나는, 내가 살고 있는 세상을 바라보고 사물의 가치를 판단할 수 있게 되었습니다. 그리고 이전에 내가 획득하려고 애쓰던 사물의 대부분이 무가치하다는 것을 깨달았습니다."

그는 부지런히 독서를 한 결과, 정치에도 흥미를 가지게 되었다. 공공 문제를 연구해서, 바퀴달린 의자를 타고 유세에 나섰다. 그는 바로 조지아 주의 국무장관을 지낸 벤 포트슨이다.

나는 뉴욕에서 35년간 성인 교육에 종사하면서 한 가지 사실을 발견했다. 그것은 나의 클래스의 사람들 중 대다수가 대학 교육을 받지 못한 것을 아쉽게 생각한다는 것이다.

그들은 그것을 대단한 핸디캡으로 생각했다. 그러나 나

는 그렇게 생각하지 않는다. 왜냐하면 세상에는 고등학교만 나오고도 성공한 사람이 얼마든지 있기 때문이다. 그래서 나는 그러한 학생에게는 초등학교도 제대로 나오지 못한 사람의 이야기를 들려주곤 했다.

그는 가난한 가정에서 태어났다. 아버지가 돌아가셨을 때 친구들이 모금해서 간신히 관을 준비할 정도였다. 어머니는 우산 공장에서 하루 10시간이나 일하셨다. 그리고 일을 집으로 가지고 돌아와 밤 11시까지 또 일하셨다.

이러한 환경에서 자라난 소년은, 우연히 교회 클럽의 연극에 출연하면서 그것에 열중하게 되고, 드디어는 공개 연설을 해야겠다고 결심했다. 그것을 계기로 정치에 흥미를 느끼게 돼서, 30세 때는 뉴욕 주의 의원으로 선출되었다.

그러나 그는 이 직책을 수행하기에는 여러 가지 면에서 능력이 부족했다. 그는 솔직히 모든 것이 까마득했다. 길고 복잡한 의안을 읽기는 하는데 도대체 무슨 말인지 알 도리가 없었다.

그는 산속에 들어가 본 적도 없는데 산림법 위원에 선

출되는가 하면, 은행과 거래해본 일도 없는데 은행법 위원회의 위원으로 선출되었다.

그는 걱정했다. 그가 입법부에 사표를 제출하지 않은 것은, 어머니에게 자기가 패배했다는 것을 고백하기가 부끄러웠기 때문이었다.

더 이상 절망만 할 수 없었던 그는 하루에 16시간이나 공부해서 무지라는 레몬을 지식이라는 레몬수로 바꾸려고 결심했다. 그리고 그 결심을 실천함으로써 자신을 지방 정치가에서 국민적인 대인물로 변화시켰다. 〈뉴욕 타임스〉는 그를 '뉴욕에서 가장 인기 있는 시민'이라고 칭했다.

나는 지금 알 스미스의 이야기를 하고 있는 것이다.

알 스미스는 독학으로 정치 연구를 시작해서 10년 후에는 뉴욕 주의 정치에 관한 최대 권위자가 되었고, 네 번이나 뉴욕 주지사로 선출되었다. 이것은 누구도 이룩할 수 없었던 기록이다.

그는 민주당의 대통령 후보에까지 오르게 되었다. 컬럼비아, 하버드 등 6개 대학이 초등학교만 나온 그에게 명예 학위를 수여했다.

그는, 만일 자신이 마이너스를 플러스로 바꾸기 위해 하루 16시간씩 맹렬히 공부하지 않았다면 현재의 자신은 존재하지 않았을 것이라고 말했다. 그는 마이너스적 상황에 굴복하지 않고 자신의 잠재 능력을 발휘한 것이다.

니체는 초인(超人)에 대해 이렇게 서술했다.

궁핍에 견딜 뿐 아니라, 그것을 사랑하는 것이 초인이다.

나는 성공한 사람의 경력을 연구하면서, 다음과 같은 사실을 확신하게 되었다. 실로 헤아릴 수 없이 많은 사람들이 핸디캡을 짊어지고 있었기 때문에 성공할 수 있었던 것이다. 그것이 성공으로 이끄는 자극제가 되었다.

이 같은 사실을 터득한 윌리엄 제임스는 말했다.

우리의 약점, 그 자체가 뜻밖에도 우리를 돕는다.

그렇다! 밀턴은 시각장애인이었기 때문에 보다 우수한 시를 썼고, 베토벤은 귀머거리였기 때문에 보다 우수한 작곡을 했는지 모른다.

헬렌 켈러의 훌륭한 생애는 보지 못하고, 듣지 못하고, 말할 수 없었던 고통으로 인해 가능했을지 모른다. 만일 차이코프스키가 비극적 결혼에 의해 자살할 뻔한 궁지에 몰리지 않았더라면, 또한 그의 생활이 힘겹지 않았더라면, 불후의 명작인 교향곡 '비창'을 작곡할 수 없었을지 모른다. 또 도스토예프스키나 톨스토이 역시 고난의 생활을 겪지 않았다면, 불후의 소설을 쓰지 못했을 것이다.

만일 내가 병약자가 아니었다면, 그만큼 많은 일을 성취하지 못했을 것이다.

이것은 약점이 뜻밖에도 도움이 될 수 있었다는 사실을 고백한 찰스 다윈의 말이다.

다윈이 영국에서 태어나는 날, 또 다른 한 아기가 켄터키 주 숲 속의 통나무 집에서 태어났다. 그도 역시 약점의 도움을 받았는데, 그의 이름은 에이브러햄 링컨이다.

만일 그가 상류 가정에서 태어났다면, 그리고 하버드 대학에서 학사 학위를 받았다면, 행복한 결혼 생활을 보냈다면, 게티즈버그에서 불후의 연설을 하지 못했을 것이다. 또 두 번째 대통령 취임 때 말한 감동적인 구절도 떠

올리지 못했을 것이다. 나는 그 구절을 인간의 통치자가 한 가장 아름답고 고귀한 말이라 생각한다.

그 어느 누구에게도 악의를 품지 말고, 만인에게 자애를……

해리 에머슨 포스딕은 『사물을 꿰뚫어 보는 힘』이라는 그의 저서에서 이렇게 말했다.

스칸디나비아에는 '북풍이 북구의 해적을 만든다'는 격언이 있는데, 이것은 우리의 생활에 대한 일종의 격려로 생각할 수 있다. 안전하고도 유쾌한 생활, 안일 따위가 인간을 선량하고 행복하게 만든다는 관념은 도대체 어디에서 나온 것일까. 자기 연민에 빠진 사람은 조용히 침대 위에 눕혀져서도 여전히 자신을 가련하게 여기는 법이다.

그런데 역사를 통해서도 알 수 있듯이 행복이란, 인간이 스스로를 책임지면 선이나 악, 성격, 가정 환경, 교육 정도 등을 불문하고 모든 경우의 인간에게 찾아온다. 그렇기 때문에 북풍이 해적을 만든다고 하겠다.

가령, 우리가 모든 의욕을 상실하고 레몬을 레몬수로 바꿀 희망을 상실했다고 하자. 그런 때에도 레몬수로 만 드려는 노력을 하지 않으면 안 될 이유가 두 가지 있다.

이유의 하나―우리는 성공할지도 모른다.

이유의 둘―비록 성공은 못한다 해도 마이너스를 플러스로 바꾸고자 시도함으로써 뒤돌아보지 않고 앞을 보도록 만든다. 그것에 의해 부정적 생각이 긍정적 생각으로 바뀐다. 또한 잠재되어 있던 창조적 에너지를 해방시켜 우리를 분주하게 만들고, 과거에 얽매여 교만하거나 정체되지 않도록 해준다.

세계적인 바이올리니스트 오레 부르가 파리에서 연주하던 중, 바이올린 줄이 끊어졌다. 그러나 그는 세 줄로 연주를 계속했다.

그것이 인생이다. A현이 끊어져도 세 줄로 무사히 연주한다는 것이.

이것은 해리 에머슨 포스딕이 한 말이다. 그것은 단순한 인생이 아니며 인생 이상인 것이다.

만일 나에게 세 줄로 인생을 연주할 힘이 있다면, 나는 앞에서도 언급한 바 있는 윌리엄 보리스의 말을 동판에 새겨 전국 초등학교 교실에 걸도록 하겠다.

인생에 있어서 가장 중요한 것은, 이익을 자본화하지 않는 일이다. 그런 일은 바보도 할 수 있다. 그러므로 진정으로 중요한 일은 손실에서 이득을 올리는 일이다. 그러기 위해서는 지혜가 필요하다. 그것이 분별있는 사람과 바보의 차이인 것이다.

운명이 레몬을 주었다면
그것으로 레몬수를 만들도록 노력하라.

14일 만에 걱정을 해소시키는 법

내가 이 책을 쓰기 시작했을 때, '나는 이렇게 해서 걱정을 극복했다'라는 제목에 대해 가장 유익하고 격려가 되는 실화를 보내준 사람에게는 2백 달러의 상금을 주겠다고 발표했다.

이 콘테스트의 심사 위원은 동부 항공회사의 사장인 에디 리켄베이커, 링컨 기념 대학 학장 스튜어트 W. 멕레란드, 라디오 뉴스 해설자 H. V. 칼덴본 등 세 사람이었는데 응모 작품 중 두 편이 가장 우수해서 등급을 정하기 곤란했기 때문에 상금을 나누기로 했다.

여기에 그중 하나인 미주리 주 스프링 필드의 C. R. 버튼 씨의 이야기를 소개하겠다.

"나는 9세 때 어머니를, 20세 때는 아버지를 잃었다.

아버지는 사고로 돌아가셨지만 어머니는 15년 전에 집을
나가버렸다. 나는 그후로 어머니와, 어머니가 데려간 두
여동생을 만나지 못했다. 어머니는 집을 나간 지 7년 만
에 편지를 보내왔다. 그렇지만 아버지는 어머니가 집을
나간 후 3년 뒤에 사고로 돌아가셨던 것이다. 그때 아버
지는 어떤 사람과 함께 작은 술집을 경영했는데, 아버지
가 잠깐 여행을 떠나신 틈을 타서 상대방 남자는 술집을
팔아 돈을 가지고 달아났다. 아버지는 이 소식을 듣고 허
둥지둥 돌아오던 중에, 교통 사고를 당해 사망하셨다. 내
게는 고모 두 분이 계셨는데 고모들은 모두가 가난하고
몸이 건강치 못할 뿐만 아니라, 나이가 많으심에도 불구
하고 우리들 셋을 맡아주었다. 그렇지만 나와 작은 동생
은 누구도 상대해주지 않았다. 모두에게 학대를 받았다.
우리는 아비없는 자식으로 취급을 받는 게 무엇보다도 무
서웠다. 그런데 우리가 염려하던 사태가 현실로 나타났
다. 동생과 나는 서로 헤어져야만 했다. 나는 얼마 동안
어떤 가난한 가족과 같이 지냈지만 계속되는 불경기 때문
에 그들도 나를 양육해줄 수가 없었다. 그래서 이번에는
농장을 운영하는 로프틴 부부에게로 가서 같이 지내게 되
었다. 로프틴 씨는 70세의 노인으로서, 대상 포진이란 병

으로 자리에 누워 있었다. 그는 나에게 거짓말하지 않고, 도둑질하지 않으며, 말을 잘 듣는다면 집에 머물게 해주겠다고 말했다. 그래서 이 세 가지 규칙이 그날부터 나의 성서가 되었다. 나는 엄중하게 그 규칙을 지켰다. 나는 학교에 가게 되었는데, 첫 주일에는 집으로 돌아와 어린애처럼 엉엉 울었다. 다른 아이들이 나를 못살게 굴며 코가 크다, 아빠 없는 아이다, 놀려댔기 때문이다. 처음에는 엉엉 울다가 나중에는 녀석들을 때려주려고 마음먹었다. 그러나 로프틴 씨는 나에게 이렇게 말하였다. '싸움을 하지 않고 그 자리를 피한다는 것은 싸움하는 것보다도 더 용기가 필요하다는 것을 잊지 말아라.' 그래서 나는 녀석들을 때려주지도 못하고 속만 태우고 있었는데, 어느 날 어떤 녀석이 학교 뜰에서 닭똥을 쥐어다가 내 얼굴에 던졌다. 나는 더 이상 참을 수 없어 그 녀석을 실컷 때려주었다. 그러자 아이들이 두서넛 나타나더니 나를 가리키며 저놈이 나쁘다고 고자질을 했다. 나는 그 무렵 로프틴 부인이 사준 새 모자를 자랑스럽게 쓰고 있었는데 하루는 나보다 나이 많은 여학생 하나가 모자를 살짝 벗기더니 그 안에 물을 집어넣어 엉망으로 만들어놓았다. 그 여학생은 나에게 '너 같은 바보는 머리를 적셔야 돼. 머리가 잘 돌라고 말이야' 하고 놀렸다. 나는 학교에서는 결코 울지 않았지만, 집에 돌아와서는 큰 소리로 엉엉 울었다. 그런데 어느 날 밤, 로프틴 부인이 나를 달래며 다정하게 이야기해주었다. 그 이후 나는 걱정거리를 모두 버리고 나의 적을 친구로 만들 수가 있었다. 그녀는 나에게 이렇게 말해주었던 것이다. '랄프야! 네가 저 아이들의 일에 흥미를 가지고 무언가 그 아이들이 좋아하는 일을 해주면, 그 아이들은 절대로 너를 괴롭히거나 악담을 하거나, 아비 없는 자식이라고 놀려대지 않을 거야.' 나는 이 충고에 따랐고 공부도 열심히 해서 수석을 차지했는데, 누구도 나를 질투하지 않았다. 나는 친구들의 작문도 도와주었다. 같은 반 아이 하나는, 나한테 도움을 받고 있다는 것을 말하기가 창피해서 자기 어머니에게는 쥐를 잡으러 간다고 속이고는, 우리 농장을 찾아와서 개를 헛간에 매놓고, 나에게 학과의 복습이나 예습을 받곤 했다. 어떤 친구를 위해서는 책의 비평문을 써주었다. 어떤 여학생에게는 며칠 밤씩 산수를 가르쳐주기도 했다. 한때 우리 동네에 알 수 없는 병이 돌아 세 명의 농부가 죽었다. 내 세대에 남자라고는 나 혼자뿐이었다. 그래서 나는 이러한 과부들을 2년간이나 도와주었다. 학교에서 돌아오는 길이면 농장에 들러, 나무를 잘라주거나 우유를 짜주었으며, 가축에게 먹이도 주고 물도 먹였다. 나는 모두에게 칭찬을 받았으며 어느 집에서든 나를 친구로 대했다. 내가 해군에서 돌아왔을 때는 200명 가량의 농부가 나를 반기러 찾아왔다. 그들은 진심으로 나를 생각해주었던 것이다. 나는 사람을 돕는다는 것이 기쁘고 즐거웠다. 때문에 사람과의 관계에서 걱정하는 일은 없었다."

버튼 씨 만세! 그는 친구를 만드는 방법을 알고 있다. 그는 걱정을 극복하고 인생을 즐겼다.

워싱턴 주 시애틀의 프랭크 루프 박사도 마찬가지 경우였다. 그는 33년 동안이나 통풍으로 병상에 누워 있었다. 그럼에도 불구하고, 시애틀의 스타인 스튜어드 화이트 하우스는 나에게 아래와 같은 편지를 보내왔다.

나는 때때로 루프 박사를 방문하여 서로 이야기를 나누었는데, 박사와 같이 이타적이며 인생을 즐길 줄 아는 사람은 드물 것이다.

오랫동안 병상에 누워 있으면서 어떻게 인생을 즐길 수 있었단 말인가? 그는 불평과 짜증으로 그렇게 할 수 있었을까? 아니다. 자기 연민에 빠져 항상 남에게 주목받기를 원해서 그랬을까? 그것도 아니다. 모두 틀렸다. "나는 봉사한다"라는 말을 좌우명으로 삼았기 때문에 그렇게 인생을 즐길 수 있었던 것이다.

그는 질병으로 고생하는 사람들에게 위문과 격려의 편지를 보냄으로써 자기와 남을 쾌활하게 만들었다. 그는 또 환자들끼리 편지를 주고받게 해서, 그 펜팔 그룹이 '농거 협회'라는 국제적 조직으로까지 발전하게 만들었다.

그는 병상에 있으면서 1년에 평균 1만 4천 통의 편지를 쓰고, 환자들에게 라디오나 서적이 공급되도록 주선해서 몇 천 명에 달하는 환자를 기쁘게 해주었다.

그렇다면 루프 박사와 다른 사람들과의 큰 차이는 어떠한 점일까? 그것은 다음과 같다.

루프 박사는 목적이나 사명을 가진, 내면적 정열을 갖고 있었다. 그 자신이 자신보다도 훨씬 고귀하며, 뜻있는 어떤 관념에 의해 움직이고 있다는 자각에서 오는 기쁨이었다. 이것은 버나드 쇼가 '세상이 자기 행복을 위해서는 조금도 힘을 써주지 않는다고 투덜대고, 불만에 차 하루하루를 지내는 자기 중심의 소인'이라고 혹평한 사람들과는 정반대의 인물이다.

다음에 예를 들고자 하는 것은, 위대한 정신과 의사이며 학자인 알프레드 아들러가 발표한 놀랄 만한 보고다. 그는 항상 환자에게 자신 있게 말했다.

"처방대로 하면, 14일 만에 반드시 완쾌됩니다. 그것은 매일 어떻게 하면 남을 기쁘게 해줄 수 있을까를 생각해보는 일이죠."

독자 여러분이 이 말만으로는 믿기 어려울 것 같으므로, 그의 명저 『인생이 의미하는 것』이라는 책에서 인용해보겠다.

우울증이란, 남에 대한 장기적이고 계속적인 분노, 비난과 같은 성질의 것이다. 그렇지만 보호나 동정, 지지를 얻어내려고 할 때, 환자는 자기의 잘못에 따라 그것을 거부당하는 경향이 있다. 그러므로 우울증 환자의 첫째 기억은 보편적으로 말해서 다음과 같은 것이다

"나는 긴 의자에 눕고 싶었지만, 형은 의자에서 일어나 가버렸다."

또 우울증 환자는 때때로 자살함으로써 자기에게 복수하는 경향이 있다. 그러므로 의사가 맨 처음에 주의해야 할 것은 그들에게 자살의 원인을 주지 않도록 하는

일이다. 나 자신은 그들의 긴장을 완화시켜주기 위해, 우선 이렇게 충고하겠다.

"하고 싶지 않은 것은 절대로 하지 말라."

이 방법은 얼핏 생각하면 소극적인 것 같으나 실은 모든 장애의 핵심을 찌르는 방법이라고 확신한다. 만일 우울증 환자가 자신이 하고 싶은 것을 하겠다면, 누구도 말릴 수 없을 것이다. 그리고 자기 자신에게도 불만을 품을 이유가 없지 않은가. 나는 이렇게 말한다.

"영화 구경 가고 싶으면 가라. 놀러 가고 싶으면 가라. 도중에 싫증이 나면 그만두라."

이것은 어느 누구에게도 해당되는 가장 좋은 상태이며, 나는 신에 가까운 존재이니까 하고 싶은 일을 마음대로 할 수 있다는 식으로 우월감을 갖는 사람을 만족시킨다. 한편으로는, 그러한 사람의 생활 패턴에 쉽사리 들어맞지 않을 수도 있다. 그는 남을 지배하고 비난하고 싶은데, 남이 그에게 동의한다면 지배할 도리가 없기 때문이다.

이 법칙은 그들의 불안을 제거해주게 된다. 그래서 나의 환자는 한 사람도 자살자가 없었던 것이다.

그러나 대부분의 환자는 이렇게 대답한다.

"나는 별로 하고 싶은 일이 없다."

나는 무척 여러번 이런 대답을 들었기 때문에, 그 대답을 예상할 수 있었다.

"하고 싶지 않은 일을 하지 않도록 하는 거지" 또는 "나는 하루종일 자고 싶다"라고 대답하는 환자도 있다. 내가 무작정 좋다고 한다면, 환자가 싫어할 것을 나는 뻔히 알고 있다. 그리고 그것을 거부하면 환자가 짜증을 낼 것도 잘 알고 있기 때문에, 나는 동의를 한다. 말하자면 이것이 제1법칙이다.

다음에는 보다 직접적으로 그들의 생활 방식에 대해 공격을 가한다. 즉 이렇게 말한다.

"이 처방대로 하면 14일 안에 완쾌됩니다. 그것은 매일 어떻게 하면 남을 기쁘게 할 수 있을까를 생각하는 일입니다."

이것은 그들에게 있어 중대한 의미가 있다. 왜냐하면 그들은 '어떻게 하면, 남을 괴롭힐 수 있을까' 만을 생각하고 있기 때문이다. 어쨌든 그들의 대답이 참 재미있다. 어떤 사람은 이렇게 말하기도 한다.

"그건 문제 없다. 한평생 하고 있는 일이니까."

그렇지만 그들은 절대로 그렇게 하고 있지 않다. 그래

서 좀 생각해보라고 권하지만 소용없다. 나는 또 그들에게 말한다.

"밤에 잠이 오지 않을 때를 이용해서 어떻게 하면 남을 기쁘게 할 수 있을까를 생각해보는 겁니다. 그것이 건강을 회복하는 첩경입니다."

다음날 나는 기대에 차서 물어본다.

"어제 말한 대로 하셨습니까?"

그는 머뭇거리며 대답한다.

"잠자리에 들자, 곧 잠이 들어서……."

물론 이러한 문답은 서로 마음을 터놓을 수 있는 평온한 상태에서 해야 한다. 어떤 환자는 또 이렇게 대답한다.

"아무래도 생각해볼 수가 없어요. 내 머릿속은 걱정으로 가득차 있으니까요."

"걱정을 계속하는 것도 좋지만 한편으로는 남의 일도 생각해보면 더욱 좋지요."

"왜 남을 기쁘게 해줘야 합니까? 그들은 조금도 나를 기쁘게 해주지 않는데요."

"당신의 건강에 도움이 되니까 그렇지요. 그렇게 하지 않는 사람들은 곧 후회하게 될 겁니다."

나는 항상 환자들에게 타인에 대해 관심을 가지라고 권하지만 내 말에 동의하는 사람을 만나기는 힘들다. 어쨌든 나의 모든 노력은 환자들의 사회적 관심을 증대시키는 데 있다.

그들 병의 참된 원인은 협동 정신의 결여에 있다는 것을 알기 때문에, 그들에게 그것을 깨닫게 하자는 것이다. 그들이 남들과 화합할 수 있는 협동적 태도를 지니게 된다면, 완쾌될 수 있을 것이다. 남에 대해 관심을 갖지 않는 사람은 인생에서 큰 고난을 겪게 되며 남에게 큰 위험을 가져다 주게 된다. 모든 인생의 실패는 이러한 사람들로부터 일어나게 마련이다.

인간에 대해 긴요하게 요구되고, 또 주어질 수 있는 가장 높은 찬사는 보다 좋은 협조자가 되고, 모든 사람의 친구가 되며, 연애와 결혼에 있어서 참된 반려자가 되라는 것이다.

아들러 박사는 일일일선(一日一善)을 역설한다. 선행이란 무엇인가? 예언자 마호메트는 선행을 이렇게 정의했다.

선행이란 남의 얼굴에 미소를 짓게 하는 일이다.

그렇다면 어째서 매일 선행하는 일이 그 행위자에게 그토록 커다란 영향을 주는 것일까? 그것은 남을 기쁘게 해주려고 함으로써 번뇌나 공포, 그리고 우울증의 원인인 자기 자신의 일을 생각하지 않게 되기 때문이다.

뉴욕에서 비서 양성소를 경영하고 있는, 윌리엄 T. 문 부인은 자신의 걱정을 제거하기 위해서 남을 기쁘게 해주는 방법을 배우는 데 2주일도 걸리지 않았다. 그녀는 단 하루만에 두 명의 고아를 기쁘게 해줌으로써 자신의 걱정을 제거해버렸다. 이 일에 대한 문 부인의 이야기는 다음과 같다.

"5년 전 12월, 나는 슬픔과 자기 연민의 감정에 싸이고 말았다. 수년간 행복한 결혼 생활을 하고 있었는데 갑자기 남편을 잃게 된 것이다. 크리스마스가 다가옴에 따라 나의 슬픔은 더욱 커져만 갔다. 나는 지금까지 혼자서 크리스마스를 보낸 적이 없었으므로 크리스마스가 다가오는 것이 두려웠다. 친구들이 크리스마스를 같이 지내자고 나를 초대했지만, 나는 그럴 기분이 나질 않았다. 크리스마스 이브가 가까워옴에 따라 나는 더욱 더 자기 연민에 빠져들었다. 그런데 누구든지 감사할 일은 있을 테지만, 사실 모든 일에 감사함을 느껴야 했을지 모른다. 크리스마스 전날, 나는 오후 3시에 사무실을 나와 아무런 목적도 없이 5번가를 걷고 있었다. 우울한 기분을 풀어보려는 심산이었다. 거리는 명랑하고 행복한 군중들로 들끓고 있었다. 나는 과거의 행복했던 추억을 회상했다. 쓸쓸한 내 텅빈 아파트로 돌아간다는 것은 생각만 해도 끔찍한 일이었다. 나는 어찌할 바를 몰랐으며, 눈물이 쉴 새 없이 흘러내렸다. 한 시간 가량 거리를 헤메다가 어느 행인지도 모르는 버스에 몸을 실었다. 허드슨 강을 건너 한참 가다가 종점에 닿아 이름 모를 마을에 내렸다. 나는 조용하고 평화로운 주택가를 거닐었다. 한 교회 앞을 지나는데 '고요한 밤 거룩한 밤'의 아름다운 선율이 들려왔다. 음악 소리에 이끌려 교회에 들어가보니 오르간 치는 사람이 혼자 있을 뿐이었다. 나는 조용히 앉았다. 화려하게 장식한 크리스마스 트리로부터의 빛은 모든 장식물을, 마치 달빛에 빛나는 무수한 별과 같이 찬란하게 비추고 있었다. 은은하게 흐르는 음악 소리에 졸음이 몰려왔다. 나는 심신이 극도로 피로해 있었기 때문에, 곧 깊은 잠에 빠져들었다. 크리스마스 트리를 보러온 듯한 두 아이가 내 앞에 서 있었다. 여자아이가 나를 가리키며 말했다. '산타클로스 할아버지가 데려왔나 봐.' 그들은 모두 초라한 옷을 입고 있었다. '아빠와 엄마는?' 아이들만 있는 것이 이상해서 내가 묻자, 여자아이가 힘없이 대답했다. '우린 아빠도 엄마도 없어요.' 그들을 보자, 자기 연민과 슬픔에 빠져 허우적거리는 내 자신이 부끄러웠다. 나는 그 아이들을 조금이라도 즐겁게 해주고 싶어 크리스마스 트리를 보여주고 선물을 사주었다. 아이들과 함께 있다보니 나의 걱정거리와 외로움이 씻은 듯이 사라졌다. 이 두 고아는 수개월 만에, 나에게 행복과 몰아의 감정을 안겨주었다. 그들과 이야기를 주고받으면서, 나는 이 아이들에 비해 얼마나 행복한가를 깨달을 수 있었다. 나는 어린 시절 부모님의 사랑과 자애에 싸여 보냈던 크리스마스를 떠올리며 하느님께 감사했다. 아무튼 이 두 고아는 내가 그들에게 해준 이상의 것을 나에게 베풀어주었다. 이 경험으로 인해 나는, 우리를 행복하게 하기 위해서 남들을 행복하게 할 필요가 있다는 것을 깨닫게 되었다. 또한 행복이라는 것은 전염된다는 사실도 깨달았다. 그러므로 주는 것은 받는 것이다. 남을 돕고 사랑을 줌으로써, 나는 걱정과 슬픔, 자기 연민을 극복하고 다시 태어나게 되었다. 나는 이제 새로운 인간이 되었다. 그후 지금껏 새로운 인간으로서 살고 있다."

나는 건강과 행복 가운데 자기 자신을 잊은 사람들의 이야기를 책 한 권으로 엮을 수도 있다. 예를 들어, 미국 해군에서 가장 인기가 높은 부인 중 한 사람인 마가릿 테일러 이예츠의 경우를 생각해보자.

이예츠 부인은 소설가이지만, 그녀의 어떤 소설보다도 일본군이 진주만을 공격하던 그 무시무시하던 날 아침, 그녀의 신변에 일어났던 실화가 더 재미있다.

이예츠 부인은 워낙 심장이 나빠서 1년 전부터 자리에 누워 있었다. 가끔 일광욕을 하러 뜰에 나오는 일이 그녀에게는 최대의 여행이었다. 당시 그녀는 죽을 때까지 환자로 지내야 할 거라고 체념한 상태였다. 다음은 그녀의 이야기다.

"만일, 일본군이 진주만을 공격해서 나의 자기 만족을 흩뜨려놓지 않았다면, 나는 지금의 새로운 생활을 시작할 수 없었을 것이다. 폭탄은 내가 사는 동네 근처에 떨어졌다. 군대 트럭이 육해군의 군인 가족들을 학교로 피난시키기 위해 허캄 비행장, 스코필드 기지로 급행했다. 적십자사는 피난민을 수용할 수 있는 여분의 방을 가진 사람들에게 전화를 걸고 있었다. 적십자 직원들은 내가 침대 곁에 전화를 두고 있다는 것을 알고 있었으므로 나에게 정보교환소 역할을 해달라고 부탁하였다. 그래서 나는 육해군인의 처자들이 어디에 수용되어 있는가를 조사하기 시작했다. 한편 군인들은 가족의 소식을 직접 나에게 문의했다. 나는 그러는 동안에 내 남편이 무사하다는 사실도 알게 되었다. 나는 남편의 안부를 걱정하는 사람들을 격려하는 한편, 많은 전사자들의 가족을 위로하느라고 무척 애를 썼다. 그때의 전투로 말미암아 2,117명의 해군 장병이 전사하고, 960명이 행방불명되었다. 처음에 나는 침대에 누운 채 전화에 응답하고 있었는데, 몹시 바빠졌기 때문에 흥분한 나머지 앓는 몸이란 것을 잊어버리고 책상 앞에 앉게 되었다. 말하자면 나는, 나보다 더 불행한 사람을 도와야겠다는 일념에 육신의 괴로움을 잊어버렸던 것이다. 그후 나는 놀랍게도 건강을 회복하여 잠잘 때 외에는 침대에 눕지 않게 되었다. 그러니까 만일 일본군이 진주만을 공격하지 않았다면, 나는 일생을 침대 위에서 시름하며 보냈을 것이다. 진주만 공격은 미국 역사상 최대의 비극이지만, 나에게는 가장 좋은 기회가 되었다. 전쟁의 무서운 위기는 내 자신이 가지고 있다고 꿈에도 생각지 못했던 힘을 나에게 부여해주었다. 내 자신의 일을 잊어버리고, 남에게 주의를 집중시키게 했던 것이다.

즉, 살기 위해 필요불가결한 중요하고 커다란 목적을 부여해준 것이다."

정신병 전문의를 찾아가는 사람들의 3분의 1은, 마가릿 이예츠가 한 대로만 실행한다면, 아마 완쾌될지도 모른다. 칼 융은 이렇게 말했다.

내 환자의 3분의 1은 임상적으로 진정한 신경증은 아니다. 그들은 인생의 공허함과 무감각 때문에 그렇게 된 것이다.

바꿔 말해서 그들은 누군가 자신의 삶을 즐겁게 이끌어주기를 기대하며 다른 사람들에게 손짓한다. 그러나 사람들은 각자의 삶에 바쁘기 때문에 지나쳐버린다. 그래서 그들은 자신의 인색하고 초라하고 무의미한 인생을 끌고, 정신병 전문의를 찾는 것이다. 그들은 스스로 삶을 변화시킬 기회를 찾지 않고, 자기 이외의 모든 사람들을 욕하며 자신의 욕망을 만족시켜주지 않는 세상을 원망한다.

이 책을 읽는 당신은 지금 이런 독백을 할지도 모른다.

"이런 이야기에는 아무런 감회도 없다. 나라도 크리스마스 이브에 고아를 만났다면, 따뜻하게 대했을 것이다.

또 내가 진주만에 있었더라도 마가릿 이예츠와 같은 일을
했을 것이다. 그러나 내 경우는 다르다. 나는 평범한 생활
을 보내고 있다. 하루에 8시간씩 지루한 일을 한다. 무엇
하나 극적인 일은 일어나지 않는다. 어떻게 하면 남을 돕
는 데 흥미를 갖게 될 것인가? 그리고 왜 그렇게 하지 않
으면 안 된다는 말인가? 도대체 그렇게 한다면 나에게 어
떠한 이익이 돌아오는가?"

이것은 당연한 질문이다. 그러면 이제 대답해보겠다.
당신의 생활이 아무리 평범하다 할지라도 당신은 매일 누
군가와 만날 것이다. 당신은 그들을 어떻게 대하는가? 그
저 무심코 바라볼 뿐인가, 아니면 그들의 생활하는 모습
을 알아보려고 하는가? 우편집배원을 예를 들어 설명해
보자.

그는 매일 몇 백 마일씩 걸어서 집집마다 우편물을 배
달하는데 당신은 한 번이라도 그가 어디 살고 있는지를
알고자 한 적이 있는가, 다리는 피곤하지 않은가, 일에 지
루함을 느끼지는 않는가, 하고 물어본 일이 있는가?

식료품 가게 점원이나, 신문 배달부, 구두닦기들에 대
해서도 마찬가지다. 당신이 그런 것처럼 그들 역시 고단
한 삶의 시름을 누군가에게 털어놓기를 원할 것이다. 그

런데 당신은 그들의 생활에 대해서 진지한 관심을 보인 적이 있는가?

나는 당신에게 나이팅게일과 같은 특별한 인물이 되라고 요구하는 것이 아니다. 당장 내일 아침부터 거리에서 만나는 사람들에게 마음을 열고 다가서라는 것이다.

그러면 당신에게 어떤 보답이 돌아올까? 보다 큰 행복, 보다 큰 만족과 자존감이 생길 것이다. 아리스토텔레스는 이러한 태도를 가리켜 '개발된 이기주의'라고 불렀다.

또 조로아스터는 말했다.

남에게 선행을 하는 것은 의무가 아니라, 환희이다.
그것은 그렇게 하는 사람의 건강과 행복을 증진시킨다.

벤자민 프랭클린도 선행의 중요성을 강조했다.

남에게 선을 행할 때에, 인간은 자기 자신에게 최선을 다하는 것과 같다.

뉴욕의 심리학자 서비스 센터의 관장 헨리 C. 링크는 근대 심리학의 발견 중에서, 자아 실현과 행복에 대하여

자기 희생과 규율의 필요성을 과학적으로 실증한 것만큼 중요한 발견은 없다고 기술했다. 타인을 배려함으로써 자신의 걱정으로부터 탈출할 수 있으며 많은 친구를 만들 수 있다.

나는 언젠가 예일 대학의 윌리엄 라이온 펠프스 교수에게 어떤 방법으로 사람들을 대하는지 물어보았다.

"나는 호텔이나 이발소, 기타 상점에 들어갔을 때 그곳에서 만나는 사람에게 상냥하게 말을 겁니다. 그들을 어떤 기계의 부속품처럼 간주하는 것이 아니라, 하나의 인간으로 대하는 것이죠. 상점의 여직원에게는 눈이 예쁘다거나, 가게 분위기가 좋다는 등의 찬사를 보내고, 이발사에게는 하루 종일 서 있으니 무척 다리가 아프겠다고 상대의 마음을 헤아리는 말을 건넵니다."

사람이란 누구든지 자기에게 관심을 보이면 좋아하는 법이다. 택시에서 내릴 때 '감사하다'는 한 마디 말을 건넨다면, 그 택시 기사는 하루 종일 유쾌한 기분으로 일에 열중할 수 있을 것이다.

언젠가 몹시도 무더운 어느 날, 뉴욕 헤이븐 철도의 식당차로 점심을 먹으러 갔었다. 식당 안은 만원이었고 찌는 듯 더웠다. 종업원이 한참 만에 메뉴를 가지고 왔을 때 내가 말했다.

"저 뜨거운 조리실에서 음식을 만드는 요리사는, 오늘 같은 날 정말 힘들겠군요."

그러자 그는 소리를 높여 대꾸했다.

"정말입니다. 손님들은 음식이 맛이 없네, 서비스가 나쁘네, 덥네, 값이 비싸네, 모두 불평만 하기에 바쁘지요. 저는 19년 동안 그러한 잔소리만 들었는데, 찌는 듯한 조리실에서 일하는 요리사를 생각해주신 분은 선생님이 처음입니다. 선생님 같은 손님이 있다는 건 정말 위안이 되고 격려가 됩니다."

사람은 모두 독립된 하나의 인간으로 인정받기를 원한다. 나는 거리에서 귀여운 개를 데리고 나오는 사람을 만나면, 언제나 그 개를 칭찬한다. 그러고 나서 조금 가다가 뒤돌아보면, 대개의 경우 그 사람은 개를 쓰다듬고 있다. 남에게 칭찬을 들은 후 새삼스레 자신의 개에 만족감을 느껴 칭찬해주는 것이다.

택시 기사에게 감사의 말을 전하거나, 더운 조리실에서 일하는 요리사의 사정을 헤아리고, 개를 칭찬하는 사람이 걱정으로 인해 정신과를 찾는 일이 있을까? 단연코 그런 일은 있을 수 없다. 중국 격언에 다음과 같은 말이 있다.

남에게 장미를 선사한 사람의 손에는 여향이 있다.

이 책을 읽는 어떤 독자는 이렇게 말할지도 모른다.

"남에게 흥미를 가지라는 건 난센스다. 만사에 감사하라는 식의 훈계는 질색이다. 나는 돈벌이를 해야 한다. 나는 상대에게서 얻을 수 있는 건 무엇이든 획득하는 주의이다. 그런 공염불 같은 소리는 치워버려!"

그것이 당신의 의견이라면 어쩔 수 없다.

그러나 당신의 주장이 옳다면, 유사 이래 위대한 철학자나 현인, 그리스도나 공자, 석가, 플라톤, 아리스토텔레스, 소크라테스, 성 프란시스 등은 모두 잘못된 생각을 한 것이 된다.

혹시 당신이 종교적 지도자를 믿지 못할 수도 있으니 무신론자의 예를 들어보겠다.

케임브리지 대학의 세계적 석학인 A. E. 하우스먼 교수는 '시의 명칭과 자연성'이라는 강연에서 다음과 같이 말했다.

동서고금을 막론하고 가장 심원한 도덕적 발견은, 그리스도의 다음과 같은 말이다.

"생명을 얻고자 하는 자는 그것을 잃을 것이요, 생명을 잃고자 하는 자는 그것을 얻으리로다."

하우스먼은 무신론자이며 염세주의자로서 자살을 시도했던 사람이다. 그런 그가 "자기 일밖에 생각하지 못하는 사람은 인생에서 보다 많은 것을 얻지 못한다"라고 말한 것이다.

남에게 봉사함으로써 자신의 욕망과 번뇌를 잊어버릴 수 있는 사람은 인생의 즐거움을 찾아낼 수 있다. 당신이 하우스먼의 말에 감명 받지 못했다면 또 다른 예를 들어 보자.

이 이야기는 불행했던 한 소녀가 어떻게 해서 여러 명의 남자로부터 청혼을 받는 인기있는 사람이 되었는지에 대한 이야기다. 이 소녀는 지금은 늙은 할머니가 되었다.

수년 전 나는 어떻게 하면 친구를 사귈 수 있는가에 대해 그녀와 대화를 나누었다. 그녀는 아무에게도 말하지 않은 자신의 지난 얘기를 말해주었다.

"나는 필라델피아의 사교계 인명록에까지 올라 있는 가정에서 태어났지만, 우리 집은 매우 가난했습니다. 내 옷은 늘 싸구려였고, 그것도 얻어 입은 것이라 너무 작거나 유행에 뒤진 것뿐이었습니다. 나는 우리 집의 가난이 창피해 밤이면 혼자 울곤 했습니다. 나는 사람들이 나의 초라한 모습을 보고 불쌍하게 여기거나 무시할까봐, 사람들을 만나는 것을 두려워했습니다. 고민하던 나는 사람들이 나의 보잘것없는 꼴을 보지 못하게 하려는 목적으로 먼저 상대에게 경험, 의견, 장래에 대한 계획 등을 질문했습니다. 그런데 이상한 일이 생겼습니다. 사람들의 말에 귀기울이자 그들에게 흥미를 느끼게 되고, 내 자신의 초라함 같은 것은 잊어버리게 되었습니다. 그리고 스스로도 놀랄 만한 일이 일어났습니다. 내가 요령있게 상대방의 말을 잘 듣고 말상대도 잘하니까, 말하는 쪽에서 유쾌한 마음을 갖게 되었고, 나는 사교계에서 가장 인기있는 존재가 되었습니다."

드라이저는 무신론자임에도 불구하고 그리스도께서 말씀하신 '타인에의 봉사'라는 위대한 교훈을 지지한다.

인간이 짧은 인생에서 기쁨을 찾아내려거든, 자기보다도 타인을 기쁘게 해주기 위한 것을 생각하고, 또 계획해야 한다. 왜냐하면 자신의 기쁨이 그들 속에 있고 그들의 기쁨이 자신 속으로 들어오기 때문이다.

만일 우리가 드라이저의 주장과 같이 타인의 기쁨을 위해 노력할 생각이라면, 즉시 행동으로 옮겨야 한다. 시간은 빨리 지나간다.

"나는 두 번 다시 이 길을 통과하지 않는다. 때문에 내가 행할 수 있는 선행, 내가 나타낼 수 있는 친절을 지금 실천하자. 주저하거나 게을러서는 안 된다. 나는 이 길을 두 번 다시 걷게 되지 않으니까."

남에게 흥미를 가짐으로써 자신을 잊어버려라.
매일 누군가가 미소를 짓도록 선행을 베풀어라.

to stop Worrying
and start Living

나의 부모는 어떻게 걱정을 극복하였는가

이미 말한 바와 같이, 나는 미주리 주의 농장에서 자랐다. 당시 일반 농민과 마찬가지로 나의 부모님은 가난한 살림을 했다. 어머니는 시골 교사였고, 아버지는 한 달에 12달러를 받고 남의 밭일을 해야만 했다. 어머니는 나의 옷을 손수 지어야 했을 뿐만 아니라, 세탁 비누도 손수 만들었다.

돼지를 팔았을 때 이외에는 집에서 현금을 볼 수 없었다. 버터나 달걀을 가지고 가서 식품점에서 밀가루와 설탕, 커피와 바꾸었다. 나는 열두 살 때 받은 1년간의 용돈이 50센트도 채 못 되었다. 독립기념일 때 아버지가 큰마음 먹고 10센트의 용돈을 주었을 때는, 세계 제일가는 부자가 된 듯한 느낌이었다.

　나는 매일 1마일씩 걸어서 교실이 하나뿐인 학교에 다녔다. 눈이 많이 내려서 수은주가 영하 28도를 가리킬 때도 걸어서 다녀야 했다. 열네 살까지 고무신이나 장화를 신어보지 못했다. 긴긴 추운 겨울 동안 내 발은 항상 젖어 있었고 차가웠다. 나는 누구나 겨울에는 그런 줄로만 알고 있었다. 그때의 나로서는 마르고 따뜻한 발을 가진 사람을 상상할 수가 없었던 것이다.

　부모님은 일주일에 60시간을 부지런히 일했지만, 빚에서 벗어나는 날이 없었고 허덕였다. 내가 아주 어릴 때, 홍수가 크게 나서 옥수수 밭과 풀밭이 엉망이 되었던 적이 있었고 5, 6년 동안 흉년이 계속되었던 기억도 있다.

　또 매년 돼지가 전염병으로 죽어갔고, 그것을 태우는 냄새 때문에 구역질이 나던 것을 지금도 기억하고 있다. 수해가 전혀 없었던 해가 있기도 했다. 옥수수는 풍년이었다. 송아지와 새끼 돼지를 사서 옥수수로 그놈들을 살찌웠다. 그런데 결과는 매한가지였다. 시카고의 가축 시세가 폭락하여 단지 30달러를 벌었을 뿐이다. 일년 내내 일해서 겨우 30달러를 말이다!

　무엇을 해도 손해만 보았다. 아버지가 새끼 노새를 사

다가 3년간 키우고, 사람까지 사서 잘 길들인 다음 테네시로 노새를 보냈다. 그런데 3년 전 사들인 본전도 못 받고 팔아야만 했다.

10년간 뼈가 부숴지도록 일을 했지만, 돈은 생기지 않고 빚만 늘어났다. 밭은 저당잡히고, 이자도 지불하지 못할 형편이었다. 은행에서는 아버지를 욕하고 밭을 빼앗겠다고 협박했다. 아버지의 나이는 47세였으나 37년 동안 열심히 노동한 결과가 빚과 굴욕감뿐이었다. 그것은 너무 가혹한 보답이었다. 아버지는 걱정하다가 몸을 해치게 되었다. 매일 밭에서 힘겨운 일을 하면서도 식욕이 없었다. 그래서 약을 먹지 않으면 안 되었다.

그러나 아버지는 나날이 야위어갔다. 의사는 이러다가는 반년도 못 가 죽게 될 것이라고 말해주었다. 아버지는 걱정한 나머지 삶에 대한 의욕을 잃었다. 아버지가 말에게 풀을 주거나 젖을 짜기 위해 헛간으로 가서 돌아오지 않을 때면 어머니는 아버지가 혹시 목매지는 않았나 걱정이 되어 허둥지둥 헛간으로 달려가곤 했었다.

어느 날 땅을 저당잡힌 은행에 갔다 돌아오는 길에, 아버지는 다리 위에 서서 오랫동안 강을 내려다보고 있었다. 차라리 강에 뛰어들어 결말을 내버리는 게 나을지 모른다고 생각하면서 말이다. 후일 아버지는 왜 그때 강에 투신하지 않았는지 그 까닭을 나에게 말해주었다.

"전부터 인간은 하나님을 사랑하고 그 십계명을 준수하기만 하면, 언젠가는 잘살게 되는 것이라고 성심성의껏 믿고 있었기 때문이란다."

아버지의 말씀은 맞았다. 나중에는 만사가 잘되었다. 아버지는 그후, 42년 동안이나 행복하게 살다가 89세의 나이로 세상을 떠났다.

이 고난과 가슴 아팠던 시절에도 어머니는 절대로 걱정하지 않았다. 그 마음의 고통과 걱정을 하느님께 호소하고 있었던 것이다. 매일 밤, 우리가 잠자리에 들기 전에 어머니는 성경 구절을 읽었다. 마음이 평화스러워지는 예수의 말씀을 읽을 때도 있었다.

내 아버지 집에는 많은 저택이 있었느니라. …… 내가 그곳에 가서 너희들을 위해 거처를 마련하리로다. …… 내가 있는 곳에 너희도 함께 있을 것이다.

그리고 우리는 무릎을 꿇고 하느님의 사랑과 가호를 빌었다.

윌리엄 제임스는 하버드 대학의 교수였을 때, 이런 말을 했다.

　걱정을 치료하는 가장 좋은 약은 신앙이다.

　당신은 그 말을 확인하기 위해서 하버드 대학까지 갈 필요는 없다. 나의 어머니는 미주리 농장에서 그 약을 찾았던 것이다. 홍수, 부채, 재해도 그녀의 빛나고 용감한 영혼을 굴복시킬 수는 없었다. 나는 어머니가 일하면서 부르던 찬송가를 잘 기억하고 있다.

　평화, 평화, 심장이 약동하는 평화여,
　하늘에 계신 하느님께서 내려와,
　내 영혼을 건어주시옵소서.
　나는 비옵니다.
　사랑의 끝없는 물결 속에서.

　그래서인지 어머니는 내가 일생을 종교적인 사업에 몸 바쳐줄 것을 은근히 바라고 있었다. 나도 처음엔 외국의 선교사가 되기를 진정으로 바랐다.

그러나 대학에 들어가고 나이를 먹으면서 생각이 달라지게 되었다. 나는 생물학, 과학, 철학, 비교 종교학을 배웠다. 또 어떻게 성서가 씌어지게 되었는가에 대해, 여러 가지 책을 읽게 되었다. 이런 과정 중에 시골 목사들의 설교에서 흔히 발견되는 편협한 교리에 의문을 느끼게 되었다. 나는 망설이고 방황했다.

나의 내면 속에서 기묘하고 당돌한 의문이 꿈틀거리는 것을 느꼈다. 나는 무엇을 믿어야 할지 몰랐다. 인생에서 어떤 목적 의식을 찾을 수가 없었다. 나는 기도하기를 그만두었으며 불가지론자가 되었다. 인생에 계획과 목표를 세울 필요가 없다고 믿었다.

인간이 2억 년 전에 땅 위를 기어다닌 공룡이 가지고 있던 것보다 신성한 목적을 가지고 있으리라고는 믿기 어려웠다. 언젠가는 인간도 공룡과 마찬가지로 멸망해버릴 것임에 틀림없다고 생각했다. 과학은 우리에게 태양이 조금씩 냉각되어간다는 것, 그 온도가 10퍼센트 하강하면 지상에는 어떠한 생물도 살 수 없다는 것을 가르쳐주고 있다는 사실을 나는 알고 있었다. 나는 사랑의 하느님이 자기 형상대로 인간을 창조했다는 관념까지도 비웃었다.

나는 검은 우주 공간과 빙빙 도는 무수한 태양은 맹목

적인 힘에 의해 만들어졌다고 믿었다. 아니, 창조된 것이 아니라 시간과 공간이 영원히 존재하는 것같이, 영겁부터 존재하고 있을지도 모른다고 생각했다.

이와 같은 의문을 당장 해결할 수 있느냐고 묻는다면, 나는 아니라고 대답할 것이다. 우주와 생명의 신비를 해명할 수 있는 사람은 하나도 없다. 인간은 신비에 싸여 있다. 당신 신체의 작용, 당신네 집 전기, 금이 간 벽에 생긴 무늬, 창밖의 잔디…… 등 모두가 신비인 것이다.

제너럴 모터스 연구소의 천재, 찰스 F. 케더링은 '풀은 왜 푸른가'의 연구비로 한 해에 3만 달러를 기부하고 있었다. 그는 풀이 어떻게 햇빛, 물, 일산화탄소를 당분으로 변하게 하는지를 알 수만 있다면, 문명에 일대 혁신을 가져올 것이라고 단언하고 있다.

자동차 엔진의 작동조차 완전한 신비인 것이다. 제너럴 모터스 연구소에서는 오랜 시간과 거액을 투자하여, 실린더 속의 작은 불꽃이 어떻게 차를 움직이게 하는 폭발을 일으키는가를 연구하고 있는데, 그 해답은 아직 나오지 않고 있다.

우리가 신체, 전기, 가스 엔진의 신비를 이해하지 못한다고 해서 그것을 사용하고 향유하는 데 방해받지는 않는다. 기도나 신앙의 신비를 이해하지 못한다고 해서, 보다 풍부하고 행복한 생활을 즐기지 못하는 것은 아니다.

나는 드디어 산타나야의 말에 담긴 슬기를 깨달았다.

사랑은 인생을 이해하기 위한 것이 아니라, 인생을 살기 위해 만들어진 것이다.

나는 다시 종교로 되돌아갔다. 아니, 한 단계 진전된 새로운 종교 생활을 시작한 것이다. 나는 이미 교파를 나누는, 신조나 교리의 차이에는 거의 관심을 갖지 않는다. 나의 흥미는 오로지 종교가 나에게 해주는 일에 달려 있다.

그것은 마치 전기나 좋은 음식이 나에게 해주는 일에 관심을 갖는 것과 마찬가지다. 그것들은 내가 보다 충실한 생활을 하도록 돕고 있는 것이다.

종교는 그보다 훨씬 더한 도움을 주며 정신적인 가치를 부여해준다. 그것은 윌리엄 제임스의 말과 같이 '인생에 대한 새로운 열의와 보다 크고, 보다 풍요한, 보다 만족한 인생'을 선사한다.

또한 종교는 신념, 희망, 용기를 줌으로써 긴장, 불안, 공포, 걱정을 해소시켜준다. 나의 행복과 건강도 증진시킨다. 그것은 나에게 '인생의 사막 같은 소용돌이 속에서 평화롭고 아늑한 오아시스'를 창조해주는 것이다.

프랜시스 베이컨이 350년 전에 한 말은 전적으로 옳다.

천박한 철학은 사람의 마음을 무신론으로 기울게 하고, 심원한 철학은 사람의 마음을 종교로 인도한다.

모든 사람들이 종교에 대한 논쟁을 벌이곤 했었지만, 지금은 그렇지도 않다. 최신 과학인 어떤 정신의학은 예수가 가르친 것과 같은 이론을 가르치고 있다. 왜 그런가? 정신병을 연구하는 학자는 기도와 강한 신앙심이 우리가 갖고 있는 질병의 최대 원인인 걱정과 불안 그리고 공포를 추방한다는 것을 알기 때문이다.

나는 유명한 정신의학자 중 한 사람인 A. A. 브릴 박사의 말을 기억하고 있다.

진실로 신앙심이 깊은 사람이라면 신경증에 걸리지 않는다.

만일 종교가 진실이 아니라면 인생은 무의미하다.

인생은 비극적인 연극의 한 토막일 뿐이다.

헨리 포드가 죽기 수년 전에 나는 그와 만났다. 그를 만나기 전에, 세계 최대의 사업체 중 하나를 창립하고 경영하는 고충이 그의 얼굴에 뚜렷이 나타나 있으리라고 예상했다. 그러나 78세인데도 불구하고 매우 차분하고 온화한 모습을 대하게 되었을 때 놀라지 않을 수가 없었다. 내가 걱정한 적이 없느냐고 묻자 그는 다음과 같이 대답했다.

"없는데요. 무슨 일이든지 하느님이 지배하고 계시거든요. 하느님이 책임을 지고 있는 한 만사가 결국은 가장 좋게 되어간다고 믿고 있습니다. 걱정할 게 뭐지요?"

오늘날 정신병 학자들까지도 모두 새로운 복음 전도자들이 되어가고 있다. 그들은 우리들에게 내세의 지옥에서 고초를 면하기 위해서 종교적 생활을 하라는 것이 아니라, 현세에 있는 지옥의 광기, 즉 위암, 협심증, 신경 쇠약 등을 모면하기 위해서 종교적 생활을 하도록 권하고 있다. 심리 학자나 정신병 학자의 대표적인 의견을 알고자 하는 사람은 헨리 C. 링크 박사의 『종교로의 복귀』를 읽어보도록 권한다.

그리스도교는 인간에게 자극과 건강을 가져다주는 가르침이다. 예수는 당대에 종교라고 지정되어 있었던, 형식적이고 무의미한 의식을 비난하고 공격했다. 그는 그 시대의 반역자였다. 그는 세계를 뒤엎을 정도의 위험을 내포한 종교를 퍼뜨렸다. 때문에 십자가에 처형되었다.

그의 강론을 들어보자.

종교는 인간을 위해 있으며 인간이 종교 때문에 있는 것이 아니다. 안식일은 인간을 위해 만들어진 것이지, 안식일을 위해 인간이 창조되지 않았다.

그는 죄에 대해서보다는 공포에 대해 더 많이 이야기했다. 그릇된 공포는 건강을 해치며, 예수가 역설한 보다 풍요하고 행복한 인생에 배반되는 죄인 것이다.

에머슨은 '환희의 과학'을 가르치는 교사라고 자칭했다. 예수도 '환희의 과학'의 교사였다. 그는 사도들에게 "기뻐하라, 그리고 기쁨으로 날뛰며 즐거워하라"라고 명령했다.

예수는 진심으로 하나님을 사랑하는 것과 이웃을 자기 몸같이 사랑하는 것이 중요하다고 말했다.

자기 자신이 알든 모르든 그것을 실천하는 사람은 신자이다. 예를 들어 나의 장인이 그렇다. 그는 '황금률'을 생활의 신조로 삼고 있는데 비열하고, 이기적이며, 부정한 행동을 절대 하지 않는다. 그러면서도 교회에는 나가지 않는, 말하자면 불가지론자를 자처하고 있다.

이게 웬 모순이냐? 도대체 그리스도인이 무엇이냐? 이 해답을 존 베일리에게 던져보자. 그는 에든버러 대학의 교수였던 석학이었다.

사람을 크리스천으로 만드는 원인은, 어떤 관명을 이성적으로 받아들이는 것도, 어떤 교의를 신봉하는 것도 아니다. 어떤 '정신'을 보존하는 일이고, 어떤 '생명'에 관여하는 일이다.

만일 그것이 그리스도인의 자격이라면, 장인은 훌륭한 그리스도인이라 할 수 있다. 근대 심리학의 아버지인 윌리엄 제임스는 그의 친구에게 나이가 들면서 "신 없이는 그날그날을 보내기가 힘들어졌다"라고 고백했다.

내가 가르치는 성인반의 한 부인은 하느님 없이는 살수 없음을 경험했다.

나는 이 부인을 메리 커슈만이라고 부르겠다. 그녀의 아들들이나 손자들이 그녀의 이야기를 읽고 당혹해 할 우려가 있어서 가명으로 발표하는 것이다.

그러나 이 부인이 실제 인물인 것만은 틀림없는 사실이다. 나는 수개월 전에 그녀의 입을 통해 이 이야기를 들을 수가 있었다.

"불경기에 남편의 주급은 18달러였는데, 그는 몸이 허약해서 자주 앓고 있었기 때문에 결근이 잦았다. 그런 때는 물론 보수가 없었다. 정말 병치레가 잦은 남편이었다. 성홍열, 이하선염, 거기다 곧잘 감기에 걸리곤 했다. 사정이 이렇게 되니, 우리는 손수 지은 집마저 남의 손에 넘겨 버리고, 식료품점에는 50달러나 빚을 지게 되었다. 그런데다 우리는 다섯 명의 아이들을 길러야 했다. 나는 이웃 사람들의 세탁이나 다리미질을 해주고, 구세군 상점에서 낡은 옷을 사다가 고쳐서 애들에게 입히기도 했다. 나는 걱정 때문에 마침내 건강을 해쳤다. 어느 날 11세되는 내 아이가 연필 두 자루를 훔쳐서, 식료품점 주인에게 꾸지람을 들었다고 울며 말했다. 이 아이는 정직하고 감수성이 예민한 애였는데, 여러 사람 앞에서 창피를 당한 것이었다. 나에게는 이것이 치명상이었다. 지금까지의 고생이 한꺼번에 밀어닥치는 것 같았고, 장래에 아무런 희망도 보이지 않았다. 아마 나는 그때 걱정 때문에 일시적으로 정신 이상을 일으킨 모양이다. 나는 세탁하기를 멈추고 다섯 살 된 계집애를 침실로 데리고 가서 창문을 닫고 그 틈새를 헌 종이나 헝겊으로 막았다. 나는 가스 히터의 스위치를 틀었으나 불은 붙이지 않았다. 아이를 안고 침대에 눕자, 아이는 의아해 했다. '엄마, 이상한데? 조금 전에 일어났잖아?' '괜찮아, 잠깐 동안 낮잠이나 자자.' 나는 눈을 감고 히터에서 새어 나오는 가스 소리를 듣고 있었다. 그 가스 냄새는 평생 잊어버리지 못할 것이다! 그런데 어디선가 음악 소리가 들려왔다. 나는 귀를 기울였다. 깜박 잊고 부엌 라디오의 스위치를 끄지 않았던 것이다. 음악은 계속 흘러나왔다. 누군가가 찬송가를 부르고 있었다. '자비하신 나의 친구 예수는, 죄와 걱정을 말끔히 씻어주시고, 마음의 슬픔을 거두게 하시고, 기구하여 무거운 짐을 내려놓으리. 자비하신 우리의 벗 예수는, 우리의 약함을 아시고, 걱정과 슬픔에 잠겨 있을 때도, 우리의 기도에 응답하시사, 우리를 위로해주시리.' 찬송가의 뜻을 깨달았다. 나는 혼자서 무서운 고난과 싸우려고 했었다. 모든 슬픔과 고난을 하느님께 호소하지 않았다. 나는 벌떡 일어나서 가스를 끄고 문과 창을 열었다. 그날 하루 종일 눈물을 흘리면서 기도했다. 하느님의 도움을 구

한 것이 아니라, 하느님께 받은 축복에 대해서 진심으로
감사의 기도를 올렸다. 훌륭하고 건강한, 다섯 명의 아들
딸을 주신 데 감사했다. 나는 두 번 다시 그런 배은망덕한
행동을 하지 않겠다고 하느님께 맹세했다. 그리고 지금까
지 그 맹세를 지켜왔다. 우리는 집을 잃고 난 다음, 작은
시골 학교의 교사를 월세 5달러에 빌려 그곳으로 이사했
다. 하지만 나는 그때에도 하느님께 감사 기도를 드렸다.
이슬과 비와 추위를 막아줄 장소가 마련되었기 때문이다.
나는 상황이 더 악화되지 않는 것에 감사했다. 그래서 하
느님께서 나의 기도를 들어주신다고 믿었다. 왜냐하면 금
방은 아니지만, 사태가 점점 호전되어 경기가 좋아지면서
약간의 돈도 생겼기 때문이다. 나는 큰 컨트리 클럽에 고
용되었다. 한 아들은 고생을 각오하고 대학에 입학한 후
농장에서 아침 저녁으로 13마리나 되는 젖소의 젖을 짜
며 일했다. 현재 아이들은 모두 성장해서 결혼했고 귀여
운 손자가 셋이나 있다. 그날 가스를 틀어놓았던 일을 생
각할 때마다, 그 아슬아슬한 순간을 깨닫게 해준 하느님
께 감사할 뿐이다. 그때 내가 죽었다면, 오늘날과 같은 기
쁨을 맛볼 수 없을 뿐만 아니라, 행복한 많은 날을 영영
잃어버리고 말았을 것이다. 나는 죽고 싶다고 푸념하는

사람을 볼 때마다 죽어서는 절대 안 된다고 외치고 싶어진다. 우리는 어떻게든 참고 견뎌야만 한다. 어두운 시기는 그리 길지 않다. 그리고 언젠가는 밝은 미래가 떠오르기 때문에 어떻게든 이겨내야만 한다."

미국에서는 평균적으로 35분 만에 한 사람이 자살하고 2초에 한 사람꼴로 미치고 있다.

자살하거나 광기를 일으키는 사람들의 대부분이, 종교와 기도를 통해 평화와 위안을 받았다면 그런 사태에 이르지 않았을 것이다.

현대의 가장 탁월한 정신분석학자 중 한 사람인 칼 융 박사는 그의 논문 '영혼을 탐구하는 현대인'에서 이렇게 말하고 있다.

과거 30년 동안 나는 전 세계에 사는 수백 명의 환자를 진찰했다. 내가 진찰한 35세 이상의 사람들은 모두 종교적 인생관에서 최종의 구원을 받아야 할 상황에 놓여 있었다.

그들 모두는 종교가 그 신도들에게 주었던 것을 이미 잃어버렸기 때문에 질병에 걸렸다고 할 수 있다.

종교적 인생관을 회복하지 못한 사람들은 진정으로 완쾌되지 못한 상태에 머물러 있었다.

이 의견은 매우 뜻 깊으므로 꼭 기억하기 바란다. 윌리엄 제임스도 같은 말을 하고 있다.

신앙은 인간이 살아가는 힘의 하나다. 종교가 전혀 없다는 것은 허탈을 의미한다.

석가 이후 인도의 최대 지도자라고 할 수 있는 마하트마 간디는, 기도라는 지지력에 의해 격려를 받지 않았다면 의기소침했을 것이다. 그는 이렇게 말했다.

기도가 없었다면 나는 벌써 미치고 말았을 것이다.

아마 몇 천 명이고 똑같은 증언을 할 것이다. 나의 아버지도 어머니의 기도와 신앙이 없었더라면, 투신자살했을 것이 분명하다. 아마 정신 병원에서 고함을 지르고 있는 많은 영혼들도 자력만으로 인생의 거친 파도를 헤쳐 나가려 하지 않고, 보다 높은 분의 도움을 바랐다면 구원받았을 것이다.

우리는 모진 고난을 겪은 나머지 자신의 힘의 한계에 도달하게 되고, 대다수는 절망에 빠져 하느님께 의지하게 된다. 그러나 왜, 우리는 최후의 단계인 정말 참을 수 없는 지경에 이르러서야 하느님께 의지하려고 하는가. 왜 그날그날의 힘을 새롭게 하려고 하지 않는가. 왜 일요일까지 연기하는가.

나는 평일 오후에 사람이 드문 교회에 들어가볼 때가 있다. 바빠서 단 몇 분 동안도 차분히 무엇을 생각할 수 없을 때, 스스로에게 이렇게 타이른다.

"잠깐! 카네기, 기다리게. 왜 그렇게 바쁜가. 잠깐 서서 일의 우선순위를 검토해볼 필요가 있지 않은가."

이런 때 나는 눈에 보이는 교회로 달려간다. 나는 개신교도지만 곧잘 성 패트릭 사원에 들르곤 했다. 그리고 생각에 잠기기 일쑤였다. 나는 눈을 감고 기도를 올린다.

이렇게 하면 기분도 가라앉고, 몸도 훨씬 편안해지며, 판단력도 명확해져서 일의 가치를 재검토해볼 능력을 얻을 수 있다. 여러분도 이렇게 해보면 어떨까?

이 책을 쓰던 지난 6년간, 나는 기도로 공포나 걱정을 극복한 실화를 몇백 가지 수집했다.

그 전형적인 예로서, 절망에 빠져버린 서적 판매원 존 R. 안토니의 이야기를 해보자. 안토니는 지금 텍사스에서 변호사로 일하고 있다. 다음은 그의 이야기이다.

"22년 전, 미국 법률 서적 회사의 대표가 되기 위해서 법률 사무소를 폐쇄했다. 나의 전문은 한 세트의 법률 서적을 변호사들에게 파는 일이었다. 그 일에 필요한 훈련을 충분히 받았었다. 팔 때의 응대 방법이라든가, 모든 반대의견을 설득할 방법을 준비하고 있었다. 나는 사줄 것 같은 사람을 방문하기 전에 미리 상대방의 변호사로서의 위치, 취급하고 있는 소송 실무의 종류, 정치적 의견, 취미 등도 조사해두었다. 그리고 면담 중에 교묘하게 이러한 예비 지식을 활용했다. 하지만 어디엔가 잘못이 있었던지, 주문을 받을 수가 없었다. 나는 낙담했다. 날이 갈수록 더욱 더 노력했지만, 그동안의 판매 부진을 메울 만한 주문을 받을 수가 없었다. 공포와 불안이 싹트기 시작했다. 나는 사람을 방문하는 것이 두려워졌다. 사줄 것 같은 사람들의 사무실에 들어가기 전에 공포에 사로잡혀, 문 밖 복도를 왔다갔다 하거나 건물 밖으로 나가 주변을 서성거리는 때도 한두 번이 아니었다. 판매 지배인은 좀더 주문을 받아오지 못한다면, 선급금을 지불하지 않겠다고 경고했다. 아내는 우리 네 식구의 식료품비를 지불할 돈이 필요하다고 한탄했다. 나는 걱정에 사로잡혔으며 하루하루가 절망적이었다. 어떻게 하면 좋을지 몰랐다. 이미 말한 대로 나는 고향의 법률 사무소는 단념해버렸고, 소송 의뢰인도 끊긴 지 오래였다. 마침내 파산해버려서 호텔 숙박비도 치루지 못하는 지경이었다. 고향에 돌아갈 차비도 없었고, 차표를 살 수 있다 하더라도 실패자로서 집으로 돌아갈 용기가 없었다. 드디어 악운의 날, 최후의 실패를 거듭한 끝에 터벅터벅 호텔로 돌아왔다. 이것이 최후라고 생각하면서, 어떤 길을 택해야 할지 알 수가 없었다. 살거나 죽거나 아무래도 좋았다. 그날 밤의 식사는 우유 한 잔밖에 없었다. 그것마저 간신히 구할 수 있었다. 나는 비로소 절망한 사람들이 자살하는 심정을 이해할 수가 있었다. 도대체 인생의 목적이 무엇일까 생각해보았지만 알 수가 없었다. 나는 그런 문제를 해결할 도리가 없었다. 의지해야 할 아무것도 없었기 때문에 하느님께 의지했다. 나를 감싸고 있는 절망의 거친 파도를 뚫고 나아갈 수 있는 빛과 총명을 달라고 하느님께 애원했다. 기도드린 후 눈을 뜨자, 화장대 위에 성서 기증 협회의 성서가 놓여 있는 것이 보였다. 나는 그것을 펴서 몇 세기 동안 걱정에 괴로워하는 사람들에게 위안과 격려를 베풀어온 예수의 아름다운 불후의 말씀을 읽었다. 그가 제자들에게 가르친, 걱정을 해소하는 데 대한 교훈을 읽게 되었던 것이다. '생명을 위해 무엇을 먹고 무엇을 마실까, 몸을 위해서 무엇을 입을까 근심하지 말라. …… 그러므로 너희들은 먼저 천주의 나라와 그의 덕을 구하라. 그리하면 이러한 것들은, 모두 너희에게 주어질 것이니라.' 내가 기도하고 성서 구절을 읽었을 때 기적이 일어났다. 신경질적인 긴장은 사라지고 불안, 공포, 걱정은 용기와 희망, 빛나는 신념으로 바뀌었다. 호텔 숙박비를 치를 돈도 없었지만 행복했다. 침대에 들자 실로 오랜만에 푹 잠을 잘 수가 있었다. 이튿날 아침 나는 완전히 걱정에서 해방된 채, 자신감을 가지고 어느 사무실에 들어갔다. 그리고 자신감과 적당한 위엄을 유지하면서 내가 만나려는 사람에게 가서 웃음을 띠고 인사했다. '안녕하십니까, 스미스 씨. 저는 전미 법률 서적 회사의 존 안토니입니다.' '오! 그래요.' 상대방은 의자에서 일어나, 웃으며 손을 내밀었다. '잘 오셨습니다. 앉으시지요.' 나는 그날 하루 동안에 지난 몇 주일간 받은 양보다 많은 주문을 받았다. 저녁 때에는 개선장군처럼 의기양양하게 호텔로 들어갔다. 나는 새로 태어난 것 같은 기분이었다. 나는 용기와 씩씩한 정신으로 무장한 새로운 인간이 되었던 것이다. 외부적인 상황은 크게 달라지지 않았지만, 내부에는 놀랄 만한 변화가 일어나고 있었다. 나는 하나님과의 관계를 깨닫게 되었던 것이다. 자기 자신에게만 의지하는 사람은 쉽게 패배하지만, 마음속의 하나님으로부터 힘을 받으면 패배가 없는 법이다. 나는 드디어 이 진리를 깨달은 것이다."

구하라, 그러면 찾을 것이요, 찾으라, 그러면 볼 것이다. 두드려라, 그러면 열릴 것이다.

일리노이 주의 L. G. 베어드 부인은 고난에 직면했을 때 무릎을 꿇고 기도함으로써 평화와 평온을 찾을 수가 있었다. 그녀의 편지에는 이렇게 씌어 있었다.

어느 날 밤 전화벨이 울렸습니다. 열네 번이나 울린 다음에야 나는 간신히 용기를 내서 수화기를 들었습니다. 나는 그 전화가 병원에서 걸려왔다고 생각했기에 두려웠습니다. 어린 자식이 죽어가고 있다고 가슴 졸이고 있었기 때문이죠. 아기가 뇌막염으로 페니실린 주사를 맞고 있었는데, 그 때문에 체온의 변화를 일으켰던 것입니다. 의사는 병이 뇌 쪽으로 옮겨가 뇌종양으로 번질 위험이 있다면서, 그렇게 되면 살아남기가 힘들다고 말했었습니다.

그 전화는 내가 두려워하던 대로 병원에서 걸려온 것이었죠. 곧 오라는 전갈이었는데, 대기실에서 기다리고 있던 우리 부부의 기분을 아마 짐작하실 수 있을 겁니다.

다른 사람들은 모두 사랑하는 아기를 안고 있는데 우리들만 예외였습니다. 다시 아기를 안을 수 있을지 걱정이 되어 정말 미칠 것만 같았죠.

얼마 후 우리는 의사의 방으로 갔는데, 그의 표정을 보고 가슴이 뜨끔했습니다. 의사는 아기가 살아날 확률은 4분의 1도 안 된다며 다른 의사에게 보일 의향이라면 불러도 좋다고 했습니다. 집으로 돌아오는 도중, 남편은 흥분해서 주먹으로 운전대의 핸들을 치면서 고함을 질렀습니다.

"베스, 나는 단연코 체념할 수 없어."

우리는 차를 세우고 상의한 결과 교회에 가서 아기를 데려가는 것이 하느님의 뜻이라면 뜻대로 하시라고 기도하기로 결심했습니다.

나는 꿇어앉아 눈물을 흘리며 기도했습니다.

"하느님 뜻대로 하옵소서."

이렇게 기도를 올리자 기분이 약간 홀가분해졌습니다. 오랫동안 느껴보지 못한 평온함이 나를 감싸주었습니다. 돌아오는 길에도, 나는 계속 반복했습니다.

"하느님 뜻대로 하옵소서."

그날 밤은 오랜만에 푹 잘 수 있었죠. 며칠 후 의사로부터 아기가 위기에서 벗어났다는 전화가 걸려왔습니다. 나는 네 살된 건강한 아들이 우리 곁에 있는 것을 항상 하느님께 감사드린답니다.

세상에는 종교를 여자나 어린아이, 목사들만을 위한 것으로 생각하는 사람들이 많다. 그들은 자신은 스스로 고난과 싸워나갈 수 있는 남자다운 남자라고 으스대기도 한다.

만일 그들이 세계에서 가장 유명한 '남자다운 남자'가 매일 기도를 올린다는 사실을 안다면, 깜짝 놀라 뒤로 넘어질 것이다.

바로 잭 데프시가 그 예다. 그는 매일 밤 잠자리에 들기 전에 기도를 드린다. 그는 하느님께 감사드리기 전에는 절대 식사를 하지 않는다. 시합을 앞둔 트레이닝 중에도 매일 기도를 하며, 시합 중에도 매회 시합을 알리는 종이 울리기 전에 기도를 잊지 않는다.

"기도는 나에게 용기와 자신을 갖고 싸울 수 있는 힘을 준다."

그는 이렇게 자신의 신앙을 지켰다.

'남자다운 남자' 아이젠하워도 영미 연합군 최고 사령관으로 부임하기 위해 영국으로 비행할 때, 책 한 권만을 휴대했다. 그것은 성서였다.

장개석 총통도, 몽고메리 원수도 기도했다. 넬슨 제독도 트라팔마 해전 때 기도했다. 워싱턴, 로버트, 라 스톤월, 잭슨 등 여러 장군을 비롯한 다수의 군대 지휘관이 모두 그랬다.

이러한 '남자다운 남자'들은 윌리엄 제임스가 한 말의 진리를 깨달았던 것이다.

인간과 신과의 사이에는 상호 거래가 있다. 때문에 우리 자신을 하느님께 모두 고백하면 우리의 가장 심원한 운명이 성취된다.

『인간! 아직 알려지지 않은 존재』의 저자로서 노벨상

수상자인 알렉시스 카렐 박사는 〈리더스 다이제스트〉지의 논문 중에서 다음과 같이 말했다.

기도는 인간이 발생시킬 수 있는 가장 강력한 형식의 에너지다. 그것은 지구의 인력과 같은 현실적인 힘이다.

나는 의사로서 많은 사람들이 모든 치료법이 실패로 돌아간 다음에, 기도라는 엄숙한 노력에 의해 질병이나 우울증에서 구출되는 예를 목격해왔다.

기도는 라듐과 같이 빛나는 자기 발생 에너지원이다. …… 기도에 의해 인류는 그들 자신을 모든 에너지의 무한한 근원으로 불러들임으로써 그들의 유한한 에너지를 증대시키려고 하는 것이다.

우리가 기도할 때, 우주를 회전시키는 무진장의 원동력과 자신을 결부시킨다. 우리는 이 힘의 일부가 우리의 필요에 따라 배분되기를 기도하는 것이다.

이렇게 요구하기만 하면 우리의 인간적인 결함은 충족되고, 우리는 강화되며 치료되어 일어서게 되는 것이다.

우리가 열렬한 기도로써 하느님께 기도할 때, 자신의 정신이나 육체를 보다 좋은 것으로 변화시킨다. 순간적인 기도일지라도 반드시 좋은 결과를 가져다준다.

리처드 버드 소령은 "우주를 회전시키는 무한한 원동력에 우리 자신을 결부시킨다"라는 말이 무엇을 의미하는지 잘 이해하고 있다. 그는 그의 생애에서 가장 곤란했던 시련을 이겨냈던 것이다. 그러한 사실을 그의 저서인 『혼자서』에서 술회하고 있다.

1934년, 그는 남극의 오지인 로스 바리어의 만년 빙설 밑에 묻힌 오두막집에서 5개월 동안 살았다.

소령은 남위 78도선 이남에서 유일한 생물이었다. 맹렬한 폭설이 오두막집 위를 치고 지나갔다. 기온은 영하 82도까지 내려갔다.

그는 저 세상의 암흑 속에 완전히 포위되고 말았다. 그리고 난로에서 새어 나오는 일산화탄소에 서서히 중독되고 있음을 깨달았다. 어떻게 해야 할 것인가. 가장 가까운 곳에 있는 구조차마저 123마일이나 떨어져 있어 수개월 안에 도착할 가망은 없었다. 난로의 환기 장치를 수리해 보았지만, 가스가 새는 것을 막을 수는 없었다. 그는 때때로 가스 때문에 의식을 잃고 바닥에 쓰러지곤 했다.

그는 제대로 먹을 수도 잘 수도 없었기에 침대에서 떠날 기력마저 없을 정도로 쇠약해 있었다. 이튿날 아침까지도 견디기 어려울 것이라고 생각할 때도 한두 번이 아니었다. 이 오두막집에서 죽을 것이 틀림없으며 시체는 쌓이는 눈보라 속에 묻혀버릴 것이라고 확신하기에 이르렀다. 그런데 무엇이 그의 생명을 구했는가?

어느 날 그는 삶을 포기한 절망 상태에서 자신의 인생관을 남기려고 일기장을 꺼냈다.

"인류는 우주에서 고독하지 않다."

그는 머리 위의 뭇별이나 별자리나 별똥별의 규칙적인 운행을 생각해보았다. 또 영원한 태양이 언젠가는 황량한 남극 지방 구석구석까지 비추기 위해 돌아올 것이라고 생각했다. 그리고 그는 일기장에 "나는 고독하지 않다"라고 썼다. 지구의 끝, 얼음 구덩이 속에 있으면서 자신이 고독하지 않다는 자각을 한 리처드 버드는 다시 삶을 꿈꾸게 된다. 그는 말했다.

"극히 소수의 사람만이 일생 동안 그들 속에 잠재해 있는 기운의 한계점까지 몰리게 된다. 사람에게는 결코 사용하지 않는 깊은 우물이 있다."

리처드 버드는 이 힘의 우물을 퍼내야 한다는 것을 깨달았고, 그 자원을 이용하는 방법을 배운 것이다. 하느님께 호소함으로써 말이다.

글렌 A. 아놀드는 일리노이 주 옥수수 밭에서 버드 소령과 같은 깨달음을 얻었다. 일리노이 주 칠리코스의 보험 설계사인 아놀드 씨는, 걱정 극복에 대해 다음과 같이 말하고 있다.

"8년 전, 나는 이것이 최후라고 생각하면서 사무실 정문을 잠갔다. 그런 뒤에 차를 몰아 강쪽으로 갔다. 나는 실패자였다. 한 달 전 내가 경영하고 있던 전기 기구 회사가 파산하고 말았다. 집에선 어머니가 죽어가고 있었고, 아내는 둘째 애를 낳으려고 하고 있었다. 의사에게 갚아야 할 돈은 늘어가기만 했다. 나는 사업을 시작하느라 차나 가구 등 모든 것을 담보로 잡혔으며 보험 증권으로 돈까지 차용했었다. 이제 내게 남은 것은 감당할 수 없는 빚뿐이었다. 나는 괴로움과 혼란에 종지부를 찍기 위해서 차를 몰고 강으로 달려갔던 것이다. 나는 시내에서 수마일 떨어진 지점에서 차를 세운 후 흐느껴 울었다. 드디어 나는 진지하게 생각하기 시작했다. 걱정 한가운데서 쓸모없이 빙빙 돌지만 말고, 건설적으로 생각해보려고 노력했다. 도대체 사태는 어느 정도 악화되었는가? 더 이상 악화될 우려가 있는가? 전혀 희망은 없는가? 사태를 조금이라도 호전시키려면 어떻게 해야 할 것인가? 그때 모든 문제를 하느님께 호소하고, 하느님의 뜻에 맡기기로 결심했다. 나는 기도했다. 열심히 기도했다. 나의 일생이 오로지 기도에만 달려 있다는 듯이 열성을 다해 기도했다. 그러자 이상한 일이 일어났다. 모든 문제를 나보다 위대한 힘의 소유자에게 맡기자마자, 지금까지 알지 못하던 마음의 평화를 느끼게 되었다. 나는 30분가량 그곳에서 기도하고 울며 앉아 있다가 집으로 돌아와 어린애같이 푹 잠들었다. 이튿날 아침 눈을 떴을 때 나에게는 자신감이 생겼다. 아무것도 두렵지 않았다. 왜냐하면 하느님의 인도에 모든 것을 맡겼기 때문이었다. 나는 백화점에 가서 자신만만한 태도로 전기 기구의 세일즈맨을 시켜줄 수 없겠느냐고 물었다. 그리고 내가 예상했던 대로 그곳에서 일자리를 구할 수 있었다. 전기 기구 사업이 전쟁 때문에 붕괴된 다음, 나는 생명보험상품의 판매를 시작했다. 지금으로부터 약 5년 전의 일이다. 현재 나는 재정적인 어려움 없이 사랑하는 아내와 똑똑한 세 자녀와 함께 행복하게 살고 있다. 새 차도 있고 25,000달러의 생명보험도 들었다. 나는 절망의 끝에 다다랐던 그 순간을 감사하게 생각한다. 왜냐하면 그때의 비극이 하느님께 의지하는 법을 가르쳐주었기 때문이다. 지금 나는 옛날에 상상조차 하지 못하던 자신감을 갖고 행복하게 살고 있다."

왜 종교적 신념이 우리로 하여금 행복과 안정, 그리고 불굴의 정신을 가져다주는 것일까? 윌리엄 제임스에게 해답을 물어보자. 그는 말한다.

몰아치는 해변의 거친 파도도, 대양의 맨 밑바닥은 어지럽히지 못한다. 보다 넓게, 보다 영구적인 현실에 발판을 둔 인간에게는 계속되는 시련이 비교적 아무 의미가 없는 것같이 보인다.
따라서 진정으로 종교적인 사람은 동요되지 않고 평온을 유지하며, 언제 부과될지 모르는 모든 의무도 조용한 마음가짐으로 대비하게 되는 것이다.

만일 걱정하고 불안을 느낀다면, 왜 하느님께 의뢰하지 않는가. 왜 임마누엘 칸트가 말했듯이 하느님께서 주신 신앙을 받아들이지 않는 건가. 우리에게는 이러한 신앙이 필요한데도 말이다. 우리는 왜 '우주를 회전시키는 무한한 원동력'에 자신을 연결시키지 않는 걸까?
만일 당신이 철저한 회의론자라 할지라도 기도는 당신이 믿고 있는 이상으로 당신을 돕는다. 기도는 실용적이기 때문이다. 실용적이란 어떤 의미인가? 그것은 믿든 믿지 않든 모든 사람들이 공유하는 세 가지 매우 근본적인 심리적 욕구를 성취시켜준다는 의미이다.

기도는 우리가 걱정하고 있는 것이 무엇인가를 정확히 말로 표현하도록 돕고 있다. 앞에서도 말한 바와 같이 실체가 애매하고 모호한 동안은, 문제와 대결한다는 것이 불가능하다.

기도는 문제를 종이 위에 기록해보는 것과 같다. 만일 우리가 문제 해결을 바란다면, 상대방이 하느님이라 할지라도 문제를 언어로 표현하지 않으면 안 될 것이다.

기도는 우리에게 혼자가 아니라, 누군가와 함께 무거운 짐을 분담해 지고 있는 느낌을 들게 한다. 인간은 무거운 짐이나 견딜 수 없는 걱정을 자기만의 힘으로 견딜 만큼 강인하지는 못하다. 때로는 걱정이 너무나도 사적이어서 친척이나 친구에게도 털어놓을 수 없는 경우가 있다. 그럴 때에는 기도만이 있을 뿐이다.

정신병원 의사들은 우리가 압박, 긴장, 정신적 고민에 시달릴 때 그것을 남에게 털어놓으면 의학적으로도 효과가 있다고 한다. 그 누구에게도 말할 수 없을 때에 하느님께 호소하고 털어놓을 수가 있을 것이다.

기도는 행위를 이끌어낸다. 매일같이 어떤 일의 성취를

기원한다는 것은, 반드시 어떤 은혜를 입고 있거나 적어도 성취에 대한 노력을 기울이고 있다는 증거다. 알렉시스 카렐 박사는 말한다.

기도는 인간이 스스로 발생시킬 수 있는 가장 강력한 에너지다.

때문에 에너지를 좀더 효과적으로 이용하면 좋지 않겠는가. 자연의 신비로운 힘이 우리를 지배하고 있는 한, 그것을 하느님이라 부르든, 알라라고 부르든, 혹은 정령이라 부르든 그 정의에 대해서 싸울 필요는 없다.

자! 지금 당장 이 책을 덮고, 침실로 들어가 문을 잠그고 무릎을 꿇어 마음의 무거운 짐을 벗어놓으면 어떨까? 만일 당신이 신앙심을 잃었다면, 전능하신 하느님에게 그것을 주십사 기도하라. 그리고 700년 전, 아시시의 성 프란시스가 쓴 아름다운 기도를 반복해보라.

주여! 저를 당신의 평화의 도구로 삼아주시옵소서. 증오가 있는 곳에 사랑의 씨를 뿌리도록 허락해주시옵소서.

악이 득실거리는 곳에는 용서를, 의혹이 넘쳐흐르는 곳에는 신앙을, 절망이 칠흑 같은 고장에는 희망을, 슬픔이 있는 곳에는 환희를…….

오, 거룩하신 하느님! 저는 위로하는 것만큼 위로받기를 원하지 않으며, 이해하는 것만큼 이해받기를 원치 않으며, 사랑하는 것만큼 사랑받기를 원하지 않나이다. 그것은 주는 것으로 말미암아 받고, 용서함으로써 용서받고, 죽음으로써 영생을 얻는다는 것을 알기 때문입니다.

죽은 개를 걷어차는
사람은 없다

1929년 전 미국의 교육계에 일대 사건이 일어났다. 전국의 학자들을 이 사건을 직접 보기 위해서 시카고로 모여들었다.

이 사건에 대해 설명하기 전에 그보다 앞선 몇 해 전의 일을 먼저 이야기해야겠다. 로버트 허친스라는 청년이 웨이터, 벌목 노동자, 가정 교사, 물건 말리는 망을 파는 세일즈맨 등의 직업을 전전해가며 예일 대학을 졸업했다. 그로부터 겨우 8년 후, 그는 미국에서도 명문으로 꼽히는 시카고 대학의 학장에 취임하게 되었다.

그때 그는 겨우 30세라는 젊은 나이였다. 나이 많은 선배 교육자들은 고개를 가로저었다. 곳곳에서 비판의 소리가 이 '신동'을 향해 쏟아졌다. 그는 이렇다, 그는 저렇다, 그는 너무 젊다, 경험이 없다, 그의 교육관은 편협하다 등등 평판이 자자했다. 신문까지 그러한 비난에 동조했다.

학장 취임식이 거행되던 날, 한 사람이 로버트 허친스의 아버지에게 씩씩거리며 말했다.

"오늘 아침 신문에서 아드님을 공격한 사설을 보고 분개했습니다."

"그래요? 매우 심했군요. 그러나 누구도 죽은 개는 걷어차지 않으니까요."

허친스의 아버지는 여유 있게 대답했다.

그렇다. 개가 중요하면 할수록, 사람들은 그 개를 한번 차보는 데서 보다 큰 만족을 느낀다.

영국의 황태자(후의 에드워드 8세, 현재의 윈저 공 : 옮긴이 주)는 어려서 이러한 일을 경험했다. 당시 그는 데본셔의 다트머스 대학(미국의 해군 사관 학교에 해당 : 옮긴이 주)의 생도로서 14세밖에 되지 않았었다.

어느 날, 한 해군 장교가 울고 있는 그를 발견하고 도대체 어찌된 일이냐고 물었다. 그는 처음에는 대답하려고 하지 않았으나 장교가 마구 재촉하는 바람에, 후보생들에게 걸어채였다고 대답했다.

교장이 후보생을 집합시켜놓고 황태자께서는 별로 불평을 터뜨리지 않지만, 다만 왜 자기 하나만 변을 당해야 하는지 그 이유를 알고자 한다고 설명했다.

후보생들은 좀처럼 사실을 고백하려 들지 않다가 실토했다. 그들은 영국 해군의 사령관이나 함장이 되었을 때, 나는 전에 황태자를 차버렸던 적이 있다고 자랑하고 싶어서였다는 것이었다.

당신이 채였다든가 비판을 받았을 때에는, 당신을 찬 사람이나 비판한 사람은 유명해진 듯한 기분을 맛본다는 것을 잊지 말자. 비판은 때로 당신이 무언가 남의 주목을 끌만큼 가치 있는 일을 하고 있다는 증거가 되기도 한다. 사람들은 자신보다 더 교육을 받은 사람이나 성공한 사람을 헐뜯는 데 야만스러운 만족감을 느끼는 경우가 많다.

예를 들어, 내가 이 글을 쓰는 도중 한 부인으로부터 구세군의 창시자 윌리엄 부즈 대장을 비난하는 편지를 받았다. 나는 전에 부즈 대장을 칭송하는 방송을 한 적이 있는데, 이 부인은 부즈 대장이 가난한 사람을 구제하기 위한 모금 8,000만 달러를 횡령했다고 썼다. 이 고발은 아무런 근거가 없었지만, 이 부인은 진실을 추구한 것이 아니다.

그녀는 자신보다 훨씬 위의 누군가를 비난함으로써 맛볼 수 있는 어떤 만족감을 갈구하고 있었던 것이다.

나는 이 악의에 찬 투서를 휴지통에 집어던지고, 내가 그녀의 남편이 아닌 것을 다행으로 생각하고 하느님께 감사를 드렸다. 그녀의 편지는 무엇 하나 부즈 대장에 대해 나에게 가르쳐준 것이 없었지만, 그녀 자신에 대해 가르쳐줬다. 문득, 쇼펜하우어의 말이 떠오른다.

비천한 사람은 위인의 결점이나 어리석은 행동에 대해 커다란 기쁨을 느낀다.

예일 대학의 학장을 비속한 인간이라고 생각하는 사람은 없을 것이다. 그러나 전 학장 티모시 드와이트는 미국 대통령에 입후보한 사람을 비난하는 데 대단한 기쁨을 느꼈던 모양이다. 그는 이렇게 경고했다.

"만일 이 사나이가 대통령에 당선된다면, 우리의 아내나 딸들은 공인 매춘 제도의 희생자가 되어 모욕을 받아 타락하고, 우아함과 도덕으로부터 멀어져 신과 사람들에게서 버림받게 될 것이다."

이 말은 히틀러에 대한 탄핵과 비슷하지 않은가. 이 말은 토머스 제퍼슨을 탄핵한 것이다. 어느 토머스 제퍼슨이냐고? 설마 독립 선언의 기초자, 민주주의의 보호자를 가르키는 것은 아니겠지? 그러나 바로 그 제퍼슨이다.

미국인으로서 '위선자', '사기꾼', '살인자보다 좀 나은 사나이'라고 욕을 먹은 사람이 누구라고 생각하는가? 어떤 신문은 만화에서 그를 단두대 옆에 세우고, 목 자르는 칼날을 옆에 차고 거리로 끌려다니는 그에게 군중들이 욕을 퍼붓고 있는 광경을 그렸다. 그가 누구라고 생각하는가? 바로 조지 워싱턴이다.

어쩌면 당신은 이 모두가 옛날 일이며 오늘날의 인간성은 향상되어 그럴 리 없다고 생각할지 모른다. 그렇다면 좀더 생각해보자.

피어리 제독의 예가 있다. 그는 1909년 4월 6일 개가 끄는 썰매로 북극을 정복해서 세상을 놀라게 만든 탐험가다.

이 결승점이야말로 수세기에 걸쳐 용감한 사람들이 정복하려 노력하다가 생명을 잃기도 했던 곳이다. 피어리 자신도 추위와 기아 때문에 사경을 헤맸다.

그의 발가락 여덟 개는 심한 동상 때문에 잘라버려야만 했다.

피어리는 연이은 고난으로 미칠 지경이었다. 그럼에도 불구하고 워싱턴에 주재하고 있는 그의 상관들은 피어리가 인기를 독점하고 있다고 분개했다. 상관들은 과학적 탐험이라는 명목으로 돈을 모아놓고도 '북극에서 놀고 있다'고 그를 비난했다.

피어리를 억누르고, 그의 계획을 저지하려는 상관들의 결의는 맹렬했다.

그러나 대통령 맥킨리의 직접 명령으로 피어리는 간신히 북극 탐험을 계속할 수 있었다.

피어리가 워싱턴의 해군성에서 사무를 보고 있었다면 이런 비난을 받았을까? 아니다. 그 일은 질투할 만큼은 중요하지 않기 때문이다.

그랜트 장군은 피어리 제독보다도 더 심한 경험을 했다. 1862년 그랜트 장군은 북부를 환희로 들끓게 한 대승을 거두었다.

반나절의 전투에 의한 승리로 그랜트 장군은 하룻밤 사이에 국민적인 우상이 되어버렸다.

승리의 반향은 멀리 유럽에까지 파급되었다. 전국 교회의 종이 승리를 축하해 울려 퍼졌다.

축하의 횃불이 밤하늘을 환히 밝혔다. 그런데 북군의

영웅 그랜트는 승리를 거둔 지 6주일도 채 못 되어 체포되고 군의 지휘권을 박탈당했다. 그는 굴욕과 절망에 흐느껴야만 했다.

왜 그랜트 장군은 그의 승리의 절정기에 체포되었는가. 그의 승전이 거만한 상관들의 질투와 선망을 유발했기 때문이었다.

부당한 비난은 때때로 위장된 찬사라는 것을 기억하라.
죽은 개는 누구도 걷어차지 않는다는 사실을 기억하라.

to stop Worrying
and start Living

이렇게 하면 비판도
당신을 상처낼 수 없다

나는 스메들리 버틀러와 만난 적이 있었다. 그는 '사팔눈'이라든가 '붉은 귀신'이라는 별명을 가진 명물이었다.

또한 미국 해군을 통틀어 가장 개성이 강하고 혈기 왕성한 사령관이었다. 그는 나에게 이런 이야기를 들려주었다. 젊었을 때 그는 인기를 얻고 싶어 했다고 한다. 무엇보다도 세상 사람들의 좋은 평판을 기대했던 것이다.

그래서 비록 사소한 비판에도 신경을 곤두세우고 흥분하곤 했다. 하지만 30년간의 해군 생활은 그의 태도를 변화시켰다.

"나는 때때로 욕을 먹고 모욕을 당했다. 겁쟁이, 독사,

스컹크라고 놀림을 받기도 했다. 나는 또 전문가들에게 항상 저주받곤 했다. 모든 악담을 감수해야만 했다. 기분이 상했느냐고? 흥, 이제는 어떤 악담을 듣더라도 신경쓰지 않고 지나간다네."

아마 '붉은 귀신' 버틀러는 비판 듣기에 선수가 되어버린 모양이다. 그러나 우리 중 대부분은 자신에게 쏟아지는 조소나 악담에 너무나 신경을 쓰는 것 같다.

성인 강좌의 홍보차 열었던 강연회에 찾아온 〈뉴욕 선〉지의 기자가, 나와 나의 일을 재미있고 우스꽝스러운 기사로 취급한 적이 있었다. 내가 분개했느냐고? 물론이다. 그것을 개인적인 모욕으로 간주했다. 나는 〈뉴욕 선〉지의 집행위원회 의장 길 하지스에게 전화를 걸어, 그것이 공정한 기사가 아니라는 사실을 밝히도록 요구했다. 즉 기사의 집필자에게 끝끝내 책임을 지울 작정이었다.

그런데 나는 그 당시 취한 행동을 부끄럽게 생각하고 있다. 구독자의 절반은 그 기사를 읽지 않았을 것이고, 읽었다고 볼 수 있는 반수도 아무런 악의없는 웃음거리로밖에 여기지 않았을 것이다. 그래서 그들은 몇 주일이 지나면 깨끗이 잊어버리고 말았을 것이다.

나는 사람이란 남의 일에는 무관심하다는 것을 알고 있

다. 그들은 아침에 눈 떠서 잠자리에 들 때까지 자기 일만 생각한다. 그들은 남이 죽었다는 뉴스보다도 천 배, 만 배 자기의 가벼운 두통에 더 관심을 가진다.

우리가 비록 속았거나, 우롱당했거나, 배반당했더라도 자기 연민에 빠진다는 것은 어리석다. 그럴 때에는 예수가 겪은 고난을 생각해볼 일이다. 그에게서 최대의 신뢰를 받고 있던 12제자의 한 사람은, 오늘날의 돈으로 친다면 기껏 19달러밖에 안 되는 뇌물 때문에 예수를 배반했다. 또 다른 한 사람은, 예수가 고난에 직면하자 그를 저버리고 달아나 세 번까지 예수를 모른다고 맹세하기까지 했다. 예수도 그의 제자로부터 배반을 당했는데 하물며 우리가 그 이상을 기대한다는 것은 무리일 것이다.

전에 나는, 엘리노어 루스벨트 여사에게 부당한 비판을 들으면 마음이 어떻냐고 물어보았다. 영부인 중, 그녀만큼 많은 친구와 적을 가졌던 여성도 없을 것이다.

소녀 시절의 그녀는 거의 병적이라고 할 정도로 내성적이며 남의 험담을 두려워했다. 그래서 어느 날 그녀는 숙모에게 의논했다.

"숙모님, 나는 이러이러한 일을 하고 싶은데 남이 나를 멀리하지 않을까 걱정이 돼요."

시어도어 루스벨트의 누이는 조카딸의 얼굴을 쳐다보더니 이렇게 말했다.

"자기 마음으로 올바르다고 생각한다면 남의 말에 너무 신경을 쓰지 말도록 해라."

그 충고는 그녀가 백악관의 여주인이 되었을 때 큰 도움이 되었다고 한다.

그녀는 또 모든 비판을 모면하는 유일한 방법은 도자기 인형같이 선반 위에 버티고 앉는 것이라고도 말했다.

"자기 마음속으로 올바르다고 생각하면 그만이다. 해도 험담을 듣고, 하지 않아도 험담을 듣게 마련이다. 어차피 비판은 피할 도리가 없으니까 말이다."

매튜 C. 브러시가 아메리칸 인터내셔널의 사장이었던 당시, 나는 그에게 비판이 마음에 걸리느냐고 물어보았다.

그러나 그는 이렇게 대답했다.

"그렇소. 젊었을 때는 비판이 마음에 걸렸지요. 나는 회사의 전 종업원에게서 완전한 사람이라는 평을 받고 싶었지요. 그래서 만일 그들이 그렇지 않다고 하면 괴로웠어요. 나에게 반감을 가지고 있는 남자를 감언이설로 포섭하려고 했는데, 오히려 딴 사람들을 노엽게 만든 결과가 되었지요. 그래서 이번에는 다른 사람과 타협하려고 하자 딴 사람들이 기분 나빠하더군요. 드디어 나는 개인적인 비판을 모면하기 위해 반감을 무마하려 들수록 적이 불어난다는 것을 깨달았답니다. 그래서 나는 자신에게 타일렀지요. '남의 윗사람 노릇을 하는 한, 비판을 모면하기는 불가능하다. 마음 쓰지 않도록 하는 수밖에 없다.' 이 생각은 놀랄 만큼 효과가 있었지요. 그후로, 나는 스스로 가장 좋다고 생각하는 대로 실행한다는 방침으로 밀고나갔습니다. 실행 후에는 우산을 쓰고 비판이라는 비에 목덜미가 젖지 않도록 하고 있지요."

딤즈 테일러는 한 걸음 더 진보했다. 그는 비판이라는 비를 피하면서 대중 앞에서 쾌활하게 웃어 보였던 것이다. 그가 토요일 오후, 뉴욕 필하모니 심포니 오케스트라의 라디오 콘서트 시간에 해설을 하고 있을 때의 일이었다. 어떤 부인으로부터 그를 '거짓말쟁이, 배반자, 미치광이'라고 비난하는 편지를 받았다.

테일러는 그의 저서 『사람과 음악에 대해서』에서 이렇게 진술하고 있다.

"아마 내 말이 기분에 거슬렸던 모양이지."

테일러는 다음주 방송에서 이 편지를 낭독해서 수백만 청중에게 공개했다. 그러자 며칠 후에 같은 부인으로부터 또 편지가 왔다. 그녀의 의견은 조금도 변함이 없으며, 그는 여전히 '거짓말쟁이, 배반자, 미치광이'라는 것이었다.

우리는 비판에 대해 이러한 태도를 취할 수 있는 사람에게 경의를 표하지 않을 수가 없다. 우리는 그의 평온하고 자신에 찬 자세와 유머에 경의를 표하는 바이다.

찰스 슈바프는 프린스턴 대학의 학생들에게 연설할 때, 그가 배운 가장 중요한 교훈 중의 하나는 슈바프의 제철소에서 일하고 있는 늙은 독일인에게서 배운 것이라고 고백했다. 이 늙은 독일인은 전쟁 중에 흔히 일어났던, 맹렬한 전쟁 논쟁에 말려들어 흥분으로 격앙된 공원들에 의하여 강에 내던져졌다. 슈바프는 말한다.

"그가 흙투성이에다가 생쥐같이 젖은 모습으로 내 사무실에 나타났을 때, 당신을 강에 던져버린 녀석들에게 뭐라고 했느냐고 물어보았다. 그는 단지 '웃을 뿐이었지요'라고 대답했다."

슈바프는 그런 일이 있은 뒤로 '그저 웃어라'라는 말을 좌우명으로 삼고 있다고 말했다. 이 좌우명은 우리가 부당한 비판의 희생양이 되었을 때 특히 도움이 된다. 덤비는 상대방에게는 이쪽에서도 덤빌 수 있지만, '웃기만 하는' 상대자에게는 어쩔 도리가 없지 않겠는가.

링컨이 만일 그에게 쏟아지는 신랄한 비판에 대꾸한다는 것이 어리석다는 사실을 깨닫지 못했더라면, 남북전쟁 때 과로로 쓰러지고 말았을 것이다.

그가 어떠한 방법으로 비난에 대처했을까? 그 대처법에 관한 저술은 문학 작품의 주옥편으로 남아 있다.

그것은 다음과 같은 문장이다.

만일 내가, 나에게 가해지는 공격에 대해 대답은커녕 읽기라도 하자고 생각하는 날엔 이 사무실을 폐쇄해버리고 다른 일을 시작하는 편이 낫다. 나는 내가 아는 가장 좋은 방법을, 내가 할 수 있는 최선을 다해 실행하고 있다. 실행은 최후까지 계속할 결심이다.

그리고 최후의 결과가 좋으면, 나에 대한 비판은 문제가 아니다. 만일 최후의 결과가 좋지 못하다면, 열 사람의 천사가 나의 올바름을 증언해주더라도 아무런 소용도 없을 것이다.

최선을 다하라!
그리고 당신의 우산을 펴서 비난이라는 비를 막아버리자.

내가 저지른 어리석은 행위

나는 내가 저지른 어리석은 행위에 대해 일일이 기록한 서류를 지금까지 보관하고 있다. 때때로 이러한 메모를 구술하여 비서에게 기록하게 하고 있지만, 특히 개인적이면서 어리석기 이를 데 없는 내용은 창피해서 직접 기록하고 있다.

나는 지금까지 15년 전에 받았던 비판을 기억하고 있다. 만일 내가 자신에 대해 철저하게 정직했더라면, 메모는 얼마나 많았을 것인지 모른다.

사울 왕이 30세 이전에 한 말이 나에게도 그대로 적용된다.

나는 어리석었다. 나는 많은 과오를 범하였다.

과거의 어리석음을 기록한 메모를 꺼내서 비판받은 내용을 다시 읽어보면, 앞으로 직면할지도 모를 곤란한 문제를 처리하는 데 도움이 될 것이다.

　나는 걱정을 남의 탓으로 돌리는 일이 있었지만, 나이를 먹어감에 따라 결국 모든 불행은 나의 책임이라는 것을 깨닫게 되었다. 대부분의 사람들도 나이를 먹으면서 그런 사실을 깨닫게 된다.

　　내가 몰락하게 된 것은 누구의 탓도 아니다. 나 자신의 탓이다. 내가 자신의 최대의 적이고, 비참한 운명의 원인이다.

　나폴레옹도 세인트 헬레나에서 이렇게 말했다.

　내가 아는 사람 중에 자기 평가와 자기 조절에 있어서 거의 예술의 영역에까지 도달했다고 할 수 있는 인물이 있다.

　그의 이름은 H. P. 하웰이다. 하웰이 1944년 7월 31일 뉴욕의 엠베서더 호텔에서 급사했다는 뉴스가 전국에 보도되었을 때, 월 스트리트에서는 깜짝 놀랐다. 그는 미국 재계의 지도자였기 때문이다.

그는 커머셜 뱅크 앤드 트러스트의 이사이자 여러 회사의 이사였다. 그는 정식 교육은 조금도 받지 못했다. 어떤 시골 상점의 점원으로 시작해서 U. S. 철강의 경영자가 됐고, 차츰 지위와 세력을 확장해갔다.

　내가 그에게 성공의 비결을 물었을 때, 그는 이렇게 대답했다.

　"나는 다년간 그날그날의 약속 일람표를 작성하고 있었다. 우리 가족이 토요일 밤의 예정표를 작성할 때, 나를 모든 계획에서 제외하곤 했다. 내가 토요일 밤에는 자기 검토와 그 주일에 한 일의 평가와 재조사로 시간을 보내야 했기 때문이었다. 저녁 식사 후 나는 자리에서 일어나 나의 약속 일람표를 펴본다. 월요일 이후 행해진 모든 면접, 토의, 회합 등에 대해서 재검토한다. 그리고 자문하는 것이다. '그때 나는 어떤 과오를 범했던가, 어떤 적절한 행동을 했던가, 어떻게 하면 내가 한 일을 개선할 수 있을까, 그 경험에서 나는 무엇을 배울 수 있었을까.' 이러한 검토는 때로 나를 무척 불행하게 만들기도 했다. 또 내가 저지른 실책에 어이가 없는 때도 있었다. 그러나 세월이 경과하면서 이러한 실책도 점점 줄어들었다. 이러한 자기 분석법은 매년 계속되었는데, 지금까지의 경험 중에서 그 이상 나에게 도움이 된 것은 없었다."

아마 H. P. 하웰은 이 아이디어를 벤자민 프랭클린에게서 빌려온 것 같다. 프랭클린은 토요일 밤까지 기다리지 않았을 따름이다.

그는 매일 자기 반성을 했고 열세 가지 중대한 과실을 발견했다.

그중 세 가지를 들어본다면 시간의 낭비, 사소한 일에 구애됨, 남과 의논하거나 남의 주장을 반박한 일이었다. 현명한 벤자민 프랭클린은 곧 잘못을 깨달았다. 만일 그가 이러한 단점을 고치지 않았다면 큰 인물이 될 수 없었을 것이다.

그는 우선 첫 번째 결점을 일주일 동안 극복하려고 노력했다. 그리고 매일의 격심한 싸움에서 자신이 이겼는지 혹은 졌는지를 기록해두었다.

두 번째 주에는 두 번째 결점을, 세 번째 주에는 세 번째 결점을 극복하고자 했다. 그는 이런식으로 자신의 단점과의 싸움을 2년간 계속했다.

그가 미국이 낳은 인물 중 가장 사랑받고, 가장 영향있는 사람이 된 것도 결코 우연은 아니었다. 그래서 앨버트 허버드는 이렇게 말하고 있다.

어느 누구나 하루에 적어도 5분간은 바보가 된다. 지혜란 그 한계를 넘지 않는 것을 말한다.

소인은 사소한 비판에 대해서도 몹시 흥분한다. 그러나 현자는 자기를 비난하고 공격한 사람, 서로 논쟁한 사람으로부터도 무언가를 배우려고 한다. 월트 휘트먼은 이렇게 설명하고 있다.

당신은 당신을 칭찬하고, 당신에게 상냥하게 하고, 당신의 편인 사람들에게서만 교훈을 배웠는가. 당신을 배척하고, 당신을 반대하며, 당신과 논쟁한 사람들로부터는 중요한 교훈을 배우지 않았단 말인가?

또한 우리는 적이 우리를 비판하기를 기다리지 말고, 그들을 앞질러서 스스로 냉혹하게 비판해야 한다. 우리의 적이 발언할 기회를 얻기 전에 자신의 약점을 발견해서 교정하도록 하자. 이것을 철저히 실행한 사람은 바로 찰스 다윈이다.

사실 다윈은 15년간을 비판에 허비했는데 그 경위는 다음과 같다.

다윈이 불후의 명작 『종의 기원』을 탈고했을 때, 진화에 관한 그의 혁명적 개념이 사상계와 종교계를 떠들썩하게 할 것임을 알고 있었다. 그래서 자신의 학설에 대한 비평가가 되어 15년 동안 재조사, 가설의 재검토, 결론의 비평 등에 매달렸다.

만일에 누군가가 당신에게 '바보'라고 욕설을 퍼부으면 어떻게 할 것인가? 화를 낼 것인가, 분개할 것인가? 링컨은 다음과 같이 행동했다.

링컨이 대통령이었을 때, 육군 장관 에드워드 M. 스탠튼은 링컨을 '바보'라고 욕했다. 스탠튼은 링컨이 자신의 업무에 간섭했다고 분개한 것이다. 어떤 이기적인 정치가를 기쁘게 해주기 위해, 링컨이 1, 2연대의 이동을 명령하는 서류에 서명했다.

그런데 스탠튼은 링컨의 명령을 수행할 것을 거부했을 뿐만 아니라, 그런 서류에 서명을 한다고 링컨에게 욕설을 퍼부었던 것이다.

그래서 어떻게 되었겠는가? 스탠튼의 발언이 링컨에게 전달되었을 때 링컨은 조용한 태도로 대답했다.

"만일 스탠튼이 나에게 바보라 했으면, 정말 나는 바보일 것이다. 그가 하는 말은 대개의 경우 틀리지 않으니까.

그럼 잠깐 그쪽으로 가서 직접 확인하고 오마."

링컨은 스탠튼을 찾아갔다. 스탠튼은 명령이 잘못되었음을 링컨에게 납득시키고, 링컨은 그 명령을 취소해버렸다. 링컨은 호의적인 동기나 지식에 근거한 진실한 비판이라면 기꺼이 받아들였다.

우리도 자신을 향한 합리적인 비판을 받아들일 줄 알아야 한다. 왜냐하면 우리는 네 번 가운데 세 번 이상은 틀리지 않으려 해도 틀릴 수 있는, 사람이기 때문이다.

아인슈타인도 그의 결론의 99퍼센트는 틀렸다고 고백하고 있다.

우리를 적대시하는 입장에 있는 사람의 의견은 우리에 관한 한 우리의 의견보다 진실에 가깝다.

로쉬푸코의 말이다.

이 말은 대개의 경우 진실이다. 그러나 누군가가 나를 비판하기 시작하면, 나는 상대방이 무엇을 말하려고 하는가를 알지도 못하면서 재빨리 자동적으로 방어 태세를 취해버리는 것이다. 이런 반응에 대해서는 나도 어쩔 수 없을 때가 많다.

우리는 비난이나 칭찬이 정당하건 부당하건 상관없이, 무조건 비난에 대해 분개하고 칭찬에는 기뻐하는 경향이 있다. 우리는 논리적이 아니라 감정적인 동물이다. 우리의 논리는, 감정이라는 폭풍이 부는 넓고 어두운 바다에 떠 있는 작은 뗏목과 같다.

만일 누군가가 우리에게 악담을 할 때에는 자기를 변호하지 않도록 하자. 그것은 어리석은 사람만이 하는 행동이다. 우리는 좀더 독창적이고 겸허하게 행동하자!

그리고 다음과 같이 말해서 우리를 비판하는 사람들을 곤란하게 만들고 칭찬을 얻어내야만 할 것이다.

"만일 비평가가 나의 모든 결점을 알고 있다면, 더 통렬하고 혹독하게 나를 비평할 것이다."

부당한 비판을 받았을 때에 대처하는 방법 중에, 앞에서 말한 것 외에도 또 한 가지 좋은 아이디어가 있다. 당신이 타당하지 않은 비판을 받았다고 느끼고, 분한 마음이 생길 때에는 그것을 억누르며 이렇게 말해보라.

"그래? 그렇지. 나도 완전무결한 인간은 아니니까 그럴 수도 있지. 아인슈타인이 99퍼센트나 틀렸다고 고백하고 있는 걸 보면, 아마 나는 적어도 80퍼센트 정도 틀렸는지도 모른다. 어쩌면 이 비판은 맞는지도 모를 일이다. 그렇다면 나는 그에게 감사해야 할 것이 아닌가. 그리고 비판에서 이익을 얻어내도록 노력해야 할 것이다."

펩소던트 사장인 찰스 럭먼은 밥 호프를 방송에 출연시키기 위해 연간 백만 달러를 소비하고 있다. 그런데 그는 그 프로그램을 칭찬하는 편지는 보지 않고 비판적인 편지만을 읽고 있다. 비판이 참고가 된다는 것을 알고 있기 때문이다.

포드 회사에서는, 관리나 작업 면에서 어떤 결함이 있는지 알아내려고 전 직원에게 투서하도록 했다.

나에게 의견을 말해달라고 부탁하는 비누 세일즈맨이 있었다. 그는 처음에 컬게이트의 비누를 팔기 시작했을 때, 주문을 많이 받지 못해서 실직하지나 않을까 근심했다. 그는 비누의 품질, 가격에는 이상이 없다는 것을 알고 있었으므로, 문제가 있다면 자기 때문이라고 생각했다. 그래서 주문받기에 실패했을 때, 무엇이 잘못되었나를 생각하며 해결책을 찾기 위해 고심했다.

그는 요령이나 열성이 부족했을까? 결국 그는 자신만의 생각에서 벗어나 고객에게 직접 조언을 구하기로 했다.

"나는 비누를 팔려고 온 것은 아닙니다. 고객님의 비평과 의견을 들어보려고 왔습니다. 조금 전에 비누를 사라고 했을 때, 어떤 잘못을 저질렀다면 그것을 가르쳐주시지 않겠습니까? 고객께서는 저보다도 경험이 많으시니까, 주저 마시고 비평을 해주십시오."

이러한 태도로 인해 그는 많은 친구와 중요한 충고를 얻어낼 수 있었다. 이 세일즈맨은 그후 어떻게 되었을까? 그는 지금 세계 최대의 비누 회사인 컬게이트 파몰리브 피트 회사의 사장이다. 그의 이름은 E. H. 리틀이다. 그는 미국의 대재벌 명단에 들어갈 만큼 성공을 거두었다.

우리가 저지른 어리석은 행위를 기록으로 남겨서
스스로 비평하도록 하자.
우리는 완벽하지 않으므로 E. H. 리틀의 행동을 본받자.
편견이 담겨 있지 않으며 유익하고 건설적인 비평을 자진
해서 얻어내자.

일어나 움직이는 생활에 하루 한 시간을 부가하는 방법

나는 왜 걱정을 피하고 해결하는 방법에 대한 책을 쓰면서 피로에 대해 이야기하는가? 그것은 피로가 때때로 걱정을 불러일으키고, 걱정에 감염되기 쉽게 만들기 때문이다. 피로는 감기를 비롯해서 기타 모든 질병에 대한 육체적 저항력을 약화시킨다.

정신과 의사들은 피로가 공포나 걱정, 근심이라는 감정에 대한 저항력을 떨어뜨린다고도 한다. 그렇기 때문에 피로를 예방한다는 것은 걱정을 막는 데 큰 도움이 되며, 꼭 필요한 일이다.

나는 '도움이 된다'고 했지만 이것은 매우 조심성 있고 겸손한 표현이다.

에드먼드 제콥슨 박사는 휴양에 대한 책 『적극적 휴양』
과 『휴양의 필요』를 썼다. 또한 시카고 대학의 임상생리
학 연구소장으로서, 의료의 한 방법인 휴양에 대해서 다
년간 연구해왔다. 박사는 어떠한 신경질적 · 감정적인 상
태도 완전한 휴양이 있는 곳에는 존재할 수 없다고 단언
하고 있다. 즉 당신이 휴양하고 있다면 걱정을 계속할 수
는 없다. 그러므로 걱정과 걱정을 예방하기 위해 수시로
쉬고 피로하기 전에 휴식을 취하라는 것이다.

그럼 어째서 휴식이 중요한가? 왜냐하면 피로란 놀랄
만큼 누적되기 때문이다.

미 육군은 몇 번의 실험 결과, 오랫동안 군대 훈련으로
튼튼하게 단련된 병사라 할지라도, 한 시간에 10분 정도
배낭을 내려놓고 휴식을 취해야 행군의 능률도 오르고,
인내력도 강해진다는 사실을 알았다. 그래서 육군에서는
휴식을 강조하고 있다.

인간의 심장은 매일 혈액을 온몸에 순환시키기 위해 활
동하고 있다. 매일 쉬지 않고 20톤의 석탄을 3피트의 높
이만큼 올려놓는 데 필요한 에너지를 소비하는 것이다.
이렇게 심장은 믿을 수 없을 정도의 중노동을 일생 동안
계속하는 것이다. 어떻게 심장이 중노동을 견뎌낼 수 있

을까? 그럼 여기서 하버드 의대의 월터 캐넌 박사의 설명을 들어보도록 하자.

"심장은 항상 움직이고 있다고 생각하기 쉬운데, 실제로는 수축하는 순간마다 쉬는 기간이 일정하게 있다. 매 분마다 70이라는 적당한 속도로 고동치고 있을 때, 심장은 사실 24시간 중 단지 9시간만 움직이는 것이다. 전체적으로 볼 때 휴식 시간은 하루에 15시간 정도 되는 셈이다."

2차 세계대전 때, 윈스턴 처칠은 70대 초반의 나이였는데도 전쟁 중 계속 16시간씩 일해서, 영국 육해군의 활동을 지휘할 수가 있었다. 그 비결은 무엇이었을까? 그는 매일 아침 11시까지는 침대에 누워 보고서를 검토하고, 명령서를 구술하고, 전화를 걸고 중대한 회의를 개최했다.

아침 식사 후에는 다시 침대로 돌아가서 한 시간씩 낮잠을 잤다. 저녁이 되면, 또 침대에 누워 여덟 시까지 두 시간씩 잤다. 그는 피로를 회복한 것이 아니라, 회복할 필요가 없었다. 즉 그는 피로를 예방했다.

처칠은 몇 번의 휴식을 통해 활기 차게 한밤중까지 일을 계속할 수가 있었던 것이다.

존 록펠러 1세는 두 가지 기록을 수립했다. 그는 당대에 최고의 부를 축적했고 98세까지 살 수 있었다.

어떻게 그 모두가 가능했을까? 그가 선천적으로 장수할 수 있는 기질을 지니고 있었던 것도 사실이다. 그러나또 다른 이유로, 매일 오후 사무실에서 반 시간씩 낮잠을자는 습관을 들 수 있다. 그는 매일 사무실의 긴 의자에눕곤 했다. 그가 코를 골고 있는 동안에는 대통령이라 할지라도 그가 전화를 받게 할 수 없었다.

다니엘 W. 조슬린은 『왜 피곤해지는가』에서 이렇게 진술하고 있다.

> 휴식이란 아무것도 하지 않는 것이 아니다. 휴식은 치료인 것이다. 짧은 시간의 휴식도 매우 효과적이므로 5분간의 낮잠은 피로 예방에 도움이 된다.

야구계의 원로 코니 매크는, 시합 전에 낮잠을 자두지않으면 5회 경기부터는 몹시 피곤해진다고 이야기한 적이 있다. 그러나 5분만이라도 자두면 거뜬히 시합을 치를수 있다고 했다.

나는 최근 메디슨 스퀘어 가든의 의무대 골방에서 진오트리를 만났는데, 그곳에는 간이 침대가 놓여 있었다.

"나는 매일 휴식 시간에 이곳에서 한 시간씩 자곤 합니다. 할리우드에서 영화를 만들고 있을 때는 곧잘 긴 의자에서 2, 30분씩 휴식을 취하곤 했지요. 그렇게 하면 절로 기운이 생겨나거든요."

에디슨은 자신의 놀란 만한 체력과 탐구력은 자고 싶을 때 자는 습관 덕분이라고 말해주었다.

나는 헨리 포드가 80세 생일을 맞이하기 직전에 그와 이야기했었는데, 그의 젊음과 생기에 놀라지 않을 수 없었다. 나는 그에게서 비결을 들었다.

"나는 앉을 수 있을 때에는 절대로 서지 않는다. 누울 수 있을 때에는 결코 앉지 않는다."

근대 교육의 아버지 호레이스 맨도 나이가 들면서 될 수 있는 한 휴식을 많이 취했다. 그는 안디옥 대학의 교장 시절, 항상 긴 의자에 비스듬히 누운 채 학생을 면접했다.

나는 할리우드의 한 영화 감독에게도 그렇게 하라고 권했다. 그러자 그는 기적이 일어났다고 고백했는데, 그 감독은 바로 재크 차토크다. 수년 전 나를 만나기 위해 찾아왔을 때 그는 메트로 골드윈메이어 영화사의 단편부 부장이었는데, 몹시 지쳐 있었다. 그는 모든 방법과 갖가지 약을 써보았지만 아무런 효과도 보지 못했다.

그래서 나는 매일 휴식을 취해보라고 제안했다. 즉 사

무실에서 작가들과 회의를 할 때도 긴 의자에 비스듬히 누워서 해보라고 했다. 2년 후 그와 다시 만났을 때 그는 이렇게 말했다.

"기적이 일어났소. 주치의가 내게 그렇게 말했소. 전에는 단편 영화에 대해 의논할 때 의자에 딱딱하게 앉았었는데 지금은 비스듬히 누워서 합니다. 지금까지 20년 동안 살아오면서 그렇게 기분 좋았던 때는 없었소! 이제는 전보다 두 시간씩이나 더 일을 하는데도 피로하지 않습니다."

어떻게 하면 당신도 이 방법을 적용할 수 있을까? 당신이 만일 속기사라면 에디슨같이 사무실에서 낮잠을 잘 수는 없을 것이다.

또 회계사라도 비스듬히 누워서 부장에게 회계 보고를 할 수는 없을 것이다. 하지만 만일 당신이 소도시의 주민이며 점심을 먹으러 집으로 돌아올 수 있다면, 점심 식사 후 10분 정도는 잘 수 있을 것이다.

조지 C. 마샬 장군은 그렇게 하고 있었다.

그는 전쟁 중 군부 지휘에 바빴기 때문에 정오에는 반드시 휴식을 취해야 했다.

만일 당신이 50세를 넘었기 때문에 그럴 생각이 없다

면, 하루빨리 생명보험에 들어야 할 것이다. 요즘은 장례 비용도 적지 않게 드는데 언제 갑자기 죽을지 모르니까 말이다. 50대면 한창이다. 휴식을 취해서 오래오래 살도록 힘써야 할 것이 아니겠는가?

당신이 만일 점심 식사 후 낮잠을 잘 여유가 없다면, 저녁 먹기 전에 한 시간쯤 자는 것도 좋다. 그것은 하이볼 한 잔보다도 싸고 장기적으로 큰 효과가 있다.

만일 6시나 7시에 한 시간 정도 잘 수 있다면, 당신은 생활하는 시간에 한 시간을 더한 셈이 된다. 왜냐하면 낮잠을 잔 한 시간에 밤에 잔 6시간을 더하면 합계 7시간으로, 밤에 연속 8시간 동안 잔 것보다 당신에게 훨씬 유익하기 때문이다.

육체 노동자가 만일 휴식 시간을 늘릴 수 있다면 보다 많은 일을 할 수 있다.

프레드릭 틸러가 과학적 경영의 전문가로서 베들레헴 스틸에서 공동 연구를 하고 있을 때, 이러한 사실을 실증해보였다.

그는 하루 한 명의 노동자에게 12톤 반의 강철을 화차에 쌓아 올리는 작업을 시키면 정오에는 지쳐버린다는 사실을 알았다. 그는 피로의 모든 요소를 과학적으로 연구한 결과, 노동자에게는 하루에 12톤 반이 아니라 47톤의 강철을 쌓아 올리는 작업을 시켜야 한다고 단언했다. 그는 노동자에게 지금까지의 4배에 가까운 작업을 시켜도 지치지 않는다고 말했다. 그의 말을 어떻게 증명할 수 있을까?

틸러는 슈미트라는 사나이에게 스톱워치에 따라 일을 하도록 했다. 슈미트는 스톱워치를 든 사나이의 명령대로 일을 했다.

"자, 강철을 들어올리고 걸어라. …… 자, 앉아 쉬어라. …… 자, 걸어라. …… 자, 쌓아라."

슈미트는 이런 식으로 일했다. 다른 노동자들은 한 사람이 12톤밖에 나르지 못했는데, 그는 매일 47톤의 강철을 나를 수 있었다.

그리고 그는 틸러가 베들레헴에 있는 3년 동안, 이런 방법으로 일을 계속할 수 있었다.

슈미트가 그렇게 할 수 있었던 것은, 피곤해지기 전에 휴식을 취했기 때문이다.

그는 한 시간에 26분 일하고 34분 휴식했다. 그는 일하는 시간보다 휴식하는 시간이 많았지만, 다른 노동자보다 4배의 일을 할 수 있었다.

이 사례를 믿기 어려운 사람은 프레드릭 윈슬로 틸러의 『과학적 경영법』을 한번 읽어보기 바란다.

때때로 휴식하라.
당신의 심장처럼 일하라.
피로해지기 전에 쉬어라.

그렇게 하면, 당신에게 주어진 하루 24시간에 한 시간씩을 더하며 살아갈 수 있다.

피로한 삶을 활기로
채우는 방법

여기에 놀라운 사실이 있다. 인간은 정신적인 작업만으로는 피로해지지 않는다는 것이다. 어리석게 들릴지도 모르겠다.

그러나 과학자들은 인간의 두뇌가 피로를 느끼지 않고, 얼마나 오랫동안 활동할 수 있는가를 실험해본 적이 있다. 놀랍게도 그들은 뇌를 통과하는 혈액이 활동 중에는 전혀 지치지 않는다는 것을 발견했다.

육체 노동자들에게서 채취한 혈액에는 독소나 피로 생성물이 가득 차 있지만, 하루 종일 연구에 몰두하는 아인슈타인처럼 정신 노동을 하는 사람의 뇌에서는 피로 독소가 전혀 발견되지 않는다는 것이다.

뇌는 8시간 혹은 12시간 활동한 후에도 처음과 마찬가지로 활발히 움직일 수가 있다. 즉, 뇌는 전혀 피로를 모른다는 것이다. 그렇다면 도대체 무엇이 인간을 그토록 피로하게 만든단 말인가?

정신병을 연구하는 학자는 피로 중 대부분은 우리의 정신적 태도에 원인이 있다고 단정하고 있다. 영국의 유명한 정신 의학자인 J. A. 하드필드는 그의 저서『힘의 심리』에서 이렇게 썼다.

우리를 괴롭히는 피로의 대부분은 정신적 원인에서 비롯된다. 순수하게 육체적 원인에서 오는 피로는 극히 드물다.

미국에서 가장 탁월한 정신 의학자의 한 사람인 A. A. 브릴 박사는 한 걸음 더 나아가 단언하고 있다.

건강한 정신 노동자의 피로는 100퍼센트가 심리적 요소, 즉 감정적 요소 때문이다.

어떤 종류의 감정적 요소가 정신 노동자를 피로하게 만

들까? 기쁨일까? 아니면 만족감일까? 아니다. 지루함, 원한, 불평부당함, 일이 쓸데없다는 생각, 초조, 불안, 걱정 등의 감정적 요소가 정신 노동자들을 피로하게 만든다. 나아가서는 생산을 감퇴시키며 신경성 두통을 일으켜 집으로 돌아가게 만드는 원인이 된다.

메트로폴리탄 생명 보험 회사는 피로에 관한 소책자에서 이 사실을 지적하고 있다.

격심한 노동에서 오는 피로는 대개의 경우 충분한 수면이나 휴식으로 회복된다. …… 걱정, 긴장, 감정의 혼란이 피로의 주요한 원인이 된다.

때때로 육체적·정신적인 것에 기인한다고 생각되는 피로까지도 앞에 열거한 두세 가지가 원인인 경우가 많다. …… 긴장된 근육은 일하는 근육이라는 사실을 잊어서는 안 된다. 마음을 편안히 먹어라! 중요한 일을 위해 에너지를 축적하도록 하라.

지금 즉시 모든 행동을 멈추고 자기 자신을 돌아보도록 하자. 이 책을 읽는 지금, 이 책을 노려보고 있지는 않나, 눈과 눈 사이에 긴장감은 느껴지지 않나, 편안하게 의자에 앉아 있나, 어깨에 힘을 주고 있지는 않나, 얼굴을 찡 그리고 있지 않나, 만일 당신의 온몸이 낡은 인형처럼 축 늘어져 있지 않다면 당신은 이 순간, 신경적 긴장과 신경 적 피로를 일으키고 있는 것이다!

왜 우리는 정신적 노동을 통해 이러한 불필요한 긴장을 불러일으키는가? 조슬린의 말을 들어보자.

곤란한 일은 노력의 감정을 필요로 하고 노력이 없이 는 잘 안 된다고 일방적으로 믿고 있는, 바로 그 생각이 큰 장애이다.

그래서 우리는 정신을 집중할 때에 얼굴을 찌푸리고, 목과 어깨에 힘을 주며, 노력의 감정을 일으키기 위해 근육에 힘을 주지만, 우리 뇌의 작용에는 아무런 도움도 되지 않는다.

여기에 놀랄 만큼 통탄스러운 진리가 있다. 돈을 낭비하려고는 꿈에도 생각하지 않는 많은 사람들이, 그들의 에너지를 마구 낭비하고 있다는 사실이다.

이러한 신경적 피로에 대한 대책은 무엇인가. 오로지 휴식, 휴식, 휴식이 있을 뿐이다. 일을 하면서 휴식을 취하는 방법을 배워야만 한다. 그것은 쉬운 일일까? 아니다. 어쩌면 당신은 그렇게 하기 위해 일생 동안의 습관을 바꾸지 않으면 안 될 것이다. 그러나 노력할 가치는 충분하다. 그렇게 함으로써 당신의 인생에 일대 혁신이 일어나기 때문이다.

윌리엄 제임스는 『휴양의 복음』이라는 그의 수필집에서 이렇게 말하고 있다.

미국인의 지나친 긴장, 변덕, 숨가쁨, 강렬함, 격심한 표정……. 이러한 것들은 극히 나쁜 버릇이며 하찮은 것들이다.

긴장은 습관이다. 휴식도 습관이다. 나쁜 습관은 타파할 수 있고, 좋은 습관은 형성할 수가 있다. 어떻게 해서 마음을 편히 가질 수 있는가? 마음으로부터 시작하는가? 아니면 신경으로부터 시작하는가? 어느 쪽부터 시작해도 좋지만, 항상 근육을 편안한 상태로 만드는 것으로 시작해보도록 하자. 그럼 여기서 한번 해보자.

우선 눈부터 시작한다. 이 구절을 다 읽고 나면 눈을 감는다. 그리고 조용히 눈에게 이렇게 말한다.

"쉬어라, 쉬어. 긴장을 풀어. 찌푸린 얼굴은 펴라. 쉬어라, 쉬어!"

1분간 조용히 몇 번이고 그렇게 타일러본다.

몇 초 후 눈의 근육이 당신의 명령에 따르기 시작하는 것이 느껴지지 않는가. 누군가의 손이 당신의 긴장을 말끔히 씻어냈다고 느끼지 않는가. 믿을 수 없을지 모르지만, 당신은 1분 동안 휴식의 기술적 관건과 비결을 모두 터득한 것이다.

턱, 얼굴, 근육, 목, 어깨, 전신에도 이 방법이 적용된다. 그러나 가장 중요한 기관은 눈이다. 시카고 대학의 에드먼드 제콥슨 박사는, 만일 인간이 눈의 근육을 완전히 편안한 상태로 쉬게 할 수 있다면 모든 걱정을 잊게 될 것이라고까지 말하고 있다.

그렇다면 시신경의 긴장을 해소하는 일이 왜 그렇게 중요한가. 눈은 신체가 소비하고 있는 전체 신경 에너지의 4분의 1을 소비하기 때문이다. 시력이 좋은 대다수의 사람이 눈의 피로 때문에 괴로워하는 이유도 여기에 있다. 그들은 눈을 긴장시키고 있다.

유명한 소설가 비기 봄은 어릴 때, 어떤 할아버지한테서 실로 귀중한 교훈을 얻었다고 말하고 있다. 하루는 그녀가 넘어져 무릎과 손목에 상처를 입었는데 서커스단의 광대인 할아버지가 그녀를 부축해 일으켜서 털어준 다음 이렇게 말했다.

"아가씨가 상처를 입은 것은 몸을 편하게 할 줄 몰라서야. 낡아빠진 양말처럼 축 늘어지는 방법을 모른 탓이라고. 이리 와 봐. 할아버지가 어떻게 하는지 보여줄 테니."

그 할아버지는 그녀와 다른 애들에게 넘어지는 방법이나 공중에서 한 바퀴 돌아 떨어지는 방법, 물구나무 서는 방법을 알려주었다. 그는 나지막한 목소리로 아이들을 타일렀다.

"자신을 낡은 양말처럼 생각하는 거야. 그리고 언제나 몸을 편히 하거라."

당신은 언제 어디서도 몸을 편히 할 수가 있다. 그러나 의식적으로 해서는 안 된다. 몸을 편히 한다는 것은 모든 긴장과 노력을 없애버린다는 뜻이다. 즉 무아무심(無我無心)의 상태에 들어가는 것을 말한다. 우선 눈과 얼굴의 근육을 이완시키는 일부터 시작해서 몇 번이고 되뇌이는 것이다.

"쉬어라, 쉬어…… 당신이 취할 수 있는 가장 편안한 자세로 마음을 탁 놓고……."

그렇게 한다면 에너지가 안면 근육에서 신체 중심부로 내려가는 것을 느낄 수 있다. 당신은 어린 아기처럼 긴장에서 해방될 것임에 틀림없다.

유명한 소프라노 가수인 가리 그루치도 그렇게 했다. 헬렌 젠프슨은 연기가 시작되기 전에 곧잘 가리 그루치를 만났는데, 가리는 의자에 마음 놓고 앉아 입술을 축 늘어뜨리고 있었다고 나에게 이야기했었다.

이 문제에 관한 가장 좋은 책의 하나인, 데이비스 해럴드 휩크 박사의 『신경적 긴장으로부터의 해방』과 다니엘 W. 조슬린의 『왜 피로해 있는가』를 한번 읽어보는 것도 도움이 될 것이다.

몸을 편안하게 하는 방법을 배우는 데 도움이 될 4가지 방법을 들어보겠다.

1. 항상 몸을 편안한 상태로 두라. 신체를 헌 양말짝처럼 축 늘어지게 만들라. 나는 헌 양말 한 짝을 책상 위에 놓아두고 있다. 언제나 몸이 그렇게 되어야 한다는 것을 잊지 않기 위해서다.

   양말짝이 없으면 고양이를 참고해도 좋을 것이다. 양지에서 졸고 있는 새끼 고양이를 번쩍 들어본 적이 있는가. 그러면 고양이의 다리가 물에 젖은 신문지처럼 축 늘어진다. 지금까지 나는 피로한 고양이, 신경 쇠약에 걸린 고양이, 불면증에 걸린 고양이, 걱정이나 위암으로 고생하는 고양이를 본 적이 없다. 당신이 만일 고양이처럼 축 늘어지는 기술을 배우기만 한다면 반드시 앞서 말한 불행한 일은 모면할 수 있을 것이다.

2. 될 수 있는 한 편안한 자세로 일을 하라. 신체의 긴장은 어깨의 뻐근함이라든가 신경 피로를 불러일으킨다는 것을 잊어버리지 말라.

3. 하루에 네댓 번 정도 자신을 돌아보라.

"나는 일을 실제 이상으로 곤란하게 만들고 있지는 않는가, 나는 이 일에 아무 관련이 없는 육체를 쓰고 있지는 않는가."

그러면 몸 자체를 편히 하는 습관을 갖는 데 도움이 된다.

4. 항상 자문해보도록 하라.

하루를 보낸 다음 다시 스스로에게 물어보고 부족한 점은 고치도록 마음을 다잡는 것이다.

"얼마만큼 나는 피로해 있는가. 만일 피로해졌다면,

내가 정신적 노동을 했기 때문이 아니라, 그 일하는
방법이 나빴기 때문이다."

다니엘 조슬린은 말하고 있다.

나는 하루를 마치면 일의 결과를 얼마나 피로했는가
로 계산하지 않고, 얼마나 피로하지 않았는가로 계산한
다. 하루를 마치고 매우 피곤을 느낄 때에는 일의 효율
이 양적으로나 질적으로 전혀 오르지 않은 날이었다는
것을 안다.

만일 미국의 모든 경영자가 같은 교훈을 배운다면 과로
와 긴장에 의한 사망률은 급격히 줄어들 것이다. 그리고
피로나 걱정으로 녹초가 된 사람들이 없어질 것이다.

가정주부가 걱정을 벗어나
항상 젊음을 유지하려면

작년 가을 어느 날, 내가 알고 있는 어떤 분이 세계에서 가장 진기한 의학 교실에 출석하려고 보스턴으로 떠났다.

의학 교실이라고? 그렇다. 보스턴 의료원은 매주 한 번 열리는데, 그곳에 출석하려는 환자는 미리 정기적으로 철저한 건강 진단을 받지 않으면 안 된다.

그러나 실제 이 교실은 심리학적 진료소이다. 응용 심리학 교실이라고 불리지만, 그 진정한 목적은 걱정으로 인해 병이 든 사람들을 치료하는 곳이다. 환자의 대부분은 주로 감정적으로 이상이 있는 가정주부들이다.

그럼 이 교실이 어떻게 열리게 되었는가? 1930년, 월리엄 오슬러의 가르침을 받은 조셉 플랫 박사는, 보스턴 무료 진료원을 찾아오는 환자의 대부분이 육체적으로는 아무 이상이 없는데 모든 질병의 증상을 나타내고 있다는 것을 깨달았다.

어떤 부인은 손이 관절염으로 몹시 구부러져서 자유롭지 못했다. 그런가 하면, 다른 부인은 위암의 징조가 있어서 고민하고 있었다. 등이 아프다거나, 두통으로 인한 만성적 피로, 혹은 막연한 통증을 느끼는 환자도 있었다. 그들은 실제로 이러한 고통을 받고 있었던 것이다. 그런데 철저한 건강 진단 결과 육체적으로는 별다른 이상이 발견되지 않았다.

다른 의사들 같았으면 환자 스스로 아프다고 생각하기 때문이라든가, 상상이라고 단정해버렸을지 모른다. 그러나 플랫 박사는 이러한 환자들에게 집으로 돌아가 그러한 생각을 잊어버리라고 말해도 문제가 해결되지 않을 것임을 깨달았다.

이러한 부인들 중 대부분은 환자가 되기를 원하지 않았다. 간단히 병을 잊어버릴 수 있다면, 이미 자신이 그렇게 했을 것이 아닌가. 그렇다면 어떻게 이 환자들을 치료할 것인가?

그는 일부 의사들이나 관계자들의 반대에도 불구하고, 결국 이 학급을 개설하여 훌륭한 업적을 남겼다. 개설 이래 18년 동안 수천 명의 환자가 그곳에서 치료를 받고 완쾌되었다. 환자들 중에는 교회에 나가듯 종교적인 열성으로 매년 출석하는 이도 있었다. 나의 비서는 9년 동안 빼놓지 않고 출석한 부인과 이야기를 나누었다.

그녀는 처음 진료소에 갔을 때, 신장과 심장에 어떤 질환이 있다는 것을 확신했다고 한다. 그녀는 가슴의 통증 때문에 긴장한 나머지, 때때로 눈앞이 캄캄해져서 전혀 보이지 않을 때도 있었다. 그러던 그녀가 지금에 와서는 평온해졌고 쾌활하고 건강하다는 것이다.

그녀는 40대 전후로밖에 보이지 않았지만 손자를 안고 있었다. 그녀는 말했다.

"나는 가정의 번거로운 일 때문에 걱정한 끝에 차라리 죽어버리려고 생각했을 정도였습니다. 그러나 이곳 진료소에서 걱정이 무익하다는 것을 깨달았죠. 나는 걱정하지 않는 방법을 알았습니다. 지금 나의 생활은 정말로 평온하답니다."

이 교실의 의학 고문인 로즈 힐퍼딩 박사는 걱정을 덜기 위한 가장 좋은 방법을 알려주고 있다.

누군가 믿을 만한 사람에게 걱정을 털어놓으라. 환자들은 이곳에 찾아왔을 때, 진지하게 자신의 고민을 털어놓아 그것을 마음속에서 추방할 수 있었다. 혼자서 걱정하고 자기 가슴속에만 간직해두고 있는 한, 보다 심한 신경질적 긴장을 불러일으키게 된다.

우리는 모두 자기들의 걱정과 어려움을 나누어 가지지 않으면 안 된다. 이 세상 사람들은 자기의 걱정을 들어주고, 이해해주는 사람이 있다고 느껴야 한다.

나의 비서는 한 부인이 자신의 걱정을 털어놓음으로써 개운한 기분이 되는 것을 실제로 보았다고 한다.

그녀의 걱정은 가정 문제였다. 처음 그녀가 이야기를 시작했을 때에는 긴장이 풀리지 않아 어쩔 줄 몰라했지만, 이야기가 진척되는 동안에 평온을 되찾았다.

면담이 끝날 무렵에는 미소까지 지어 보였다. 그러면 문제가 해결되었을까? 아니다. 그렇게 간단하게 해결되지 않았다. 그녀의 기분을 전환시켜준 것은 누군가에게 걱정을 털어놓음으로써 홀가분함, 약간의 충고와 동정을 얻었기 때문이다. 그녀의 심정을 변화시킨 커다란 치료적 효과는 말 속에 포함되어 있었다.

정신분석은 어느 정도 말의 치유력을 바탕으로 하고 있다. 프로이트 이래, 정신분석 학자는 만일 환자가 말을 할 수만 있다면, 내부의 불안으로부터 편안함을 찾아낼 수 있음을 알고 있다. 아마 말을 함으로써 걱정의 일부분을 명확하게 밝힐 수 있고, 자신이 처한 상황을 다시 돌아보기 때문일 것이다.

　참된 해답은 아무도 모른다. 그러나 우리는 모두 남에게 '털어놓고 이야기하기'와 '가슴에 맺힌 것을 토해내기'가 안정감을 준다는 사실을 알고 있다. 그렇기 때문에 우리는 무슨 근심거리가 생겼을 때, 털어놓을 수 있는 상대방을 찾아야 한다. 즉 믿을 만한 상대방을 찾아서 서로 상의하도록 하자는 것이다.

　친척, 의사, 변호사, 목사 등이 바로 그 적격자이다. 이 사람들에게 시원하게 걱정을 말한다면, 당신의 기분은 더욱 나아질 것이다.

　"나는 당신께 조언을 부탁드립니다. 내게 문제가 있는데 이야기를 잘 듣고 조언해줄 수 있으리라 믿습니다. 당신은 내가 보지 못하는 다른 각도에서 볼 수 있을지 모릅니다. 비록 보이지 않는다 해도 당신이 나의 말을 귀기울여 들어주는 것만으로도 고맙습니다."

그러나 정말 당신의 이야기를 들어줄 만한 사람이 없을 경우에는, 인명 구조 모임을 찾으라. 그 모임은 보스턴 진료원과는 아무 관련도 없다. 인명 구조 모임은 세계에서 가장 귀한 모임 중 하나다. 그것은 본래 자살을 방지하기 위해 만들어진 조직이었다. 그러나 날이 갈수록 사업이 확대되어, 지금은 불행한 사람들이나 걱정하고 있는 사람에게도 정신적인 조언을 하고 있다. 나는 이 동맹에서 불행한 사람들에게 조언을 하고 있는 로너 본넬과 이야기한 적이 있는데, 그녀는 이 책의 독자들이 보낸 편지에 정성껏 답해주겠다고 약속했다.

모임은 뉴욕에 자리하고 있다. 그러나 나는 누군가 개인적으로 말할 수 있는 사람에게 찾아가기를 권한다. 왜냐하면 그 사람이 당신에게 보다 큰 안정감을 줄 것이기 때문이다.

걱정을 탁 털어놓고 이야기해버릴 것. 이것이 보스턴 진료원 교실에서 사용되는 방법이다. 그 외에도 몇 가지 방법이 있다. 이것은 주부들이 가정에서 쉽게 실행에 옮겨볼 수 있는 방법이다.

감명을 줄 수 있는 책을 읽을 때 노트나 메모장을 준비할 것. 거기에 당신을 감동시키고 향상시키는 시, 짧은 기도문, 인용문을 적어둔다. 그렇게 한 뒤, 음산하고 비오는 날의 오후 같은 때 왠지 모르게 울적하다면, 노트를 꺼내어 기분을 좋게 만들어주는 시나 기도문을 찾아 읽어라. 보스턴 진료원의 환자 중에는 오랫동안 이러한 노트를 간직한 사람들이 많다. 그들은 그 노트를 펼쳐 보는 것을 가리켜 '팔에 주사 놓는다'고 부른다.

남의 결점에 대해 언제까지나 연연하지 말 것. 확실히 당신의 남편에게도 결점은 있다! 그가 성인(聖人)이었다면, 당신과 결혼하지 않았을 것이다.

남편이 잔소리가 많아졌고, 온갖 푸념과 불평을 자주 늘어놓게 되었으며 얼굴이 여위었다는 것을 깨달은 한 부인이 있었다.

"바깥양반이 돌아가시면 어떻게 하지요?"

이 질문을 받고 대번에 그 부인은 눈이 번쩍 뜨였다. 그녀는 깜짝 놀라서, 남편의 장점을 종이에 일일이 적어보았더니 예상외로 많았다고 한다.

독단적인 폭군과 결혼한 것을 후회하기 시작한다면, 당신도 앞서 말한 대로 한번 해보는 것이 좋다. 그의 장점을 전부 적어본다면 당신 남편이야말로 이상적인 남성임을 알게 될 것이다.

이웃에게 관심을 가질 것. 당신과 같은 동네에서 살아가는 사람들에게 우호적이며 건전한 관심을 키워나가라.

극히 배타적이며 자기에게는 한 사람의 친구도 없다고 생각하는 부인이, 다음에 만나는 사람에게 해줄 어떤 이야기를 만들어보라는 부탁을 받았다. 그래서 그녀는 전차에서 만난 사람들의 주위 환경과 생활을 상상해보았다. 그리고 가는 곳마다 만나는 사람과 이야기를 주고받았다. 그 결과 지금은 걱정이 사라지고 행복하며, 사람과 사귀기를 좋아하게 되었다.

오늘밤 잠자리에 들기 전에 내일에 대한 계획을 세워볼 것. 나는 의학 교실에서 만난 대다수의 부인들이, 해야만 하는 일에 항상 쫓기고 있는 것같이 느낀다는 사실을 알았다. 그들은 일을 마쳤다고 생각한 적이 없으며, 항상 시간에 쫓기고 있는 듯한 기분을 느꼈다. 그래서 걱정을 떨쳐내기 위한 해결책으로 매일 밤 다음날의 계획을 세우도록 지시받았다.

그래서 어떻게 되었는가? 보다 많은 일을 끝내도 예전보다 덜 피로했으며, 일의 성과에 자랑스러움과 성취감을 느꼈다. 그리고 쉬거나 화장할 시간이 생겼다(부인들은 반드시 자신을 꾸미는 시간을 가져야 한다. 자신의 아름다움을 자각하는 부인은 신경 쇠약에 걸리지 않는다).

마지막으로 긴장과 피로를 피하고 편안한 자세를 취할 것.

긴장과 피로만큼 당신을 빨리 늙게 하는 것은 없다. 이것만큼 당신의 발랄한 아름다움을 손상시키는 것도 없다. 나의 비서는 볼 E. 존슨 박사의 지도 아래 미용 체조를 배운 적이 있는데, 10분 후 그녀는 의자에 앉은 채 잠이 들어버렸다고 한다.

걱정을 추방하기 위해서는 편안한 자세가 무엇보다도 중요하다. 당신이 가정주부라면 편한 자세로 있어야만 한다. 주부들은 그럴 수 있는, 아주 편리한 위치에 놓여 있다. 언제나 원하기만 한다면 방 바닥에라도 누울 수가 있다. 참으로 이상한 일이지만, 딱딱한 잠자리는 푹신한 침대보다 편안한 자세로 쉬기에 더 적당하다. 저항이 강하기 때문에 척추에 좋은 것이다.

그러면 가정에서 실시할 수 있는 몇 가지 운동방법을 알아보자. 일주일 동안 계속해보고, 당신의 외모나 마음에 어떠한 효과가 나타났는가 조사해보자.

피곤하다고 느꼈을 때에는, 누워서 될 수 있는 한 몸을 뻗는다. 이때 뒹굴어도 좋다. 하루 2회 정도 실시한다.

눈을 감는다. 그리고 다음과 같이 말한다.

"태양이 머리 위에 빛나고 있다. 하늘은 파랗고 맑다. 자연은 평온하게 세계를 지배한다. 나는 자연의 아들딸로서 우주와 조화되어 있다."

그렇지 않으면 기도드리는 편이 더욱 좋을지 모른다. 만일 누울 수 없으면, 즉 쇠고기가 프라이팬에서 타고 있기 때문에 시간이 없다면, 의자에 걸터앉아 있어도 똑같은 효과를 볼 수 있다.

편한 자세로 몸을 쉬기 위해서는 딱딱하고 곧은 의자가 좋다. 이집트의 좌상과 같이 똑바로 의자에 앉아 손바닥을 무릎 위에 놓는다.

그 다음에는 천천히 손톱 끝을 긴장시켰다가 느슨하게 푼다. 또 발의 근육을 긴장시켰다가 푼다. 전신의 모든 근육을 아래에서 위로 올라오며 같은 운동을 반복한다. 그래서 근육의 이완이 목까지 이르게 한다.

머리를 360도 회전시킨다. 그동안 줄곧 이렇게 중얼거린다.

"쉬어…… 쉬어……."

천천히 안정된 호흡으로 신경을 진정시킨다. 즉 심호흡을 한다. 인도의 수행자들은 이러한 의미에서 매우 현명했다. 리드미컬한 호흡은 신경을 진정시키는 데 으뜸가는 방법이다.

당신 얼굴의 주름살이나 험상궂은 표정을 없애도록 한다. 이마의 주름살이나 입가의 주름살을 펴도록 할 것. 하루에 2회 정도 펴주면, 따로 피부 미용실에 가서 마사지할 필요가 없을 것이다. 주름살이 완전히 없어지게 될 테니 말이다.